教育技术学导论

Jiaoyu Jishuxue Daolun

（第3版）

尹俊华　庄榕霞　戴正南　编著

高等教育出版社·北京
HIGHER EDUCATION PRESS　BEIJING

内容简介

本书是根据原国家教委全国高等师范院校教育技术学教学指导委员会所拟定的教育技术学专业教育技术学导论课程教学大纲编写的教材的第3版。

编著者根据前两个版本的编写原则和要求，倾听了多方意见，在原有基础上进行了修订，使教材内容更加体现近几年国内外教育技术学理论研究的进展，更符合教育技术实践需要，反映新技术的迅猛发展。修订后的教材内容更充实，体例更完备，更加贴近教学实际，突出了教学的适用性，涵盖了本学科的目的任务、发展历史、性质特点、概念定义、对象范畴、理论基础、基本原理、实践领域和研究方法等各个方面。

本书可作为教育技术专业本科生教材和师范院校公共课教材，也可作为教育硕士类研究生、广大教师和教育技术工作者的参考书。

图书在版编目(CIP)数据

教育技术学导论/尹俊华，庄榕霞，戴正南编著. —3版. —北京：高等教育出版社，2011.8
ISBN 978-7-04-030604-0
Ⅰ.①教…　Ⅱ.①尹…②庄…③戴…　Ⅲ.①教育技术学-高等学校-教材　Ⅳ.①G40-057
中国版本图书馆CIP数据核字(2011)第131200号

策划编辑　房世佳　责任编辑　房世佳　封面设计　杨立新　版式设计　余　杨
插图绘制　黄建英　责任校对　陈旭颖　责任印制　尤　静

出版发行　高等教育出版社
社　　址　北京市西城区德外大街4号
邮政编码　100120
印　　刷　北京铭成印刷有限公司
开　　本　787mm×1092mm　1/16
印　　张　13.75
字　　数　230千字
购书热线　010-58581118
咨询电话　400-810-0598
网　　址　http://www.hep.edu.cn
　　　　　http://www.hep.com.cn
网上订购　http://www.landraco.com
　　　　　http://www.landraco.com.cn
版　　次　1996年3月第1版
　　　　　2011年8月第3版
印　　次　2011年8月第1次印刷
定　　价　23.00元

物 料 号　30604-00

前　言

一、首先我们要感谢高等教育出版社建议再次修订本书。如果没有高等教育出版社的支持和鼓励,本书的第三次修改和出版几乎是不可能的。因为我和戴正南教授已经离开教学一线工作多年,没有再修订的打算了。

在修订本书的过程中我和戴正南教授交换了修订的原则,具体操作则由我和庄榕霞副教授分工承担。其中第一、第二、第三、第四和第十一章由我负责修改,第五、第六、第七、第八、第九和第十章由庄榕霞老师负责修改,最后由我作全面的检查、修改和完善。

二、本次修订主要集中在以下几个方面:

(1) 教育技术学的学科性质与定位——教育学科中的技术学层次,方法论性质的教育分支学科。

(2) 教育技术学的构成——教学过程(教学系统)的设计技术和教学媒体的开发技术。

(3) 教育技术学的实质——教育心理学、教育媒体技术和系统方法的融合。

(4) 教育技术学研究方法的特点。

本书对上述问题做了进一步的阐述。

三、教育技术学作为一个学科来说,还处在发展的过程中,还不能说是一个成熟的学科。以"教育技术的定义"为例,先后的定义就不下十余种。其中有显著特点的,有最早的规定性定义(是教学媒体和教学系统方法的总称),随后的过程性定义(具体描述教育技术在实践中如何应用的过程模式)和后来的学科性定义(说明学科的研究对象、研究方法和学科的内容结构)。在"教育技术学的实质"上则"由三种概念形成的促进学习的智慧方法"发展为"教育心理学、教育媒体技术和系统方法的融合",这些都说明教育技术学作为一个学科还处在发展之中。另外就教育技术的定义而言,国内的学术界就有多种的界定,尚没有一个统一的意见。即使在教育技术学的发源地美国也存着在对教育技术定义的不断修改。美国该领域的两个最大的协会——国际教育技术协会和教育传播和技术协会就编写出了两个内容基本不同的教育技术标准。这些都说明教育技术学尚不够成熟,我们需要理性地认识它。

四、本书所阐述的观点是我们在十几年的研究生专业教学中,在与学生教学相长中所积累的一些理解和认识,难免有不足和不妥之处,祈望广大读者给予指正。

最后，我们要特别感谢本书的责任编辑房世佳老师，他为本书的审核、修改和出版做了大量辛勤的工作。

尹俊华
2011年6月于京师园

修订版前言

一、关于教育技术学的产生和特点

教育技术是在视听教学方法、个别化教学方法和设计与改进的实验方法的基础上发展起来的。随着科技手段的引入和有关理论如传播理论、系统科学理论、学习理论等的影响,形成了以对教学过程的设计、评价技术和教学媒体开发与利用技术为基本内容的教育技术。教育技术学是在教育技术的发展过程中不断地完善自己的指导思想和理论框架,并逐步从教学方法范畴中分离出来的一门新兴的教育分支学科。它区别于其他教育分支学科的特点不是表现在这个学科的目的任务上——为了改善和获得有效的学习结果上,而是在于它分析、解决教育和教学问题的思想、手段、方法和方法论。正如伊利(D. Ely)在20世纪70年代初期所说:"教育技术领域的主要目标是促进和改善人类学习的质量。由于这个目标提出的任务是由教育学科的各个分支所共同负担的,那么它就不能作为某个特殊领域的理论依据而提出了。教育技术学的特点,也可谓它赖以存在的理由是在于它达到这个目标的哲学方法和实践方法。在以往50年间,它使这一个领域得到发展。作为教育技术的特征,其方法已被三个先后发展起来的模式所揭示。这三个模式是:应用各种各样的学习资源,强调个别化学习,运用系统方法。正是这三个模式被综合成一个促进学习的智慧方法和操作方法时,就形成了教育技术的特点,从而也确立了这个领域的理论依据。"从这段阐述中,我们可以清楚地理解到,教育技术学在分析、解决教育与教学问题中的基本思想、操作方法与方法论,以及学科的性质和特点。所以我们认为教育技术学是基于系统科学理论、传播理论和学习理论的思想、原理和方法研究解决教育和教学问题。探讨学习模型的建立与实施的技术过程以及媒体的开发和利用,从而形成其独特的理论与实践。其目的是促进和获得更有效的学习。

正如加涅(R. Gagne)所说:"教育技术学领域的一个基本目标就是促进和辅助在教学的设计和传授中应用那些众所周知并得到证实的方法。因此从理论上讲,教育技术学研究的核心可以认为是有效的学习条件的研究,技术学可以用于改善教学的设计和传授。"但是,由于教育技术的发展只有几十年的历史,是一个新兴的领域和学科。不同背景的学者和实际工作者从不同的角度对教育技术提出了不同的定义和界定,并且都在实践中取得了相应的效果。因此我们没有必要对它们作出判断,应相互借鉴,在实践中各自发展。

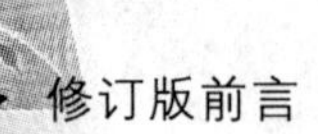

二、关于教育技术的定义与实质

自1963年以来到1994年,在美国关于教育技术先后出现了六个主要的定义。定义的变化反映了教育技术领域逐步走向成熟的过程。美国AECT出版的《教学技术领域的定义与范畴》一书中给出了最新的定义:"教学技术是为了促进学习,对有关过程和资源进行设计、开发、利用、管理和评价的理论与实践。"(以下简略为94定义)。这个定义是一个具有纲要性含义的规定性定义。它较明确地说明了教育技术领域的目的、观点、对象、范畴和主要特点。这个定义的内涵与我国1991年出版的《教育大词典》中有关教育技术学的学科定义的主要方面(如目的、观点、对象、范畴、特点和研究方法等)是基本一致的。所以94定义虽然是作为领域的定义和范畴来发表,但它基本上是侧重地体现了学科定义的性质。94定义一书的作者在另一篇文章中亦表达了这种观点。在这六个定义中1970年的定义是一个规定性定义,说明了教育技术是什么的问题。1977年的定义是一个过程性定义,描述了教育技术的操作过程和各要素间的相互关系。就定义的实质而言,伊利曾经对教育技术的定义做了研究,并指出各种定义均有三方面的主题思想。"它们表达了:

一种系统化方法;

一种对手段的研究;

一个具有某种目的的领域。"

94定义一书中将手段解释为过程和资源,将系统化描述为设计、开发、利用、管理和评价五个范畴。它反映了教育技术从一场教改运动到一个领域和行业(由相应学科专业人员构成的行业)的演变过程,以及这个领域对理论与实践做出的贡献。"所以教育技术其实质是描述解决教和学问题的技术过程和工具的使用。"(《教学技术领域的定义和范畴》,AECT,1994)

三、关于教育技术学的理论基础、技术基础和基本原理

教育技术在发展过程中要从教育学、心理学、传播学、系统科学等有关的研究成果中寻求理论依据,作为自身进一步发展的指导理论。同时在自己的领域内亦需要从实践中总结出规律并把它上升为理论以指导本领域的实践。由于具有应用性学科的特点,其理论体系中大部分概念与理论依据来自其他相关学科,但教育技术学的理论架构是新的,融学习与教育心理学、传播学、系统科学等学科的概念、原理和方法于一个有机整体之中,创造出一门新的学科体系。正如94定义一书中所指出:"教育技术是教育中的媒体、教育心理学和系统方法的融合。"(p. 37)其中,"教育中的媒体"的概念与理论均来自传播学,媒体作为传播过程的基本要素,它是解决信息传播的基本手段;"系统方法"的基本内涵是系统科学的整体研究思想和科学的操作方法(系统工程方法),它是分析、解决教学过程和教育过程所涉及的因素以及各因素间关系的指导理论,并根据教育心

理学中有关学习模型和学习结果类型对教学过程进行总体设计，从而开发出一个有效促进学习的过程并付诸实施。在设计过程中教学媒体的选择或开发是一个重要的环节，而教学媒体的开发与利用是以印刷技术、视听技术、计算机技术和整合技术为基础的，特别是现代通信技术和网络技术的发展，使获得有效学习结果的手段与形式更加丰富，使建构主义学习模型的实现成为可能。所以说教育技术是描述解决教和学问题的技术过程和工具的使用。这里的技术过程指的是对过程的系统化设计，工具的使用指的是教学软件和传播手段的利用。从以上分析可以得出教育技术学的理论基础有两个方面，其一是过程理论，即传播理论和系统科学理论；其二是教育心理学的学习理论，即行为主义学习理论、认知主义学习理论和建构主义学习理论等。而印刷技术、视听技术、计算机技术、通信技术和网络技术等是它的技术基础。

在AECT出版的94定义一书中把教育技术学的理论与实践概括为设计、开发、利用、管理和评价五个方面。亦可以细分为教学设计、评价的理论与技术(包括微观层次的教学设计和中观层次的课程开发)；教学媒体(或资源)开发、利用的理论与技术；过程与资源的组织与管理的理论与技术；教育开发的系统方法与分析、处理技术(或称为教育研究的技术学方法)。教学设计与课程开发理论是教育技术学基本原理的核心部分，亦是教育技术学对教育理论的主要贡献。借助资源和媒体是教育技术学解决教与学的问题的基本手段和表现形式，而对过程和资源的科学组织与管理是获得有效学习成果的保证。所以，对过程和资源的设计、开发、利用、管理和评价，是应用教育技术学系统化分析、解决教与学问题的一个有机整体的理论、手段与方法。目前，教学设计和媒体开发的理论与技术较为成熟，国外的著作较多。而课程开发、过程和资源的组织与管理的理论，以及教育开发的系统方法和分析、处理技术尚不完善，有待进一步的研究。

四、关于教育技术的实践领域

教育技术实践领域是教育实践的一个特定的组成部分，它是应用教育技术学的理论、手段和方法来分析、解决教与学实际问题的一个领域。它是按照系统方法的操作程序来解决教学问题的，即按照首先是鉴定需求，然后是寻找问题解决方案的技术流程，来设计、开发、利用、管理和评价有关的教学过程和教学资源。在这个系统化分析、解决问题的过程中，还需要各种相关理论和分析、处理技术(如需求分析技术、数据处理技术、评价技术、系统管理技术等)的支持。但在实际应用中，整个系统与过程中的部分因素已经确定，因此在实施中并不一定需要按照系统方法的线性过程来操作，往往是一个非线性化操作过程，起点亦不同。在有些情况下，需求已经确定，甚至传播教育信息的手段亦已经确定，例如远程教学中的网络教学形式和学校教学中的课堂教学形式。在这种情况下，只需根据已知的条件应用教学设计理论来设计、开发解决问题的方案和策略。在长期的教育技术实践和应用中积累了较丰富的经验并形成了较定型的教学模式,如以视听技术为基础的集体教学模式,以计算机技术为基础的个别化教学模式,以过程技术为基础的小组教学模式,以网络技术和通信技术为基础的远程教学模式。但必须指出的是,这些教学模式的应用,必须以教育技术学的理论与方法来设计、开发、利用、管理和评价整个教学过程,从而获得有效的学习。如果离开了教育技术理论的指导和应用,只是一些技术手段的应用,则不能说是教育技术的实践领域。其本质的区别是:是否应用了对过程的教学设计理论,而技术手段的应用是第二位的。因此在实践中应注意加以区别。例如远程教育,它有其自身的理论与方法,理论称为远程教育学,它是教育实践的一个领域,但不是教育技术实践领域的一个方面。如果是应用了教育技术理论与方法的远程教学则属于教育技术实践领域的一个方面。当然其中有些交叉,但不能混为一谈。此外还应指出,这四种教学模式,无论是在学校教育、职业教育或远程教育等各类教育中,都是根据教学目标和学习任务有选择地综合使用,或以一种教学模式为主、其他模式配合使用,不能机械地认为学校教育只能使用集体教学模式,远程教育只能使用个别化教学模式。如果这样来理解就有点形而上学了。这四种模式是教育技术在教学模式中应用的概括。教育技术学在实践中的应用还有其他方面,如课程开发的应用、教学媒体的开发应用、管理系统的开发应用和教学各环节的计算机技术的应用等各个方面。由于教育技术的指导思想包含了一些现代教育的理念和解决问题的方法的技术学特点,因而受到了教育工作者和教师们的欢迎,但它不是高于或替代其他教育分支学科解决教育、教学问题的理论和方法,而是各有所长。作为教育技术学的应用来说,应从其他教育理论与方法中吸取营养,更好地为教育事业服务。

五、本书的结构与使用

本书是按照教育技术学的知识体系来编写的。所以它基本上涵盖了本学科的目的任务、发展历史、性质特点、对象范畴、理论基础、基本原理、实践领域和研究方法等各个方面。这样便于读者从整体上来理解和把握教育技术学。但本书是教育技术学专业在低年级学习的一门入门课程,同时是其他专业的师范生及在职教师了解教育技术学的入门课程,因此编写时必须考虑学习者的特点。根据教学指导委员会的要求,重点放在理解、掌握本学科的发展历史、性质特点、概念定义及其相互关系以及在实践中的应用等几个方面。所以这几章的内容比较详细,其他章节如理论基础、基本原理和研究方法等只作简略介绍。本书最后附录部分编写了教育技术学词汇表。这是为了便于学习者和相关人员对教育技术的词汇有一个统一的理解,有利于专业人员和非专业人员之间的交流。关于教学媒体部分,作为导论来说并不需要详细介绍,因为以后有专门的后续课程。但考虑到有的学校不开设媒体理论与技术方面的课程,故另设了一章,可供各校选择讲授。

六、本书的修改与定稿

修改工作首先是由几位编者在一起结合前几年有关学校讲授此课程的反馈信息,逐章讨论并整理出如何修改的意见。其次是由尹俊华编审改写了第一章教育技术的发展简史,第二章我国教育技术发展简史,第三章教育技术概念、定义、性质和范畴,第七章以视听技术为基础的集体教学模式与方法,第八章以计算机技术为基础的个别化教学模式与方法,第九章以网络技术、通信技术为基础的远程教学模式与方法,第十章教育开发研究的系统方法;庄榕霞改写了第四章教育技术学的理论基础,第五章教育系统设计,第六章教学媒体开发以及教育技术学词汇表。并由庄榕霞把修改后的书稿在北师大教育技术系98级讲授了一遍,结合学生的反馈意见对各章补充了部分内容,使教材更加充实。最后,由尹俊华编审和戴正南教授统稿和修改。

教育技术学是一门正在发展中的学科,国内外学者对它的概念、定义的论述亦不相同。本书所阐述的内容只是我们的一些认识和理解,基本上是讲授这门课程的一个总结。由于我们水平有限,不妥之处,希望得到读者和同行们的批评和指正。本书的责任编辑是董文芳副编审,她为本书的出版提出了宝贵的意见并付出了辛勤的劳动,特此致以诚挚的感谢。

尹俊华

2002.2.8

序
（第一版）

高等院校教育技术学专业的系列教材，经过全国各高等院校教育技术学系或专业诸多教师多年的努力即将问世。这是我国教育技术学这门学科和专业成熟的标志，也可以说，我国教育技术学发展到了一个新阶段：有了我们自己的理论体系和课程结构。当然，由于这门学科和这个专业在我国发展的比较晚，理论体系和课程结构还要经过实践不断地修改和充实才能日臻完善。

教育技术在国外已有近百年的历史，名称也几经修改。我国是在20世纪20年代以电化教育的名称从国外引进的，至今也已经历了几个发展时期。开始仅仅从教育的媒体着眼，作为一种辅助手段在教学中应用，因为幻灯、电影等媒体的声像信息是通过用电的设备表现出来的，所以把它称为电化教育，并一直沿用。但随着学科、专业的建设需要和电教事业的迅速发展，教育技术学这个名称越来越多地为广大专业教师和电教工作者所接受。传统教育的教育过程基本上是由教师、学生、教育内容三个基本要素构成。但是，随着教育内容的复杂化和信息技术的迅速发展，现代教育的教育过程已经不是由上述三个要素构成，必须增加教育技术这个要素。因此，教育技术的应用是教育现代化的重要标志之一。教育技术学是现代教育科学发展的重要成果。教育技术的参与，虽然没有改变教育过程的实质，但确改变了整个教育过程的模式，改变了教育过程的组织序列，改变了分析和处理教育、教学问题的思路。从教育过程来分析教育技术的作用，就可以看到，作为一门教育学科的教育技术学就不能只是单纯地研究各种视听教育媒体在教育过程中如何应用、各种视听教材如何制作，而是要研究现代教育过程的构成及其规律；研究基本要素的相互关系；研究教育、教学系统的设计、实施和评价；研究教学资源的开发配置，成本与效益问题；研究开发新的信息技术在教育、教学中的应用；等等，从而形成了运用技术学的思想、手段、方法，来研究和探讨如何有效地分析和解决教育、教学的具体问题的理论与技术，它是关于教育的技术学，是教育理论研究中的一个新的层次——技术学层次的研究与实践的学科。

因此，教育技术学有两方面的基础，一方面是教育科学（包括心理科学）的基础，另一方面是技术学的基础。高等学校教育技术学专业的课程设置除专业课外也应该包含这两方面的基础课。

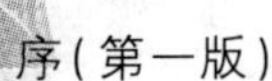

序(第一版)

教育技术学教学指导委员会在1991年初经国家教委批准设立以来,在国家教委有关司局的领导下,首先调查研究并广泛听取高等学校该专业的教师和电教机构的干部和研究人员意见,在此基础上科学地分析了社会对教育技术专业人才的能力素质的需求,经过充分讨论,制定了该专业的课程计划,特别是对主要课程做了认真安排,进而详细讨论和审定了各门主要课程的教学大纲并落实了主编和编写计划。总之,经过两年多的努力,一批教材终于要出版了,这是值得庆喜的事。这套教材也是我们教育技术学专业的集体成果,是大家同心合作的结果。通过讨论课程计划和编写教材,我们已经组成了一支队伍,一个很好的集体,今后我们还要为继续编制配套的声像教材而努力。

高等师范院校教育技术学教学指导委员会主任

顾明远

1993年岁暮

目　录

第一章　教育技术的发展简史 …………………………（1）
教学目标 …………………………（1）
第一节　概述 …………………………（1）
第二节　视听教学方法的发展 …………………………（3）
第三节　个别化教学方法的发展 …………………………（14）
第四节　系统化设计教学方法的发展 …………………………（22）
第五节　教育技术的形成是三种概念的整合 …………………………（26）
习题 …………………………（28）
教学活动建议 …………………………（28）
第二章　我国教育技术的发展简史 …………………………（29）
教学目标 …………………………（29）
第一节　电化教育的出现 …………………………（29）
第二节　电化教育的初步发展 …………………………（32）
第三节　电化教育的重新起步与迅速发展 …………………………（35）
第四节　教育技术的迅速发展 …………………………（42）
习题 …………………………（46）
教学活动建议 …………………………（46）
第三章　教育技术与教育技术学 …………………………（47）
教学目标 …………………………（47）
第一节　几个基本概念的含义 …………………………（47）
第二节　教育技术的定义 …………………………（50）
第三节　教育技术的知识范畴及学科性质 …………………………（58）
第四节　教育技术专业人员标准 …………………………（63）
习题 …………………………（75）
教学活动建议 …………………………（75）
第四章　教育技术学的理论基础和学术思想 …………………………（76）
教学目标 …………………………（76）
第一节　教育技术学的理论基础 …………………………（76）

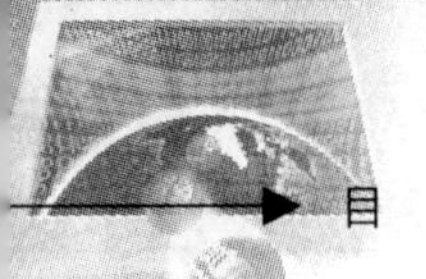

第二节　教育技术学术思想的发展 …………………………………… (86)
第三节　教育技术学的理论基础与基本原理的关联图 …………………… (89)
习题 ………………………………………………………………… (92)
教学活动建议 ……………………………………………………… (92)
第五章　教育系统设计 ………………………………………………… (93)
教学目标 …………………………………………………………… (93)
第一节　概述 ……………………………………………………… (93)
第二节　教育系统设计的发展 ……………………………………… (94)
第三节　教学设计简介 ……………………………………………… (99)
第四节　课程开发简介 ……………………………………………… (105)
习题 ………………………………………………………………… (110)
教学活动建议 ……………………………………………………… (110)
第六章　教学媒体开发和利用 ………………………………………… (111)
教学目标 …………………………………………………………… (111)
第一节　教学媒体的发展历史 ……………………………………… (111)
第二节　教学媒体概述 ……………………………………………… (116)
第三节　常用教学媒体材料的编制 ………………………………… (119)
习题 ………………………………………………………………… (123)
教学活动建议 ……………………………………………………… (123)
第七章　以视听媒体技术为基础的集体教学模式与方法 ……… (124)
教学目标 …………………………………………………………… (124)
第一节　概述 ……………………………………………………… (124)
第二节　几种主要的集体教学方法 ………………………………… (128)
第三节　集体教学中常用视听媒体和选择原则 …………………… (132)
习题 ………………………………………………………………… (134)
教学活动建议 ……………………………………………………… (134)
第八章　以计算机技术为基础的个别化教学模式与方法 ……… (135)
教学目标 …………………………………………………………… (135)
第一节　概述 ……………………………………………………… (135)
第二节　个别化教学系统的基本结构和形式 ……………………… (137)
第三节　个别化教学中采用的媒体 ………………………………… (141)
第四节　计算机在教育中的应用 …………………………………… (143)
第五节　新发展的技术在计算机教学中的应用 …………………… (146)
习题 ………………………………………………………………… (149)

教学活动建议 …………………………………………………………………… (149)

第九章 以过程技术为基础的小组学习模式与方法 ………… (150)

教学目标 ………………………………………………………………………… (150)

第一节 过程技术简介 ………………………………………………………… (150)

第二节 小组学习模式与方法的一般特点 ………………………………… (151)

第三节 对各种小组学习方法的评论 ……………………………………… (155)

习题 ……………………………………………………………………………… (161)

教学活动建议 …………………………………………………………………… (161)

第十章 以网络技术、通信技术为基础的远程教学模式与方法 … (162)

教学目标 ………………………………………………………………………… (162)

第一节 概述 ……………………………………………………………………… (162)

第二节 网络教学是远程教学发展的新阶段 ……………………………… (165)

第三节 远程教育中采用的媒体技术 ……………………………………… (170)

习题 ……………………………………………………………………………… (172)

教学活动建议 …………………………………………………………………… (172)

第十一章 教育技术学的研究方法 ……………………………………… (173)

教学目标 ………………………………………………………………………… (173)

第一节 教育技术学研究方法的形成与构成 ……………………………… (173)

第二节 教育开发研究的系统方法 ………………………………………… (175)

第三节 系统方法的逻辑 ……………………………………………………… (177)

第四节 教育开发系统方法的应用案例 …………………………………… (182)

第五节 形成性研究方法 ……………………………………………………… (188)

习题 ……………………………………………………………………………… (191)

教学活动建议 …………………………………………………………………… (191)

主要参考书目 ………………………………………………………………… (192)

中英文名词对照 ……………………………………………………………… (194)

第一章

教育技术的发展简史

教 学 目 标

通过本章的学习,学生应能做到:

1. 说明什么是视听教学方法。
2. 阐述“经验之塔”理论对视听教学方法发展的影响。
3. 解释“视听与教学传播过程的关系”模型的基本原理。
4. 说明什么是个别化教学。
5. 解释强化理论的基本原理。
6. 解释程序教学的基本要素和程序教学的两种不同模式。
7. 说明什么是系统化设计教学方法。
8. 阐述教育技术是如何由三个概念整合而成的。

第一节 概述

教育技术这个术语要确定它最早在何时出现,究竟谁第一个使用这个术语,到目前为止还没有确切的说法。

有学者认为,教育技术作为进行教育活动的手段、方法和技巧,它的产生应当推向更久远的古代。例如,美国教育技术史学家塞特勒(P. Saettler)认为,当一种知识开始被系统地应用到教学中去的时候,教育技术,作为一个过程,就从早期的技术传统中浮现出来了。尽管这个术语的起源不太确切,但还是可以把它追溯到部落牧师对知识主体进行系统分类的远古时代,以及通过书写象形文字和符号来记录并传播信息的早期文化。他认为可以把教育技术的哲学基础追溯到古希腊智者们(Sophists)的学术思想。根据智者们在教学中的做法,以及根据他们把“技术”理解为艺术与科学相结合的思想,可以把他们称为教育技术的鼻祖。所以国内外有的学者在阐述教育技术的发展史时,把语言技术、直观技术作为早期的两个发展阶段包容在内。但也有一些学者认为这二者属于教学方法范畴。

在美国教育技术界,更多学者倾向于把教育技术列为新的领域。他们认为,教育技术作为一个新兴的研究领域,它的形成是第二次产业革命时期科学技术的发展对教育影响的结果。美国教育技术界人士大多把20世纪20年代初期美国教育领域内兴起的视觉运动,作为教育技术的发端。

在本章中,我们把美国教育领域内视觉运动的兴起作为教育技术发展的起点。教育技术,从一个教学改革实践中的运动(视听教学运动)到形成一个专门的实践领域(运用教育技术解决教学实践问题的领域),进而发展为一门专业与学科(教育技术学),大约经历了70～80多年的历史。在这期间,从事理论与实践研究的教育技术工作者先后给出了多个有关教育技术的定义,这使人们产生了困惑,到底什么是教育技术呢?它的实质含义是什么?要弄清这些问题我们必须从了解它的发展历史开始,弄清它的来龙去脉,才能有一个比较确切的理解。本章主要阐述教育技术的来历与形成和教育技术概念的演变,从而理解教育技术的确切含义。

关于教育技术在我国的发展概况问题,由于我国的情况与国际的发展除有共同性外,还存有特殊性,且国内学者看法不一致,若用一节介绍,不易讲清,故另列第二章来专门叙述,以便读者对我国教育技术的发展概况有一个比较全面的了解。

教育技术作为新兴的研究领域,美国教育技术界人士大多把20世纪20年代美国教育领域内兴起的视觉教学作为教育技术发展的开始。但教育技术领域的形成并发展为一个专门的教育实践领域则是20世纪60年代末的事。美国教育传播与技术协会(AECT)委托伊利组织了数百名专家经过一年多的研究,于1972年10月发表了《教育技术的领域:定义的表述》一文(美国《视听教育》杂志1972年10月)。该文总结了以往50年美国教育技术发展的基本情况,提出了教育技术的形成与三种教学方法实践的发展有关。它们是:一、视听教学的发展,推动了各种视听设备在教学中的应用,进而形成了依靠教学资源来解决教学问题的思想和方法;二、个别化教学的发展,促进了程序教学的应用,推动了学习理论(斯金纳的强化论)在教学中的具体应用,进而形成了以学习者为中心学习理论为指导的个别化教学思想和方法;三、系统化设计教学的发展,推动了系统理论的整体论方法在教学中的应用,进而形成了对教学过程设计、实施与评价的思想和方法。这三种教学方法大体均在20世纪初开始,先后各自独立地发展,到了五六十年代逐渐相互影响和借鉴,至60年代末70年代初融为一体而形成教育技术领域。所以要了解认识教育技术的发展与形成,需要从这三种教学方法实践来了解教育技术的发展概况,并从这三种思想及其教学实践模式的整合来理解教育技术的基本学术思想和实践模式的形成。下面分别对这三种教学方法的实践进行阐述。

第二节 视听教学方法的发展

视听教学方法是一种以视听设备和相应的软件为辅助手段的教学方法。它的实质是在教学中运用提供直接经验或替代经验的视听媒体。它的发展形成了依靠教学资源的思想和媒体辅助与传播教学的模式。

一、视听教学运动的渊源

在教育领域中长期以来存在着对形式主义和教学中"言语主义"(Verbalism)的反感情绪。克服学校教学中"言语主义"的弊病是几世纪来许多教育家希望改革的一个方面。夸美纽斯、裴斯泰洛齐、福禄培尔和杜威等人的著作中都反映出要求进行这种改革的思想。他们的思想可以看做是视听教学运动产生的渊源。

在视听教学领域,"言语主义"具有特定含义,它在教学过程中,用学生不很理解的言词进行教学,它要求学生记住书本上的一些一般规则和概念,而学生对这些规则和概念却无法用他们已有的经验来理解。"言语主义"忽视以学生的感性认识作为学习的基础,只是片面强调词句符号的学习。学生所获得的词句对他们来说,可能仅仅是一些缺乏意义的符号。许多教育家都希望对学校教育中的"言语主义"进行改革。

17 世纪捷克教育家约翰·夸美纽斯(Johann Comenius)受到英国哲学家培根(F. Bacon)的唯物主义感觉论的深刻影响,认为一切实物受自然秩序所制约,倡导教学工作适应自然秩序的原理。他从适应自然秩序的原理和感觉论出发,提出直观性原则。他认为,人总是通过观察实物本身,从事物的本源去获得知识,因此,应运用实物和图形来补充口语和书面教学。他为学校教学采用实物教学和视听手段进行教学奠定了感性现实主义的理论基础。在 17 世纪 50 年代,夸美纽斯写了第一套带插图的课本中的一本,即《直观的图画世界》(Orbis Sensualium Pictus)。以他为代表的感性现实主义对 17 至 18 世纪课程的改革产生了巨大影响。

瑞士教育家约翰·裴斯泰洛齐(Johann Pestalozzi)试图根据心理学解决儿童教育问题,特别强调研究儿童心理特点的重要性。他的中心思想就是直观,认为感官印象是一切知识的基础,认知从感性的观察开始,通过对表象的加工而获得概念，因而观察应成为教学的基础。他认为教学中语言、文字必须和实际经验相配合，而实际经验则是从对具体的观察领悟而获得的，学习应该由具体到抽象来进行。他提倡一种众所周知的直观教学(object teaching)的教学方法。19世纪下半叶，裴斯泰洛齐等人的现实主义教育思想逐渐影响西欧和美国的教育方法。

美国教育家杜威(John Dewey)认为，教育活动唯有在儿童积极参与的基础上才能展开。他对传统学校中的形式主义教育不断地进行批判，他主张，教材的基本源泉是儿童的直接经验而又能构成知识内容的东西。他强调儿童自身的生活经验，强调课程的儿童经验化。

视听教学运动还可以追溯到福禄培尔的教学思想。福禄培尔(Friedrich Wilhelm Augest Froebel)基于卢梭(Jean Jacgues Rousseau)的思想，主张一切教育都应是令人愉快的，教育中思想和行动两者不应相互割裂。

上面这些教育家的教育思想的哲学基础可以归结为：理性认识离不开感性认识，依赖于感性认识。学校教学中，必须重视使学生积累丰富和合乎实际的感性材料，克服形式主义和“言语主义”。

二、视听教学运动产生的背景

19世纪末20世纪初第二次产业革命时期，由于工业技术现代化，美国已从依靠密集劳动力的农业社会演变为以机械化农业和城市工业为基础的资本主义发达国家，农村和城市的生活起了激烈的变化。为了工业化生产的大发展，国家急需大批有知识和技能的劳动者，因而不得不重视教育的改进。由于社会分工的需要，人们越来越重视实用课程和新的、更有效的教学方法，反对“书本学习”的做法。但是，学校的制度、课程和教学方法仍然沿袭欧洲旧传统，形式主义占统治地位，与社会实际生活严重脱节。从1880年到1920年，美国各级公共学校入学新生人数不断增长，而当时的学校规模和教育计划却无法满足求学的需要。20世纪20年代初期美国教育领域的视听教学运动正是在这种历史条件下兴起的。

夸美纽斯、裴斯泰洛齐、杜威等人的教育思想的影响也是视觉教学运动产生的重要因素之一。

同时由于工业革命推动了科学技术的迅猛发展，一些新的科技成果如照相技术、幻灯机、无声电影等被引入教学领域，给传统的以手工操作为主的教学送来了新的技术手段。

三、视听教学的初期阶段

(一) 视觉教学

19世纪末，科学技术的迅速发展和科技成果引进教育领域，对教育技术的发展产生了深刻的影响。照相、幻灯、无声电影等新媒体在教育、教学中的应用，向学生提供了生动的视觉形象，使教学获得了不同以往的巨大效果，于是人们产生了“视觉教育”的想法。1905 年，美国第一家学校博物馆在圣·路易斯开办。此后不久，在宾夕法尼亚州的雷丁和俄亥俄州的克利夫兰也开办了学校博物馆。这些学校博物馆和学校课程有着较密切的结合。当时，“一些学校博物馆通过销售便携式的博物馆展品、立体照片、幻灯片、胶卷、学习图片、图表和其他教学材料而充当了视觉教学中心管理机构”（塞特勒）。

电影的发明及其在教学中的应用对视觉教学运动的发展起了很大的促进作用。1910 年，克莱恩（George Kleine）在纽约出版了第一本《教育电影目录》。

大发明家托马斯·爱迪生（Thomas Edison）对电影教学异常热心，他在 1911 年就已开始制作一些供教室放映用的电影了。在 1913 年他曾预言道：“在学校里，教科书将很快过时。不久，学生将通过视觉来接受教学。使用电影教授人类知识的每一门分支学科是可能的。十年以后，我们的学校系统将彻底改观。”在爱迪生预言后的 10 年里，他预期的变化没有出现。但他推崇教学电影的热情以及对电影的教学作用的宣传却鼓舞了许多视听材料制作商和教育工作者。人们深信电影能促进教学改革，同时能降低教学成本。

视觉教学作为一场正式的教学改革运动是第一次世界大战以后开始的。在 1918 年至 1928 年期间，这场运动称为视觉教学（Visual Instruction）运动，标志着教育技术的发端。

在十年视觉教学运动期间，视觉教学已向学科建设、师资培训、学术研究、专业交流和组织管理等方面深入。

美国有二十多所高校为教师开设了视觉教学课程，培养教师使用幻灯、电影、挂图等手段呈示教材、制作教材和操作各类设备的技能。由于学科建设的需要，一批重要的视觉教学教科书陆续出版，如 1922 年格拉迪斯等编著的《满足社区需求的电影》是第一本完整的视觉教学专著；相继成立了五个全国性的视觉教学专业团体。另外，约有十几个大城市的学校系统建立了视觉教育局。州教育局、高等学校和公立学校中出现了首批管理视觉教学活动的行政机构。对视觉教学开展了系统研究，首批研究报告发表。当时研究重点是师范教育中开展视觉教学情况，诸如所用设备的类型和数量、视觉资料的管理及使用、视觉教学的投资效益等。为促进专业人员之间的交流，《视觉教育》、《教育银幕》、《视觉评论》等 5 种视觉教学专业刊物相继问世。

视觉教学是对长期以来盛行于传统学校中的形式主义教学方法，特别是所谓“言语主义”的改革。它旨在教学中推行视觉媒体的应用，为学生学习抽象的教学内容提供具体形象的感性认识，提高教学效果。而“言语主义”的教学方法忽视语言符号与学生已有经验建立联系，导致学生不甚理解、死记硬背地学习。

“视觉教育”的名称是自发产生的，它的正式出现是在 1906 年，美国的一家公司出版了《视觉教育》一书,这是一本有关立体照片和幻灯片使用的教师指导书。随之,“视觉教育”一词在教育界广泛传开,吸引了越来越多的教育工作者参与对新媒体应用的研究。

“视觉教育”一词出现时,在当时曾引起争议。许多学者认为从心理学角度分析,这种提法甚为荒谬。但是,幻灯与电影技术的发展也使许多有识之士认识到了视觉媒体用于提高教学效果的潜力。他们中既有社会工作者和教育工作者,又有视觉材料制作商。前者关心教学改革,后者则试图扩大产品销路。

对于视觉教育的宣传,进一步引起了人们的注意和兴趣,吸引了越来越多的教育工作者参加视觉教育的研究和实践。1923 年 7 月 6 日,美国成立了全美教育协会(NEA)视觉教学部(Department of Visual Instruction,简称 DVI),即今天教育传播与技术协会的前身。视觉教育工作者开始发展他们自己的学说,并断定“视觉经验对学习的影响比其他各种经验都强得多”,为发展视觉教育提供了条件。学校开始将“视觉教育”列为正式课程。1928 年出版了第一本关于视觉教育的教科书《学校中的视觉教育》。

(二)视听教学

20 年代末由于有声电影及广播录音技术的发展和在教育中的应用,原有的视觉教学概念已不能涵盖已扩展的视听设备介入的教育实践,视觉教学便发展为视听教学(Audiovisual Instruction)。

英国是开展播音教学较早的国家。1920 年英国马可尼公司剑佛电台开始播出教育节目,每日两次,每次半小时;1923 年成立了“教育播音咨询委员会”,该委员会由地方学校代表、各大学代表、教育部各司司长、秘书长等人组成;1929 年成立了“学校播音中央评议会”,每年评审教育节目 1 至 4 次。美国也在 1920 年建起了第一家无线电广播台——匹茨堡的 KDKA 电台,并开始利用无线电广播进行大面积教育,开展广播教学实验;之后,俄亥俄州、哥伦比亚、威斯康星州、波士顿等广播学校相继成立,播放文学、音乐、经济、语言、航空、天文、电子等一系列广播课程,后来发展到用 24 种语言向 30 多个国家广播。实践证明,无线电广播对教育的作用远远超出了学校的范围,为扩大教育规模、发展社会教育开辟了一条有效的途径。

1924 年美国韦斯顿公司研制成功了有声电影。具有视听双重特点的有声电影在提高教育效果方面显示了巨大的作用,引起了人们的广泛兴趣与政府部门的特别重视。据有关史料记载,1931 年 7 月,美国辛克斯公司的教育电影部采纳了当时总统胡佛的意见,把一些州的儿童代表请到华盛顿,用电影教学做了一个实验:在儿童看电影的前后,分别用 5 种测验表格考查他们的学习成绩,看电影后比看电影前的成绩平均增加了 88 分,学生增加知识量 35%。同时,美国哈佛大学在麻省 3 个城市中学所进行的实验也证明,用电影教学的学生比不用电影教学的学生成绩高 20.5%。

视听教学的发展到 1941 年底美国正式参加第二次世界大战时告一个段落，故把 1918—1942 年称为教育技术发展的初期阶段。在这一时期，视听教学对整个教育领域并未产生重大影响。但值得指出的是，在理论方面的研究成果，如霍本(C. F. Hoban)等编著的《课程视觉化》一书(1937 年出版)反映了该时期视觉教学的理论研究成果，堪称 30 年代视觉教学理论代表作。作者系统地论述了视觉教学的理论基础、基本原则，并提出了各类媒体分类的层级模型。

四、"二战"期间及战后十年的视听教学(1941—1945—1955)

第二次世界大战期间，学校中的视听教学由于缺乏设备、资料和专家而发展缓慢，几乎处于停顿状态。但是在军队中情况就大不相同。美国为应付这场全球性战争的需要，必须在短时期内迅速动员千百万大众，并快速而有效地把大批来自不同行业、具有不同背景的民众训练成为能从事军工生产的技术人员和各军、兵种的战斗人员。在这特定的历史条件下，视听教学在工业和军队的训练中得到大力的发展。促进战时视听教学发展主要有以下四个因素：

1. 工业和军队的训练部门制定了大规模的人才培训计划。如果只依靠传统教学方法来实施这些计划，难解战时燃眉之急，从而迫切需要应用以战前科学研究成果为基础的有效的视听技术。

2. 工业和军事训练中强调绩效能力的培养，目的明确、操作性强；也强调训练者的工作职责。当时这种观念归结为这样一句话，即"如果学生没有学好，那么原因是你没教好。"这些都是构成应用视听技术的观念基础。

3. 美国联邦政府为实施教学技术制定了一系列政策，鼓励制作各类教材、广泛使用媒体。

4. 美国联邦政府为实施教学技术而巨额拨款，据介绍至少 1 亿美元。

战争期间，美国政府通过其"战争培训视觉教具部"生产工业培训电影 457 部。政府为军队购买了 5.5 万部电影放映机，花费在影片上的投资达 10 亿美元。利用电影培训技术人员获得很大成功，在短短 6 个月中，把 1 200 万缺乏军事知识的老百姓训练成为陆、海、空各兵种作战部队，把 800 万普通青年训练成为制造军火、船舶的技术工人。战争期间，军队训练中除大量使用电影外，还采用了许多其他视听媒体，例如，军训中初显成效的投影器，主要用于识别航空器的教学的幻灯，用于外语教学的录音，用以飞行训练的模拟训练器材，等等。第二次世界大战中，美国在工业和军队训练中发展视听教学取得巨大的投资效益。据报道，1945 年德国投降后，德军总参谋长威廉·凯塔(William Kiete)谈及战争失败原因时说："我们精确计算了一切因素，只是没有算到美国训练军备的速度，我们最大的错误就在于低估了他们迅速掌握电影教育的速度。"

在战时工业和军事训练的条件下,传统的视听教学理论得到实践的检验,新的理念不断涌现。该领域的研究已向对象、需要、媒体、方法等各个方面扩展,形成了较系统的传播研究。战时的实践使视听专家和其他教育工作者逐渐认识到,科学的学习理论能用以指导解决实际的教学与训练问题。媒体与视听传播专家在教学技术中的作用与地位得到明确。所有这些对战后教育技术的发展产生了深远的影响。

视听设备在战时人员培训方面取得的显著成效,提高了人们对战后在学校教育中使用视听媒体的兴趣和热情。幻灯、投影、电影、无线电广播等得到了进一步的推广应用。战后在军队及电影工业界若干基金会的支持下,视听领域开展了一系列的研究,重点探讨视听媒体的特性及其对学习的影响。战后十年(1945 年至 1955 年)是视听教学稳步发展的时期。从 1955 年起,视听教学进入迅速发展阶段。

在这一时期,人们也感到"视觉教育"这一名称已不能准确反映当时的教育实践活动,而提出了"视听教育"的概念。应当指出,视听教育所指的不仅只是幻灯、电影、录音、无线电广播等现代媒体的应用,它还包括照片、图表、模型、标本等直观教具以及参观、旅行、展览等形式的教学活动,凡是传授观察经验的教育活动,都属于视听教育。

在此期间,全美教育协会的视觉教学部正式更名为视听教学部(1947 年)。1946 年爱德加·戴尔(E. Dale)在总结视觉教学理论及视听教学实践的基础上发表了以著名的"经验之塔"理论为核心的《教学中的视听方法》(Audio-Visual Methods in Teaching)一书,他依据各类媒体所提供的学习经验的抽象程度作了系统的分类,并概括了应用的原则。这个理论成为教学媒体应用于教学过程的主要依据和指导思想。

五、视听教学向视听传播教学发展(1955—1965 年)

自 1955 年以后,视听教学得到迅速发展的原因是由于 1957 年前苏联发射第一颗人造地球卫星,对美国震动很大。舆论界惊呼美国科技落后,对学校教育提出了激烈的批评,强烈要求改革学校的课程和教学方法。在这种情况下,美国国会于 1958 年通过《国防教育法》,给教育各种拨款,以保证培养出国际竞争所需要的人才的质量和数量,同时亦把许多研究人员带到教育媒体和技术领域,并促进更多的教师接受新媒体,使视听技术得到有效的应用和发展。

1957 年前苏联卫星上天后,促使美国掀起一场长达 10 年之久的大规模的教育改革运动(即美国教育反省期)。在这场教育改革运动中,要对学校教育的课程内容进行修订,并要对教学方法作相应的改革。在课程改革运动中,强调应用布鲁纳(J. Bruner)的发现教学法,提出学生的理想学习程序应始于直接经验,逐渐向图像经验和抽象经验展开。因此需要大量使用媒体来达到教学目标。布鲁纳的发现学习法组织教材的模式与戴尔的视听教学理论中媒体的分类模型相吻合,所以课程改革运动对视听教学有很大的促进作用。

教学电视是战后视听教学发展中最重要的组成部分。虽然战前曾有一些将电视应用于教学的尝试,但教学电视的大规模发展还是20世纪50年代中期开始的。由于部分电视节目质量停留在“课堂搬家”的平庸水平,以及投资转向公共电视的发展等原因,到60年代中期学校教学电视的发展开始降温。从总体上看,教学电视在正式教育中所发挥的作用不大,其潜力并没有得到发掘,所以未从根本上触动教育改革。到60年代后期,一些优秀教学系列电视节目出现,如“芝麻街”等。教学电视的发展促进了教育技术的全面发展。

在1955—1965年期间,语言实验室、电视、教学机、多媒体组合系统、计算机辅助教学等先后问世并在教学中得到应用。使得原来以视听标记的对这个领域的描述又变得毫无用处,来自属于视听或不属于视听领域的许多资源要求统一说明,同时由于传播理论的发展和对教育的影响,为此试图定义一个更广泛的术语和定义来概括这个领域。视听传播(Audio-Visual Communication)的术语是1953年在视听教学领域出现的。当时美国视听教学部出版了《视听传播评论》专业刊物,标志着视听教学论开始向视听传播理论发展。有系统的视听传播论是10年以后形成的。传播理论、早期系统观以及学习理论的发展,给视听教学领域引进了大量新鲜的理论观念,拓宽了视听教学理论工作者的视野。为了将这些新的概念有机地综合成为一个完整的理论体系,为了给这一已得到发展的领域下一个准确的定义,视听教学部在1961年成立了“定义与术语委员会”,探讨从学习理论和传播理论的角度重新认识视听教学的理论问题。这标志着视听教学向视听传播教学的发展,是视听教学理论上的一个转折点,由重点研究视听信息的显示转向视听信息的传播设计。“视听与教育传播过程的关系”的理论模型是视听传播理论的构架。但由于行为主义的学习理论的发展,视听传播理论在实际应用中影响不大。多数视听教学工作者对视听教学的认识仍然停留在“媒体”的层次上,仍以“经验之塔”作为主要的理论基础。其原因是多方面的,例如,教育机构及教师的传统教学观念根深蒂固,使教师对新的传播手段和方法的使用产生一种抗拒心理。但是,视听教学论没有及时地在很大程度上将传播理论结合到自己的理论构架中,这是主要原因之一。此外,20世纪60年代初期,行为科学也开始向视听领域渗透,客观上冲淡了传播理论的影响。

六、视听教学的基本原理

在整个视听教学运动中,不同时期都对教学实践作出了理论的概括,提出了有关的理论,如视觉教学理论、视听教学理论和视听传播理论,这些理论对教学实践起到了指导作用,其中戴尔的视听教学理论影响最大。下面分别作一下简要的介绍。

(一)视听教学论

初期视觉教学理论的核心部分包括如下三个方面:

1. 视觉媒体能够提供具体、有效的学习经验。

2. 视觉教具的分类应以其所能提供的学习经验的具体程度为依据。

3. 视觉教材的使用要与课程有机结合。

尽管在第二次世界大战后的十年中,戴尔的以“经验之塔”为核心的视听教学论在该领域中影响最大,但是,在基本概念上并没有超出早期的视觉教学论。视听教学理论的主体仍可以概括为三个相同的方面:

1. 学生学习知识是一个感性认识与理性认识相结合的过程。

2. 各类视听教材与方法应按其能提供的学习经验的性质——具体或抽象的程度来分类。

3. 视听媒体应与课程有机结合。

“经验之塔”是视听教学理论的核心,它构成戴尔《教学中的视听方法》全书的基本构架。它是戴尔在1946年提出的,在1969年进行了修改。戴尔认为,人们学习知识,一是由自己直接经验获得,二是通过间接经验获得。当学习是由直接到间接、由具体到抽象时,获得知识和技能就比较容易。

“经验之塔”(如图1-1)把人们获得知识与能力的各种经验,按照它的抽象程度,分为3大类11个层次。(最初为10个层次,1969年修改为11个层次。)

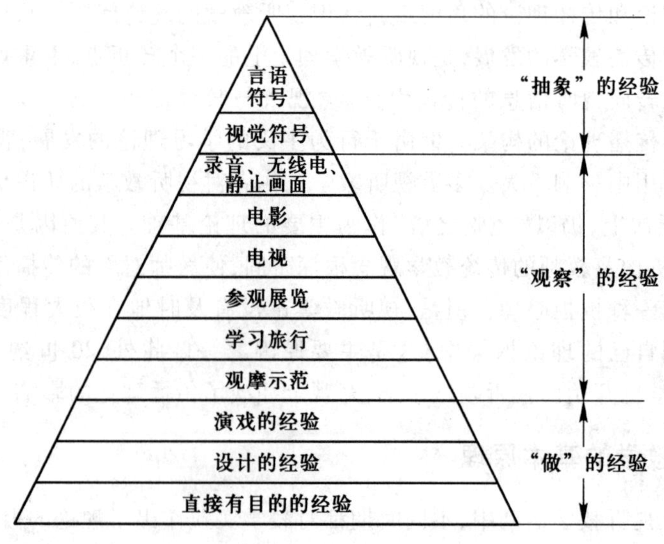

图1-1 经验之塔

1．"做"的经验，包括三个层次：

（1）直接有目的的经验。指直接地与真实事物本身接触取得的经验，是通过对真实事物的看、听、尝、摸和嗅，即通过直接感知获得的具体经验。

（2）设计的经验。指通过模型、标本等学习间接材料获得的经验。模型、标本等是通过人工设计、仿造的事物，多与真实事物的大小和复杂程度有所不同，但在教学上应用比真实事物易于领会。

（3）演戏的经验。指把一些事情编成戏剧，让学生在戏中扮演一个角色，使他们在尽可能接近真实的情景中去获得经验。参加演戏与看戏不同，演戏可以使人们参与重复的经验，而看戏是获得观察的经验。

2．"观察"的经验，包括六个层次：

（1）观摩示范。看别人怎么做，通过这种方式可以知道一件事是怎么做的。以后，他可以自己动手去做。

（2）学习旅行。可以看到真实事物的各种景象。

（3）参观展览。展览是供人们看的，使人们通过观察获得经验。

（4）电视。

（5）电影。银屏上的事物是真实事物的替代，通过看电视或看电影，可以获得一种替代的经验。

（6）录音、无线电、静止画面。它们可以分别提供听觉的与视觉的经验。与电影、电视提供的视听经验相比，抽象层次要高一些。

3．"抽象"的经验，包括两个层次：

（1）视觉符号。主要指图表、地图等。它们已看不到事物的实在形态，是一种抽象的代表，如地图上的曲线代表河流，线条代表铁路等。

（2）言语符号。包括口头语言与书面语言的符号。言语符号是一种抽象化了的代表事物或观念的符号。

在"经验之塔"中，我们看到，学习者开始是在实际经验中作为一名参与者，然后是作为一名真实事件的观察者，接着是作为一名间接事物的观察者（提供一些媒体来呈现这些事件），观察到的是真实事物的替代物，最后，学习者观察到的是一个事件的抽象符号。戴尔认为，学生积累了一些具体经验，并能够理解真实事物的抽象表现形式，在这个基础上，才能有效地参加更加抽象的教学活动。

（二）视听传播论

"视听与教育传播过程的关系"的理论模型[①]（如图 1－2）是南加州大学博士研究生埃博克（Sidney C. Eboch）在其 1962 年的博士论文《关于视听传播领域

① 张祖忻．美国教育技术的理论及其演变．上海：上海外语教育出版社，1994：86～88．

的过程与系统结构》中首先提出的。后得到“定义和术语委员会”的采用，作为视听传播论的构架正式提出，发表于 1963 年的专著《视听过程在教育中的作用的改变：定义和有关术语汇编》。它以传播和学习的基本模型为基础，综合了早期的系统思想。简单解释如下：

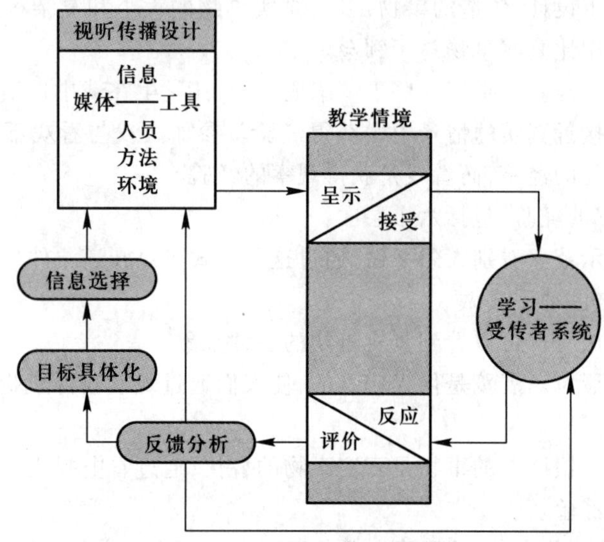

图 1－2　视听与教育传播过程的关系

从整体上看，该模型把教学过程视作一个信息传播的过程，说明“视听传播设计”在其中的地位与作用。根据传播过程的理论，信息传播是一个动态的过程，无法确定信息运行的起点。因此，在模型中不明确指出教学传播过程的起点，是合乎传播学原理的。为便于讨论，假设在某特定的教学情形下，第一步工作是确定教学的目标。其过程为：

1. 明确教学目标，并使教学目标具体化。

2. 根据教学目标的要求，选择合适的教学信息——教学内容。

3. 进行视听传播设计。如图 1－2 所示，视听传播设计指根据预定的教学目标和所确定的学科内容，把信息、教师、媒体、方法和环境作为一个整体加以系统设计，充分考虑了“传播什么”（信息）、“由谁传播”（人员）、“通过什么传播”（媒体）、“如何传播”（方法）和“在哪里传播”（环境）等因素。其中信息的设计以已选定的教学内容为基础，研究如何用图像和语言文字符号最有效地传递给学生；同时又考虑到信息的载体——媒体工具选用的因素。该模型把媒体与信息等放入一个系统中加以考虑，充分重视加拿大传播学者麦克卢汉关于“媒体影响信息”的理论。在视听传播设计中，信息指教学传播中所传递的信息内容及意义；媒体工具指运载所选定的信息的传递系统，包括材料和设备两个方面，如录音带和录放设备等;人员指控制或帮助信息传递或呈示所需要的人员;方法指有效呈示信息所需要的具体规范和技巧;环境指教学情境中对特定条件的控制或对条件的要求。

4. 把视听传播设计的产物——教学系统投入教学情境中使用。这一过程是:呈示教学内容;学习者接受教材的刺激,作出反应;教师对学习者的反应进行评价。这是发生在教学现场的过程。其中,学习者从接受刺激到作出反应,是一个内部的心理操作过程。模型从行为主义心理学的角度出发,将该心理过程视作学习——受传者系统。在这个环节上,学习理论与传播过程得到了有机结合。

5. 对评价获得的数据进行分析。学习评价数据在一定意义上是一种反馈给视听传播设计者和教师的信息,说明所设计的教学系统在实际教学中试用的效果。通过对反馈信息分析所得到的结果,能用于三方面改进教学。第一,能够了解教学系统的设计中有哪些方面存在问题需要改进,例如信息设计的缺陷或媒体选用不当等。第二,分析的结果可能揭示学习者方面存在问题,例如:学习者缺乏学习准备,故对所呈示的教材作出不适当的反应,这种情况下,可进一步分析学习者特点,使之适应教学要求。第三,反馈分析的结果也可能说明教学目标制定上存在问题,如不够明确具体,或要求过高等。当然,反馈分析的结果也可能说明这三方面均存在问题。通过反馈分析,进一步改进教学就有了依据。

上述过程反映了现代教学系统设计的思想。因此,有人认为:在教育技术史上,这是第一次把教学设计作为首要考虑的对象。

该模型要说明的正是视听传播的设计——这是该领域所研究的对象——与教学过程的有机联系,故称"视听与教育传播过程的关系"。明确了该领域的研究与教育传播过程的宏观联系,就需进一步了解"视听传播"是怎样一个领域。伊利下面这段定义是视听教学部(DAVI)1963 年的正式定义:

"视听传播是教育理论和实践的一个分支,主要研究对用于控制学习过程的信息的设计与使用。

视听传播的任务是:① 对用于学习过程以达到任何目的的图像信息和非表象信息两者的独特的、相对的优点进行研究;② 对某一教育环境中人和器具发出的信息作结构上和系统的处理。这些任务包括对系统组成部分和完整教学系统的计划、制作、选择、管理和使用。

视听传播的实际目的是使有助于充分发挥学习者能力的各种传播方法和媒体得到充分有效的使用。"

伊利表述的这段定义说明了视听传播的目的、性质及研究对象。视听传播论把对提高媒体的教学效果的研究置于整个教学过程的宏观框架中,完全改变了传统视听教学论对视听媒体进行孤立研究的方向。

七、小结

综观视听教学的发展,一方面反映了社会发展对教育改革的要求,同时亦可以看到它是与新的视听技术——通信技术、计算机技术的发展与应用和开发出的媒体以及传播手段密切关联的。所以,即使对教育媒体在教学中应用的效果仍有不同看法,但从传播理论的角度来认识教学过程,媒体已成为教学传播过程基本要素之一,从而形成了促进有效教学的一种模式——依靠教学资源来促进有效教学的思想和媒体辅助与传播的教学方式。或称为大众传播的教学方式。

这种由视听教学运动发展而形成的依靠资源促进有效教学的思想和媒体辅助与传播的教学方式一直在学校教育中广泛运用。尽管媒体的形态不断地现代化,教学设计思想不断地发展,但它仍然是一种学校教育教学的基本形式。

第三节　个别化教学方法的发展

个别化教学是一种适合个别学习者需要和特点的教学。学生个别地自学,在方法上允许学习者自定目标、自定步调、自己选择学习的方法、媒体和材料。程序教学是个别化教学的一种形式,它的发展促进了学习理论的应用并形成了强调以学习者为中心学习理论为指导的个别化、个性化教学模式。

一、早期的个别化教学阶段

个别化教学作为一种普遍的教学方法,在19世纪中叶就已经存在。在希腊和罗马时代,学生都是由家庭教师单独授课的。这个制度持续了数百年。在19世纪初期的美国,许多学校采用了“导生”制教学(monitorial system of instruction)。即由一名教师向大批学生“导生”提供教学,“导生”再依次向10名左右更年轻的学生提供这个教学。

但作为一个真正的个别化教学系统则是在1912—1913年间伯克(Frederic Burk)在美国三藩市(旧金山)一个师范学校试验的个别化系统,它的主要特点是允许学生按他们自己的速度来学习由老师们编写的自学材料。1919年,沃什伯恩(Carleton W. Washburne)在伊利诺伊州温内特卡镇的中小学创立适应个性教学的形式之一——温内特卡方案(Winnetka),其目的是充分发展儿童的个性和才能,培养儿童的社会意识。1920年,帕克赫斯特(Helen H. Parkhurst)在马萨诸塞州道尔顿中学制订道尔顿实验室计划(Dalton Plan),旨在废除年级和班级教学:学生在教师的指导下,各自主动地在实验室内使用不同教材、自定学习时间和步调,以适应其能力、兴趣和需要,达到发展个性的目的。

这些著名的早期个别化教学的特点是：教学目的明确；试图使学习适合学生个别差异，打破传统教学固定步调模式，学生能自定学习步调；采用掌握学习法（即学生必须达到一定的教学要求才能进入下一步的学习）；重视课程内容的选择和组织。由于20世纪30年代经济大萧条和进步教育运动的影响，这类个别化教学形式日趋消失。毋庸置疑，个别化教育对教育理论和实践产生了深刻的影响。但真正在教育中有着广泛深远影响的个别化教学活动，当推50年代兴起的程序教学运动。

二、程序教学的发展

1925年美国心理学家普莱西（Sidney Pressey）设计了第一台自动教学机，主要用于对学生的测试自动化，但也包含了允许学生自定步调，要求学生积极反应和即时反馈等原则的运用。这种机器可以自动测验和记分。机器有两种操作方式——测验和学习。在测验时，学生对某一项目只允许作出一次反应，反应之后再呈现一个新的项目，机器不提供正确性指示；在学习时，一个项目保留在呈现窗中，直到学生按下正确的按键，然后出现结果。普莱西认为，他的机器在教新材料和练习的某些方面，比人做得还好。其后，他和他的学生又设计了好几种自动教学机，并开展了相应的实验。但由于设计上的问题以及应用于教学上的客观条件不够成熟，普莱西的自动教学机对教育技术的发展影响很小。一直到20世纪50年代中期斯金纳发起新的程序教学运动，普莱西的早期贡献方为人们真正认识。

1930年，彼特逊（J. Peterson）设计了一种自己记分、即时反馈的装置，后来称之为“化学板（Chemo - Card）”。学生用一种特制的墨水作记号，如果答错了，记号呈红色；如果答对了，则记号呈黑色。虽然，这种化学板以及普莱西的教学机器激起了人们对自动教学技术的兴趣，但是，多数的教育工作者和研究人员并没有准备接受这种有关教学的进步见解。

1954年斯金纳（B. F. Skinner）发表了题为《学习的科学和教学的艺术》一文，他指出传统教学方法的缺点，提出使用教学机器能解决许多教学问题，推动了当时的程序教学运动的发展。在文章中，他强调“强化”在教学中的重要作用，并建议把教学机器作为一种手段，给学生提供必要的强化。他指出，“对人的学习的最有效的控制将要求工具的帮助”，即使“作为单纯的一个强化机器，教师也是过时了……他必须有机械装置的帮助”。他根据他的操作条件反射和积极强化的理论设计了教学机器和程序教学。他的关于学习材料程序化的想法，后来发展成为可以不用教学机器只用程序课本的“程序教学”。正如戴尔的视听理论从认识论的角度提出教学中使用视听媒体的理论基础一样，行为主义则从强化论的角度又一次为教学设备在教学中的使用确立了理论依据。同时他进一步指出教学中使用媒体设备的目的和作用的变化，由视听教学中起呈示教材的作用发展为既呈示教材又强化学习者行为的作用。斯金纳坚持不懈的努力成为这个领域发展的主要催化剂，推动了当代程序教学运动的发展，被誉为当代程序教学运动之父。

20 世纪 50 年代末到 60 年代初是程序教学迅速发展的时期，这一时期的程序教学运动具有以下两个方面的特点：一是各种教学机器纷纷问世，从不具备信息显示装置的简单教学机器，直到克劳德（Norman A. Crowder）分支装置那样能对数千个框面的信息进行随机提取的教学机器，各式各样，五花八门。据统计，1962 年美国约有 65 家工厂生产的外观造型、尺寸大小、操作方法各不相同的各式教学机器达 83 种之多。二是程序设计广泛开展，并取得了肯定的效果。霍兰德（E. Hollander）曾报导：他和斯金纳在哈佛大学行为心理学课程中运用程序化教材获得成功。当程序中的项目数扩展到 1 400 至 1 800 个时，学生对程序反应所产生的错误几乎减少一半，而学完教材所需用的整个时间却缩短了。也有的研究发现：在高级中学物理课程中，将程序化教材作为一种补充教材使用，能有效地提高学习成绩；二年级学生学习拼音时，如果借助程序化教材或教学机器，会比用传统方法教的学生学得好些。此外，其他一些教学系统也随着进入学校程序教学的新领域中，几个主要的公司，如贝尔电话实验所、康宁玻璃厂和休斯飞机公司都开始试行程序教学。同样，军事的、地方的以及国家的一些公共机构在他们自己的训练活动中，也证实了程序教学的优势：1961 年，某空军基地进行了运用教学机器和教学程序的实验，“这一自动教学方法，在第一次试验中采用了完全没有试用过的教材，它教得像一个活的、有经验的教师一样……训练实践实际上缩短了”。大量的事例说明，程序教学在广泛的领域内获得了成功。尽管教育界有关人士开发出大批程序教材供学校教学、军队和工商企业的训练使用，一些出版商纷纷投资于程序化教材的制作，但总的看来，美国学校在采用程序教学方面步伐缓慢，学校系统并没有普遍对教师开展如何使用程序的培训，也没有全面引进程序教学。

程序教学也受到一些心理学家和教育学家们的指责，主要是批评程序教学的机械性和不灵活性，说它是一种“不民主、甚至更坏，是一种反理智的学习理论”（H. 费兹格拉德），认为它谈不上能通过学习知识而发展智力。此外，由于技术上的原因，拥有模式功能的教学机器的设计已有穷尽之感，并且对于复杂的教学内容也难以处理。于是，程序教学的发展，在经历了 50 年代末 60 年代初这一兴旺时期之后，一度停顿下来，到了 60 年代后期，程序教学运动开始衰退。原因是多方面的，其中之一是要真正开发有效的程序教材需要进行系统的设计和实验，这样会花费很高的代价，因此出版商纷纷退出这一领域。有关研究表明当时程序教材的使用效果不比传统教材好，学生反映程序教材缺乏趣味；使用程序教材对教学管理和教师作用提出了新的要求,而许多教学管理者和教师对这种改革难以适应。这些都是初期程序教学运动失败的原因。尽管如此,程序教学总结出的一套开发程序教材的方法,开发过程中综合了许多重要概念并得到具体应用,这都影响和促进了系统设计教学方法的发展,推动了个别化教学的研究。

三、其他个别化教学形式的发展

20 世纪 60 年代后期程序教学虽然衰落,但其他个别化教学系统的研究得到发展。如凯勒的个别化教学系统(PSI)、掌握学习法、导听法(录音指导法 ATS)等体现现代教学技术思想的个别化教学系统受到重视。

凯勒制(The Keller Plan)又称个人学习系统(Personalized system of Instruction,简称 PSI),1963 年由哥伦比亚大学心理学家凯勒(Fred S. Keller)首创。这是一项管理教学的技术,在教学过程中贯穿强化理论的应用。这种方法把一门课程分为一系列单元,每单元由书面教材(如教科书的一章)、书面学习指导(附要点提示和学习目标)及各种视听资料组成。各学习单元的顺序明确,学生必须达到单元教学要求才能进入下一单元的学习。学生自定学习进度。单元测试由其他已通过该课程考试的学生(称"学监")主持,但时间由学生按本人学习进度确定。测试后,"学监"立即告诉该学生成绩。如不通过,必须重新学习该单元的内容,直至掌握。教师视需要作些讲授,组织讨论,但教学的主体是学生个别化自学。凯勒制自 1963 年在哥伦比亚首次启用后,很快推行到世界各国。与传统教学相比,它有 5 个特点:学生自定学习步调、采用掌握学习法的原理、启用"学监"、依靠书面指导、减少教师讲授。

掌握学习法(Learning for mastery)由布卢姆与他的学生在芝加哥大学创行,其核心是根据实际情况变动教学时间和材料,使所有学生都能掌握每一项学习内容,故称掌握学习法。这是布卢姆 1968 年提出的一种教学系统。此法虽强调学生对每一单元教学内容的掌握,但教学进度由教师定。教师先通过传统的小组教学方式进行一个单元的教学,然后对学生进行"形成性评价"性质的测验以了解该单元掌握情况。对未通过测试的学生布置包括小组学习、个别复习教材内容等补习活动。学生可以在课堂上,也可以通过个别自学的方式完成补习任务,然后再次参加形成性测验。学生必须完全达到该单元的教学要求方能进入下一单元的学习。学期结束时,教师再进行一次"总结性评价"性质的考试,了解学生对已学各单元的掌握程度。据统计,掌握学习法曾在美国几千所小学中推行,有的地方整个学区采用该教学系统。

录音指导法(Audio - Tutorial Approach)亦称导听教学,是普渡大学植物学教授波斯尔思韦特(Samuel N. Postieth wait)于 1961 年设计的一种个别化教学系统,也是一项管理教学的技术。一般由三方面构成:① 每周全班集中上课,或由教师介绍新课,或请客座教师讲课,或观看电影等;② 学生到学习室进行个别的、自定步调的学习;③ 小组讨论,学生可以提问、汇报学习进展、或相互交流。该方法主要特征是,学生在学习室里进行个别学习的阶段,教师用预先录制的录音带指导学生从事各项学习活动,包括阅读教材,观看小电影、幻灯或标本模型,进行实验,完成书面作业等。录音带也为学生提供有关练习答案,作为对学习的反馈。教师则在学习室现场进行个别指导或答疑。

进入20世纪70年代,美国公立学校还推行过个别化规定教学(IPI)、根据需要的学习程序(PLAN)、个别指导教育(IGE)等个别化教学系统。但这些都不能很好地得到推广应用,这表明了在学校中进行变革的难度。这种难度表现在需要考虑到社会、政治、教育的背景环境,考虑学校成员的兴趣及全体教职员的积极支持。但通过这些系统的使用促进了教学中的一些改革,如:根据教学目标的层级关系来排列教学顺序;为了诊断目的而使用标准参照测验;教师的作用由信息提供者变为教学的计划者、管理者和辅导者;不强调年级水平的学校组织和使用计算机管理教学等。

四、计算机辅助教学的发展

进入20世纪70年代后,随着具有高性能的电子计算机技术的迅速发展,人们对教学机器的兴趣转向了计算机辅助教学的研究。程序教学方法广泛用于计算机辅助教学,计算机成了实现程序教学思想的高级程序教学机。

计算机用于教学和训练始于50年代末。英国的帕斯克(Gordon Pask)于1958年试制出采用计算机的适应性教学机,用以训练卡片打孔技能。由于该教学机具有与学生交互作用,适应个别学生需要和反应的性能,所以有人认为帕斯克是计算机辅助教学(CAI)领域的先驱者之一。但实际上开发出第一个命令语言并设计出用于学校的计算机辅助教学程序的是IBM公司的研究人员。早期的计算机辅助教学系统的产生受到斯金纳程序教学的强烈影响,由于程序教学使用机器,因此人们把CAI视为机器教学装置的新发展,是程序教学的继续和新发展。由于CAI具有灵活性和人-机交互作用,弥补了原来教学机的不足。开始的CAI主要用于答疑、练习、个别指导、模拟教学测验、评价等方面,以后亦用于系统的学科教学。

20世纪60年代早期的CAI系统主要用于模仿传统的课堂教学,代替教师的部分重复性劳动,未能充分发挥计算机的潜在能力。60年代末,伊利诺大学开发出的自动操作的程序逻辑系统(PLATO)向大规模计算机网络发展。1972年杨伯翰大学研制的分时、交互、计算机控制的信息电视(TICCIT)系统是最早出现的大规模通信网络,可以连接更多的终端,使不同地区共享教学资源,分时系统可以使许多学校同时共用一台主机,计算机容量的扩大和软件系统的改进,可以让学生根据学习情况选择合适的教学资源,使学生变被动听课为积极介入教学过程。这标志着CAI系统较好地体现与实现了个别化教学的一个新阶段。

70年代微机的发展又推动了CAI运动,许多教育工作者都被吸引到微机上去了,因为这些设备相当便宜、结实,并能执行大型计算机的许多教学功能。到了80年代,学校里微机的使用迅速增长,许多学校把微机用于教学目的。但据调查表明,CAI在学校中的开展仍不能说明个别化教学已成为学校教学的主要形式。

五、程序教学的基本原理

斯金纳的程序教学的基本思想是在教学过程中贯穿强化理论的应用。早期的程序教学有如下特点:小步子、积极反应、即时反馈、自定步调,以及低错误率。在程序模式上,斯金纳编制的是体现他的"操作条件"原理的直线式程序。1960年,克劳德根据他自己在20世纪50年代为美国空军培训技术人员排除电子设备故障的实际教学经验,提出了模拟教师指导作用的分支式程序。

(一)"强化"理论

程序教学的心理学基础是斯金纳的"强化"理论。斯金纳与桑代克同属行为主义心理学派。他们创建了关于学习的刺激-反应(S-R)理论,把学习看成是某种行为的形成,并通过"刺激-反应-强化"而实现。一个复杂的行为可用逐步接近积累的方法,由简单的行为联结而成。

斯金纳的操作性条件反射理论认为,有机体的行为分为两大类:一类是应答性行为;另一类是操作性行为。应答性行为是由已知刺激所引起的反应;操作性行为则没有已知刺激,而是由有机体本身发出的,好像是自发的反应。同样,相对应的也有两类学习:一类是反射学习;另一类是操作学习。他把大多数人的行为,甚至所有人类的学习都看成是操作,在这种操作条件作用下,反应经诱发后,随即给予强化,形成刺激-反应联结。在他看来,"教育即是塑造行为,塑造在不久的将来对个人和他人有利的行为。"成功的教学和训练的关键,就是分析强化的效果及设计精密的控制过程的技术,也就是建立特定的强化。

据此,斯金纳提出,为了使学生对刺激作出符合要求的反应,必须将教材"程序化";为了形成符合要求的刺激-反应联结,必须尽量避免不符合要求的反应,要将教材尽量细分为"小步子",以便能在每个小步子中诱发出正确的行为来;为了最有效地强化学习者的反应,必须在反应发生后"即时强化"。

(二)程序教学的要素

程序教学采用的是一个仔细安排组织起来的教材序列,它运用强化原则帮助学生有效地学习。如果学生犯了错误,或是未能掌握教材,那么,过错在于程

序而不在于学生。一个好的成功的教学程序,应包含以下要素:

(1) 小步子的逻辑序列。教材被分解成许多片段,安排成一个逐渐增加难度的、有次序的序列。学生从程序的第一步开始,一步步地前进。这不仅使知识的获得简单起来,而且能减少学生出错的次数,因为前一步已为学生对新刺激正确反应做好了准备。小步子强调了教材难度增加的渐进性和从一个项目过渡到下一个项目的自然性。

(2) 积极地反应。程序教学要求学生和程序间相互影响。例如,在任何程序的开始几个项目中,通常对刺激的设计应使它们所要求的反应十分简单,可能是要求学生填空、计算数目或完成一个数序。如果学生正确地做出了反应而得到强化,那么,他便建立了"刺激－反应"相互作用的模式。他就会认识到,为了达到学习目的,必须积极地对每一个刺激做出反应,如果处于被动状态,他就不能前进。

(3) 信息的及时反馈。每当学生做出一个反应,程序就立即告诉他,是正确还是错误,这就是反馈。反馈出现得越快,强化或者消退也就越有效。即时的信息反馈能使学生避免一错再错。

(4) 自定步调。通常的课堂教学都假定听课者是一个"中等"学生,而事实上他可能并不存在。学得快的学生常要被拖住,而学得慢的学生——虽然他也有可能是一个很有希望的学生,又要被向前拉得过快。相反,程序教学以学习者为中心,鼓励每一位学生以适合他自己的速度进行学习,允许学生在一个项目上要停多久就多久。这样,学生在以适当速度进行学习的同时,通过不停的强化,而得以稳步地前进。

(5) 减少错误率。程序教材需要不断修订,以使学习者产生的错误减到最少限度。人与人是不相同的,但如果许多人都在程序的同一点上发生困难,那就表明这个程序需要修订。修订经常是在那些错误率高的框面上开始的,但也不尽然,因为在某一框面上产生错误,可能是由于前一个框面有毛病。修订是必要的,即使只修订一次,就不仅能使错误减少一半,还可能加快整个程序完成的速度。

(三) 程序设计模式

程序教学的关键是编制程序化教材。程序不只是教材内容的简单排列,而是要根据一定的学习理论,针对教学内容和学生的特点,来确定教材的排列顺序。程序化教材的设计模式大致可分为两种,即斯金纳编制的体现他的"操作条件"原理的直线式程序模式和克劳德根据他自己在20世纪50年代为美国空军培训技术人员排除电子设备故障的实际教学经验提出的模拟教师指导作用的分支式程序模式。

(1) 直线式程序模式。直线式程序是把教材分成一系列连续的步子,每一个步子很小。每呈现一步,要求学生做出一个应答反应,学生答错后,机器就呈现正确的答案,加以核对,得到强化,然后再进入下一步。其模式如图1-3。

图1-3 直线式程序模式

这种直线式程序教材只提供一种掌握所学知识的思维途径,学生必须严格按照程序规定的顺序进行学习;程序中也只提供对学生反应正误的反馈信息或呈现正确的答案,而不提供启发思考的补充程序。

(2) 分支式程序模式。分支式程序教材是根据学生可能出现的各种错误采用一些补习环路来修正错误,以达到掌握教材的目的。其模式如图1-4。

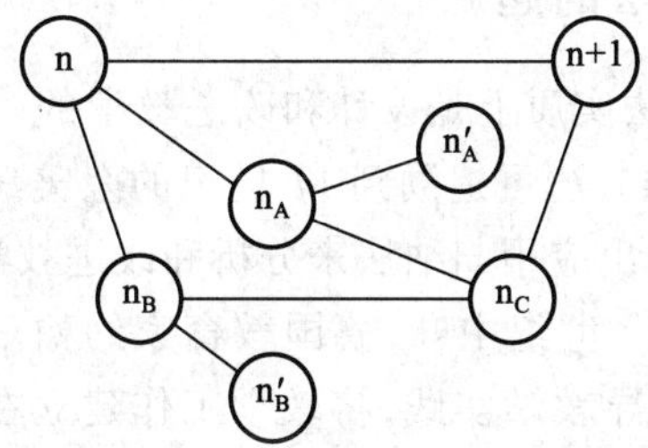

图1-4 分支式程序模式

学生学完第n份材料后,如果答案正确,就进入(n+1)单元的学习,如果答错就被引导到n_A或n_B的分支补充材料学习。当确认已经掌握了第n份材料后,再转向(n+1)单元的学习。对于"快"的学习者,可按直线方式通过主程序;而对"慢"的学习者,则要通过子程序提供补充知识帮助学习,才能学完全部主程序。

六、小结

综上所述,采用程序教学、计算机辅助教学、个别化教学系统和掌握学习法这些个别化教学形式,正在许多教学环境中使用;研究结果亦表明个别化教学比传统教学方法更有效,但仍不能说个别化教学已成为学校主要的教学形式。个别化教学时而在个别化教学系统(如凯勒制)方面发展,时而在个别化教材(如教学机和计算机呈示的教材)方面发展。从这几十年的个别化教学实践中促进了学习理论的应用,形成了一种以学习者为中心,强调学习者的学习效果是教学的目的和衡量标准的指导思想和个别化教学模式。由于程序教学的理论基础是行为主义的强化论,这种行为主义的学习理论促进了对学习者的学习特性的研究。在程序教材的开发进程中,综合应用了行为主义的一些重要概念,形成了系统分析、设计的开发方法和程序，为行为科学的教育技术打下了基础。所以，行为主义的学习理论和传播理论一起成为早期教育技术形成的主要理论基础。

第四节　系统化设计教学方法的发展

系统化设计教学是一种系统地设计、实施和评价学与教全过程的方法，亦称作教学系统方法。它的发展形成了整体设计思想和教学过程的设计模式（或称为系统方法的思想和设计模式）。

一、系统设计教学方法的起源

系统设计教学的方法实质上是设计和改进教学的一种经验主义方法（实验方法）。这种经验主义的方法可追溯到 17 世纪的夸美纽斯，他从适应自然秩序的原理和感觉论出发，提出应用归纳法来分析和改进教学过程，为系统理解教与学的过程奠定了基础。19 世纪中叶，德国教育家约翰·赫尔巴特（Johann Herbart）提出以科学研究指导教学实践，将教学工作建立在科学的基础上，成为现代科学教育学的奠基人之一。20 世纪初是教育科学的发端。被誉为美国心理学之父的桑代克 1902 年在哥伦比亚大学首次开设教育测量学课程，成为第一位应用定量研究方法处理教育问题的教育家。他在学习理论、心理测量和个别差异方面的研究对教育界产生巨大影响，从而为发展具有较高科学基础和效率的学校教学模式作出重大贡献。

芝加哥大学的博比特（Franklin Bobbitt）和查特斯（Werrett Charters）是 20 世纪 20 年代倡导用实验方法解决教学问题的代表人物。博比特 1924 年出版了教科书《课程建设》，提出系统设计课程的功能理论及具体步骤。两人继承赫尔巴特关于重视制定教学目标的思想，运用斯潘塞（Herbert Spencer）的分析方法，成为研究学习目标和分析学习活动方面的先驱者。查特斯在 1945 年发表了一篇经典性论文，提出“是否存在教育工程的领域”的课题。文章提出了现代教学系统方法的一些基本概念：“首先，教育工程师接受一个要开发的计划、一个要解决的问题……下一步，他对问题作出逻辑的解释……问题明确以后，教育工程师分析问题，以揭示应考虑的因素……他着手用已确定的方式执行计划，来设计项目……教育工程方法的最后阶段是评价。”

20 世纪 30 年代美国经济大萧条及进步教育运动的兴起，客观上阻碍了以实验方法为基础的教学系统方法的发展。第二次世界大战爆发，美国处于战时需要，招募大批曾经接受过实验研究方法训练、具有开展实验研究经验的心理学和学校教育工作者参加军训工作，研究提高军训效率和效果的课题。他们从关于教学过程、学习理论和人类行为理论方面的研究成果中总结出一系列教学原则，并用以指导对训练的研究和训练教材的开发。现代教学系统方法中部分重要概念均来自这些战时军队训练中曾采用的一些原则。

第二次世界大战后，于50年代中期发展起来的程序教学是教学系统方法概念发展中的又一个重要因素。由斯金纳和其他人所描述的编制程序教学的过程是利用经验主义的方法解决教学问题的又一典范。程序教学对内容进行分析并将内容分解为具体的行为目标，设计达到目标所需要的步骤，建立试行和修改这些步骤的程序，最后，根据实现既定目标的程度来验证程序。通过运用上述方法，程序教学就能成功地创造一个小型的但是有效的自学系统——一种教学技术。(Heinich, R. Technology and the Management of Instruction. Washington, D. C. :AECT, 1970, p. 123)

程序教学运动的实践使人们认识到，影响或决定学习效果的变量如此复杂，需要对教学过程作系统的分析和设计才能获得有效学习，这是前提性的工作。

二、系统设计教学方法中若干重要概念的发展

有关行为科学的一些概念，如任务分析、行为目标、标准参照测试和形成性评价等，为"系统化设计教学"方法的形成提供了科学的依据。

所谓任务分析是一项分析学习任务的技术。它从特定的教学要求出发，逐步剖析达到该要求所需具备的从属(先决)技能，为测定训练(或教学)目标提供依据。查特斯、博比特等是这方面研究的先驱者。20世纪50年代，米勒(Robert B. Miller)在军训实践中改进了任务分析技术，使之更加系统化。到了60年代，心理学家加涅(Robert M. Gane)根据其学习结果的分类的思想，更加明确地提示了学习任务中从属能力之间的层级关系：要求学习者获得目标规定的终点能力，他们必须具备哪些次一级的下属能力？而培养这些次级的下属能力，又需具备哪些再次一级的下属能力？加涅进一步丰富了任务分析的理论与实践。

与任务分析密切相关的是行为目标的理论与方法的发展，因为任务分析的目的是制定明确具体的行为目标。早在20世纪初，博比特和查特斯等已提出使用明确目标的思想。但是，一般认为泰勒(Ralph Tyler)是当今行为目标之父。泰勒主要研究测试，于1932年提出，在分析课程内容的基础上确定行为目标，而以行为目标为依据编写测试题。布卢姆(B. S. Bloom)等人关于教育目标分类的研究发展了学习目标的理论，他们的《教育目标分类学》的发表在程序教学中得到广泛的应用。此后马杰(R. F. Mager)在1962年出版了《编写教学目标》一书，系统地提出了使用行为术语陈述教学目标的理论与方法。

行为目标的提出则进一步要求教学评价的方法作相应配套的改革。教育心

理学家格拉泽(Robert Glaser)在他及合作者开展个别化教学研究的基础上,于1962年首次提出标准参照测试的概念,其基本原则是根据预先明确说明的行为来衡量学习者的学习成绩。标准参照测试的做法符合一般系统理论的基本原则,是教学系统方法的重要特征之一。

斯克里文(M. Scriven)1967年提出的形成性评价与总结性评价构成了系统教学设计中的重要概念。形成性评价用以对处于开发阶段的教材(或教学实施方案)进行改进,而总结性评价用于对开发出的定型教材或教学方案作使用效果方面的评定。

三、早期的系统设计教学方法模型

20世纪60年代初加涅、格拉泽、布里格斯(L. S. Briggs)等将上述任务分析、行为目标和标准参照测试等理论概念与方法有机结合,提出了早期"系统的设计教学"模型,当时称为"系统化教学"(Systematic instruction)或"系统开发"(System Developement)。60年代后期,布朗(J. W. Brown)等人在《视听教学:媒体与方法》(1969)这本著作中提出了系统化教学的模型,较明显地反映出行为科学和系统理论的影响。这个模型的一个显著特点是所有的教学设计活动都以学生为中心,充分考虑到学生的需要和能力,根据学生达到学习目标的情况而修改教学(如图1-5)。在这一过程中,每个步骤都很重要,老师的主要作用是对系统化的教学进行计划。

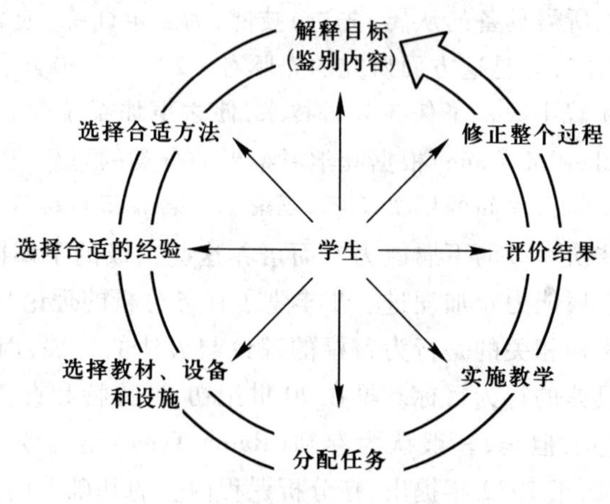

图1-5 系统化教学模型

四、教学系统方法的发展和教学开发运动

20世纪60年代末至70年代初,教学系统方法在教育技术领域日益受到重

视。人们在实践中建立了许多系统设计教学的理论模型，并发表了大量关于教学系统方法的文章。

教学系统方法作为教育技术理论发展史上的一个阶段，没有一个统一的定义或理论模型。人们一般把教学技术委员会（The Commission on Instructinal Technology）于1970年给美国国会递交的《改进学习：给美国总统和国会的报告》中关于教学技术定义的表述作为60年代后期教学系统方法的代表性论述："教学技术的第二个定义鲜为人知，它不是任何特定的媒体或设备。从这个意义上来说，教学技术整体大于其部分之和。它是一种根据具体目标来设计、实施和评价整个学与教过程的系统方法，它以人类学习和传播理论为基础，结合应用人力和物力资源，来促进更有效的教学。"

这个定义在20世纪70年代初得到该领域理论和实践人员的普遍接受，可以说，这是促使该领域的专业组织——视听教学部改为教育传播与技术协会的重要因素之一。由于该定义的理论影响，教育传播与技术协会组织了一个定义与术语工作组（AECT Task Force on Definition and Terminology），对该领域的理论构架开始了更深入的研究。

教学系统方法与学校中传统的教学计划的作法差距很大。要真正把教学系统方法引进教学过程，需要有一种实际的、可操作的方案。教学开发（instructinal development）运动正是教学系统方法的进一步发展。它把一般系统理论的基本概念、系统方法的基本原则及行为科学的一些原理加以综合，创造出一种定型化的、可操作性强的教学系统方法，为该领域应用技术改进教学提出了一条基本途径。

教学开发的一个重要组成部分是教学设计。教学开发是应用系统方法指导一个项目开发的所有阶段的工作，包括对所有设计人员、资金和辅助服务系统的管理。教学开发者的作用类似项目管理者。而教学设计则侧重于应用系统方法和各相关学科的理论对具体教学目标、内容、方法和形式等进行设计。教学开发运动深入发展，推动了作为其重要组成部分的教学设计的研究。在教育技术领域，越来越多的人认识到教材设计与教学信息传递策略设计的重要性。教学系统方法发展的一个重要特点是重视认知学习心理学理论的应用，研究人员正在探讨促进学习者高层次思维活动的教学设计。

20世纪60年代后期，教学系统方法把行为主义、传播理论、学习理论、系统方法等有机地结合到一个过程论的构架中，构成一个新的知识体系。教学设计理论由此建立。70年代是教学设计形成的年代。

五、小结

从以上阐述中可以看到，在20世纪60年代后期，在设计与改进教学的实验方法的实践中，受到了行为科学的理论与概念的影响，特别是程序教学的课程开发模式的影响。与此同时，亦受到一般系统理论的影响，在系统化设计教学的方法中吸收了系统理论的基本概念和系统方法的基本原则，并结合行为科学的一些原理，创造出一种定型化的可操作性的教学开发的系统方法，从而形成对教学过程整体设计的思想和教学过程的设计模式。有的学者简称为系统方法的思想和模式。

第五节　教育技术的形成是三种概念的整合

通过上面对三个不同的教学改革实践的描述可以看到，在20世纪20年代到50年代以前，三种教学方法基本是各自发展的。但到了50年代和60年代，三种教学方法中的概念和模式则相互影响。如50年代后期，传播理论影响到视听教学领域时，从传播模型中已明确提示了教学过程中影响传播效果的众多因素及其相互之间的联系与制约，而在以后的程序教学运动中才真正认识到对教学过程作系统分析的重要性，教学过程中影响和决定学习效果的变量是如此复杂，只有系统方法才可能对教学过程作系统分析，成为提高教学效果的有效手段。戴尔表达了这种要求改革的思想："……重要的是需要发展教学技术，这是一种使有效手段与所要达到的目的相匹配的方法。这就是要搞查斯特、芬恩、格拉泽、加涅等人所描述的教育工程。"从这些具有代表性的论述中，可以看到60年代中后期，视听传播领域由于受到行为科学和系统理论的影响，视听传播理论已逐渐和程序教学思想和开发方法及系统的设计教学的方法相互渗透与结合。所以在70年代初，美国的视听教学部从全美教育协会中分出而独立成为教育传播与技术协会，并在正式文件中给教育技术以两个新的含义的定义，即它不仅是特定的媒体和设备，从另一个意义上来说，教育技术整体大于部分之和，"它是一种根据具体目标设计、实施和评价整个学与教的过程的系统方法，它以人类学习和传播理论为基础，结合人力和物力资源，来促进更有效的教学"。教育技术的发展正如美国教育传播与技术协会在72年"定义与术语委员会"的文件中指出："……或许可以由三个相继产生的重要模式来最佳地揭示教育技术的特征，这些模式在过去50年间已塑造了这个领域的发展：利用更广阔领域的学习资源，强调个别化与个性化学习，和利用系统方法。当这三种概念综合成一个总的促进学习的智慧方法时，它们就被创造成唯一的教育技术领域，并因此创造出这个领域的基本原理。"

应该指出的是，虽然20世纪70年代初教育技术定义为三种概念整合成的一个总的促进学习的方法，实际上这个整合的教育技术的实践应用主要表现为，在教学设计理论指导下的三种模式的继续发展，以及向职业培训与继续教育领域的扩展。例如视听传播教学领域中，在80年代末，由于新信息技术的发展、新型媒体的开发及新的传播手段的开发与应用，使视听传播教学领域出现了借助卫星通信技术的远距离教学形式；在个别化教学形式中出现了基于多媒体技术的多媒体教学形式、基于网络技术的网络教学形式和基于计算机仿真技术的“虚拟现实”的教学形式；在系统设计教学的领域里，在原来以行为主义学习理论和传播理论为基础的教学设计的系统方法，正向以认知理论的信息加工的设计模型和建构主义设计模型以及综合的设计模型发展。总之，随着科学技术的发展与现代的学习与教学理论的发展，这种概念与模式的整合将会得到更大的发展，教育技术将在教育和培训中发挥出更大的作用。

所以从历史发展上来看，教育技术是由三个概念整合而形成的一种分析、解决教育与教学问题的综合技术。

应该指出的是，虽然20世纪70年代AECT对教育技术领域作出了较权威性的定义，她是由三种概念和模式的整合，但随着现代的学习理论、教学理论以及教育与心理学等理论的发展和现代科学技术特别是信息技术的发展，教育技术领域的理论和实践亦在不断地发展变化，这表现在：

1. 教育技术的内涵由“利用广阔的学习资源、强调个别化、个性化学习和利用系统方法的综合而成的促进学习的智慧方法”发展为“教学技术领域是三个研究分支的汇合：教育中的媒体、教育心理学和教育系统方法”。①

2. 在1977年AECT的定义中，教育技术、教学技术和教育中的技术是三个相关的并有不同含义的三个术语，而在1994年的定义中把它们认为是同义的，都是被用来描述在解决教和学的问题中的技术过程和工具的使用。②

3. 教育技术是一个教育实践领域，还是教育理论与实践的分支，不同的学者存在着分歧，1977年定义用过程性模型来描述教育技术领域，而1994年定义用概念性模型来描述教育技术理论与实践及范畴之间的关系。

4. 教育技术的目的导向(结果的指向)从早期的强调资源的应用到强调教学和强调学习的结果到指向绩效，几度变迁，都反映在不同时期的定义中。

5. 在教学实践中，由于20世纪80年代末以来，新信息技术的发展、新型媒体的开发和新的传播手段(各种网络传输手段)的开发应用，使视听传播教学领域出现了借助卫星通信技术的远距离的教学形式；基于网络技术的教学形式和

---

① [美]西尔斯，等. 教学技术领域的定义和范畴. 乌美娜等译. 北京：中央广播电视大学出版社，1999：37.

② [美]西尔斯，等. 教学技术领域的定义和范畴. 乌美娜等译. 北京：中央广播电视大学出版社，1999：37.

基于计算机仿真技术的“虚拟现实”的教学形式；在教学系统设计的领域里，在原来以行为主义学习理论和传播理论为基础的教学设计的系统方法，正向以认知理论的信息加工模型的设计和建构主义的设计模型以及综合的设计模型发展。

6. 教育技术的应用范围由较大的教育环境，向中、小学教育环境、行业的职业培训和继续教育发展。

所以，从历史发展上来看，教育技术是由三个概念和方法整合而形成的一种分析、解决教育与教学问题的技术方法和技术手段，即在教育、教学过程中应用的教学系统设计技术和教学媒体开发技术的总称。这里所用的“设计”和“开发”不是指系统方法中的一个步骤，指的是用系统方法对教学系统进行设计和用系统方法对教学媒体进行开发，是方法学层面上的含义，一般简称为系统技术和媒体技术。

习题

1. 说明什么是视听教学方法。
2. 说明什么是个别化教学。
3. 说明什么是系统化设计教学方法。
4. 阐述教育技术是如何形成的。

教学活动建议

本章的学习以教师的介绍为主，可以组织学生分组收集其他国家教育技术的形成和发展情况，然后进行课堂讨论。

第二章

我国教育技术的发展简史

教学目标

通过本章的学习,学生应能做到:

1. 说明"电化教育"名称的由来。
2. 归纳电化教育重新起步、迅速发展的原因。
3. 阐释电化教育的定义及其实质。
4. 阐释教育技术在我国迅速发展的原因。
5. 阐述教育技术学学科建设的重要意义。

教育技术作为一个新兴的实践和研究领域,正如在上面所阐述的在美国开始于视听教育运动,而在我国则是以电化教育的出现为标志。

电化教育的出现和发展形成了我国教育技术史上一个重要的历史阶段,它的推行对我国教育事业的发展和改革产生了积极的影响。1978 年后,我国实行了改革开放政策,扩大了对外交流,不少学者通过不同的渠道了解到国外教育技术的飞速发展情况,在政府有关部门的支持下,电化教育迅速恢复发展。同时,现代教育技术手段得到了大量的引进,促使教育技术在我国也得到了很大的发展。关于我国教育技术的发展可分为两个阶段:第一阶段为电化教育的出现与初步发展阶段(1920—1965),第二阶段为电化教育与教育技术的迅速发展阶段(1978—1996,1996 年以来的发展变化,本章只作简单的介绍)。

第一节 电化教育的出现

幻灯、电影、无线电等教育媒体在我国教育中的应用,大约始于 20 世纪 20

年代，它揭开了我国电化教育的序幕。

一、幻灯、电影、无线电广播在教育中的应用

早在1919年，国内已有人开始幻灯教学的实验。1922年南京金陵大学农学院举办农业专修科，设立推广部，从美国农业部购买了幻灯片、电影片，用唱片配音或播映员口头讲解，到各地宣传科学种棉知识，这大概是最早在大学中应用视听媒体来进行的教学。1923年中国教育家陶行知在长沙、烟台、嘉兴等地举办大规模的千字课教学实验。在嘉兴实验时用了幻灯。这些活动可以说是我国利用幻灯片进行教育的开始。

1917年，商务印书馆开始拍电影。其拍摄的《长沙名胜》、《幼儿园》、《养蚕》等影片，配合讲演、报告放映，受到学校师生的欢迎。金陵大学理学院是我国较早开展电影教育的学校。1930年该院引进了若干部专业无声影片，结合课程放映，并与上海柯达公司合作，翻译了60多部教学影片。

1932年，“中国教育电影协会”在南京成立，协会的成立对电影教育的开展起了积极的推动作用。中国教育电影协会成立后，举行了国产影片的比赛。协会还参加了第一次国际教育电影会议，与美、德、意三国的教育电影机构交换教育影片和刊物。

20世纪30年代中，广播教学也开展起来。1935年6月，当时的教育部要求中等学校和民众教育馆分期装设收音机，并下发一千多台收音机，聘请专家通过广播电台播放教育节目。1937年7月建立了播音教育委员会。全国建立了播音教育指导区11个。开始，播放的教育节目分两种：一种是对一般民众的演讲，侧重各类常识；另一种是对中学生的演讲，侧重各种知识。

同时，一些民众教育馆也开始运用幻灯、电影、播音等开展宣传教育活动。江苏省镇江民众教育馆是比较活跃的一个。他们将大礼堂作为放映厅，规定时间，轮流放映教育影片和教育幻灯片。他们还动手安装了巡回施教车，外出巡回展出图片、照片、实物、模型，放映幻灯和电影。

1940年，教育部将电影教育委员会和播音教育委员会合并，成立了电化教育委员会。

二、“电化教育”一词的出现

“电化教育”一词来源大致有三种说法：

1. 陈友松和戴公亮的说法：1936年，陈、戴二人看到美国联邦政府教育署出版的《学校生活》杂志一篇文章，把视听教育统称为 Electrifying Education，他们认为可译为“电化教育”。因为一则“电化”这一名词在我国当时具有先进快速的含义；二则幻灯、电影、播音以及即将试验成功的电视，都和“电”有密切关系。

因此,他们提出把这些各有特点、既可单独使用、又可配合运用的四种教学辅助工具称之为“电化教育”。

2. 刘之常的说法:刘之常认为,“电化教育”一词是1934年由镇江民众教育馆提出的。当时他们认为“教育电影、教育播音以及幻灯片等,都是利用电力而影响一个人与其世界的相互关系”,并指出镇江民众教育馆在1935年就已将电影放映厅改称为“电化教育放映场”。

3. 舒新城的说法:“电化教育”是1933年陈礼江在教育部社会教育司任司长时提出来的,其内容指电影和广播。1936年,当时的教育部 举办“电化教育人员训练班”,是教育行政部门开始正式使用“电化教育”一词的。

总之,“电化教育”一词,大致在20世纪30年代中期出现和使用。

三、兴办电化教育专业

随着电影和播音教学的开展,一些学校开始开设电影播音课程,开办电影播音专业,培养电教专业人才。

1936年9月江苏省立教育学院创办电影播音教育专修科,学制二年。教学内容为:幻灯片、16mm电影片的编绘摄制;16mm电影摄影机放映机、照相机、幻灯机、小功率发射机、收音机、扩音机、小型汽油发电机等的使用、操作和简单的维修;电影播音教育节目的组织和编写;运用电影播音实施教育的方法。

1939年电影教育委员会与金陵大学理学院合作,在金陵大学理学院创办电影播音专修科,学制两年。教学内容为电影教育和播音教育的技术,各类电影、播音工具的性能和应用。

1940年国立社会教育学院设立电化教育专修科,主要学习电影。1948年,专修科改为电化教育系,分电影组和播音组。这是我国最早的电化教育系。

为了培训电化教育人员,当时的教育部委托金陵大学理学院在南京举办电化教育人员培训班。第一期办于1936年7月,培训班分电影教育和播音教育两组;第二期办于1937年,学习电影教育;抗战爆发后,1938年又在四川举办一期培训班,三期共招收学员322人。

1946年底,当时政府选派留学生赴美学习有关课程,攻读学位。这是我国第一次派人出国学习,了解学习国外视听教育发展的先进经验,以推动我国电化教育的发展。

1947年,北平师范学院(现北京师范大学)建立直观教育馆,在教育系设置电化教育选修课,是我国大学教育系开设电化教育选修课的开端。

四、出版电化教育刊物

20世纪40年代主要的电化教育出版物有:

1. 金陵大学的《电影与播音》杂志，由金陵大学理学院影片部和电影播音专修科创办，1941 年发刊。

2. 国立社会教育学院电化教育专修科编印的《电教通信》，于 1942 年 12 月 1 日出版，油印本。

3. 社会教育司编印的《电化教育》，该书为社会教育辅导丛书之一。

4. 舒新城编著的《电化教育讲话》一书，于 1948 年 8 月由中华书局出版。

在《电化教育讲话》中，舒新城指出"电影和播音不过是教育的工具，它们有超过其他工具的效能，但在学校教育中决不能完全代替书本、仪器、标本、图表等；在社会教育中，也决不能完全代替图书馆、科学馆、体育馆等。也就是说，我们从事电化教育的人，固然要重视电影与广播的效用，尤其是重视它们在中国教育上现阶段的效用，但也绝不可能轻视其他工具的效用。至于教育方针更是教育工具的指标，我们教育者固然要善于运用教育的工具，但尤不可不注意教育方针的研究和厘定"。

由上可见，我国的电化教育是在国外视听教育的影响下而引入的，它诞生于 20 世纪 20 年代，由在南京、上海、无锡、苏州的一些学者和有关学校倡导，逐步开展起来。因其在教育中发挥了作用，产生了一定的影响，才引起了政府部门的注意，先在社会教育中，后在学校教育中进行推广。由于旧中国经济不发达，科学技术落后，加上政府对教育的重视和投入不足，故电化教育始终处于一种自发状态，只在南京、上海一带少数城市的学校、社教团体中有所开展，始终未能有大规模的推广。

第二节　电化教育的初步发展

1949 年 10 月 1 日，中华人民共和国成立，中国进入了一个全新的历史时代。我国的教育事业受到党和国家的高度重视，电化教育也得到了进一步的发展。

1949 年 11 月在文化部科学普及局成立了电化教育处（后改为幻灯处），负责全国电教工作。同时有些部、委也成立了类似的机构，开展推广电教工作。

1950 年中央文化部商同教育部把所属各省、市文化馆划归文化部领导，以利推动各地电教工作。

一、社会电化教育的发展

（一）开展播音教育

1949 年北京人民广播电台和上海人民广播电台开始举办俄语讲座，后又改为俄语广播学校。每年参加学习的人员达5 000左右。至1960年,上海俄语广播学校已招生累计19万人。

1953年上海人民广播电台举办“文化补习”节目,对象为高小毕业未能入中学的学生。后又在“文化补习”节目基础上举办“自学辅导广播讲座”。1956年秋,“讲座”改为“工农业余初中文化广播学校”。1957年,改名为“上海市自学函授大学”。

天津市广播函授大学于1958年7月创办。大学本科设有中国语文、机械、电机、化工、冶金、农业6个系。除中国语文和农业为三年制外,其余各科均为四年制,大学预科为两年,高中部为三年。教学采用广播与函授相结合、自学与辅导相结合的方法。每周播放6节课,每节分早、中、晚三次播出。

(二)开展电视教育

1960年起,上海、北京、沈阳、哈尔滨等地相继举办电视大学。1961年9月,广州市也办起了电视大学。

上海电视大学设数学、物理、化学3个系。采取单位保送和考试录取的办法招生。办学期间共招生10 293人。

沈阳市广播电视大学设中国语文、政治、俄语、英语四个专业。有805人大专毕业,3 100人大专肄业,7 371人单科结业。

哈尔滨市广播大学设中文、英语、俄语3个专业。招生7 000多人,毕业405人。

北京电视大学开设的课程有数学、物理、化学、中文4个系和一个英语专业。毕业800人,单科结业5 000多人。

由于“文化大革命”的开始,到1966年上述电视大学都先后停办了。

二、学校电化教育的发展

(一)高教电化教育的恢复和发展

高教电化教育的开展包括两个方面:一是开设电教课程,二是运用现代教育媒体辅助教学。

1. 开设电化教育课程

北京师范大学在1947年就有初具规模的电化教育馆(后改为直观教育馆)。电教馆成立后,在教育系首次开出了“电化教育”选修课,既讲理论,又教技术。

辅仁大学教育系1951年就开设电教课。西北大学也设立电教室,并设电教课,有十多个学生听课。

燕京大学教育系在1948年就开设了“视听教育课”,每周授课两次,每次一小时,其中半小时讲理论,半小时实际操作,实习制作幻灯片、拍洗照片。1952

年院系调整，燕京大学教育系并入北京师范大学教育系，原燕京大学教育系主任廖泰初教授任北京师范大学教育系电化教育馆馆长。馆属系处级，下设四个组：无线电、广播、扩音、录音组，电影、幻灯片、图片制作放映组，教学教具模型组，图表图画组。电教馆以生物系、地理系、数学系、英语教研室为重点开展工作。

2. 开展电化教育活动

1950 年北京外国语学校首先利用灵格风唱片辅助外语教学，很受欢迎。

1953 年，西北师范学院也建立电教室，购置了钢丝录音机、幻灯机、电影机，进行外语电化教学的实验。

1953 年北京外国语学院拨出两层楼安装电化教室，建立了中央控制室和连接教室的控制线路。电教室收录英国 BBC 和 莫斯科电台的外语节目供教学使用，收到很好的效果。到 1956 年，该院已拥有 100 多台国产 810 型磁带录音机，用于外语电化教学。

上海外国语学院也积极开展电化教育，从 1954 年起，建立了语音实验室开展外语播音活动，安装了电化教室播放电影、录音、幻灯。1959 年，该院建成我国第一座电教大楼，楼内有个人听音室、电影放映厅、电影教室、语言实验室等。

1957 年上海第一医学院开始自拍无声影片。1962 年摄制有声动画教学影片，共 20 多部。西安交通大学在外文和工程画教学中利用电影、幻灯、录音、唱片、扩音等辅助教学。南京大学多数系开展电教。北京大学也在语言系开展电教。

（二）普教电化教育的开展

1958 年前后，我国掀起了教育改革运动，学校的电化教育也随着发展起来，不仅在高校，而且在中小学也逐步开展起电化教育活动。普教的电化教育主要是由各地的电化教育馆来组织和推广的。北京、上海、南京、沈阳、哈尔滨、齐齐哈尔相继成立电化教育馆，负责推动电化教育的开展。

1958 年 9 月，北京市教育局决定筹建北京电化教育馆。根据“为提高教育质量服务”的办馆宗旨，电教馆决定在中小学逐步推广幻灯、电影、广播和唱片、录音辅助教学。馆内设教学电影组、教学幻灯组、教学广播组和研究推广组。全馆电化教育专业人员近 70 人。到 1963 年，北京市普教系统已有电影放映机 32 台、幻灯机 1 262 台、录音机 251 台、教学幻灯片 300 套、教学影片 149 部、教学录音带 373 小时。城近郊区 200 多所中小学开展了电化教育。1965 年 7 月，专业电教工作者增加到 110 人。

沈阳市在 1958 年已有学校利用幻灯辅助教学。1962 年成立沈阳市教学电影幻灯组，主要任务是拍摄教育影片，研制和推广电影、幻灯、录音、电唱机等电教器材，汇集和交流电教教材和资料，出借幻灯片，放映教育影片。1964 年成立沈阳市电化教育馆。

1962 年南京市教师进修学院也开始推行电影、幻灯、录音教学活动。1965 年 10 月正式担负起在全市中小学推行电化教育工作的任务。

1965 年 6 月,上海市教育学院正式成立院电化教育馆,开始推行电化教育工作。主要开展电影、幻灯教学,还受教育部委托编写教育影片稿本,由上海科学教育电影制片厂摄制。

从 1950 年到 1965 年 15 年间,我国的电化教育取得了很大的成绩,并加快了发展步伐。但是 1966 年开始的"文化大革命"使我国教育受到了严重摧残,作为整个教育事业组成部分的电化教育也未能幸免。省、市电教馆被撤销,电教工作人员被"下放"或改行,电教设备器材被瓜分或抢劫一空,电教资料散失殆尽,广播电视教学相继停办。整个电化教育事业处于瘫痪、停止状态。

第三节　电化教育的重新起步与迅速发展

"文化大革命"后,党和政府采取了一系列拨乱反正的政策和措施,我国的教育工作逐步得到恢复。特别是 1978 年党的十一届三中全会以后,党中央召开了全国教育工作会议,确定了新时期发展教育事业的方针大计。邓小平同志代表党中央在会议上提出:"要制定加速发展电视、广播等现代化教育手段的措施,这是多快好省发展教育事业的重要途径",给我国教育现代化指出一条发展的道路。我国的电化教育进入一个迅速发展的新阶段。1983 年 9 月,邓小平同志给景山学校题词:"教育要面向现代化,面向世界,面向未来"。再次为我国电化教育的发展指出明确的方向。

一、学校电化教育

为了便于领导和推动学校电化教育的开展,1978 年 7 月经国务院批准,教育部建立了中央电化教育馆。1979 年起,教育部决定中央电化教育馆又是教育部的电化教育局,负责全国学校电化教育的行政管理工作。

随后,全国各地也先后建立电教机构。1985 年年底的统计数字表明:全国各省、市、自治区均建立了电教馆,438 个地、市专设了电教机构,占全国地、市的 82%;有 2 253 个县(区)建立了电教机构,占全国县(区)的 95%左右;全国 800 多所高等院校以及许多中小学也先后建立了电教机构。在各级电教机构的组织和推动下,学校电化教育迅速展开。

(一)购置现代化电教设备

开展电化教育需要有设备。各地采用多层次、多渠道、多方式筹集资金购置电教设备。从 1978 年到 1986 年,仅教育系统的电教设备就增加了数十倍。据

1987 年 6 月底不完全统计，全国学校系统拥有幻灯机、投影器 25 万多台，电影放映机 4 万多台，电视机 6 万多台，录放像机 3 万多台，录像制作设备 1 500 多套，语言实验室近 3 000 套，电化教学室 1.7 万多个。

为了有计划地逐步改善学校电教设备的状况，1986 年国家教育委员会向中师、中学、小学分别颁发了《电教器材配备目录》(下面简称《目录》)。《目录》要求：1. 中师每所学校(按 12 个班计算)应配备投影器 12 台，幻灯机 6 台，电影机 1 台，录音机 17 台，录像机 1 台，监视器 12 台及与之配套的器材。2. 重点中学应配备投影器 12 台，自动幻灯机 1 台，幻灯机 6 台，电影机 1 台，录音机 12 台，双卡收录机 1 台，彩色录像机 1 台，彩色电视监视机 1 台。3. 办学条件和开展电化教育较好的小学(按 18 个班计算)应配备投影器 15 台，幻灯机 2 台，录音机 15 台，收录机 1 台，立体声收音机 1 台，双卡收录机 1 台，彩色电视机 1 台。《目录》的颁布和执行，为推动学校电化教育的开展起到了积极的推动作用。

(二) 编制、发行电教教材

电教教材编制是开展电化教育的中心环节，也是提高电化教育质量的关键所在。这一时期使用的电教教材主要是唱片、幻灯片、投影片、录音带、电影片和录像带。制作的形式有三种：

(1) 专业生产厂家制作。如科学教育电影制片厂、幻灯片厂等制作了一批电教教材。专业生产厂制作的电教教材质量可靠，成本较低。

(2) 各级电教机构制作。如中央电教馆、各省电教馆及许多高等院校的电教中心都制作了大量的电教教材。这是电教教材的重要来源。

(3) 教师自制。在各级各类学校中，许多教师自己设计、自己动手制作了大量的幻灯片、投影片。这些教材密切结合课堂教学，在提高教学质量方面发挥了重要的作用。

为了提高电教教材的编制质量，80 年代成立了电教工作人员和各学科专家教授相结合的电教教材协作组，与文字教材编审委员会结合在一起，编制配套的音像教材。

最初，电教教材大多是通过中央电教馆组织向全国发行的。为了改进电教教材的流通使用，中央及许多省、市电教馆、高校电教中心也陆续成立了音像教材出版社，为电教教材的出版发行开辟了新的渠道。

自 1978 年以来，中小学的电教教材建设逐步得到加强，取得了很大成绩。1992 年统计数字表明，全国现有的中小学幻灯片、投影片已达 20 亿万张，录音教材 730 万小时，录像教材 2 000 万小时，教学影片 7 万个拷贝。中小学电教教材建设呈现出一片繁荣的景象。

高等学校采用协作方式编制出了如《中共党史》、《中国近代史》等一批优秀录像教材。教学片内容覆盖了化学、生物、物理、文学、历史等高校的主要学科。

（三）电化教育深入课堂教学

在我国学校电化教育的发展中，高教和普教有着各自不同的特点。高等学校的电化教育起步早，发展快，专业人员队伍大。早在70年代末、80年代初，高等学校已普遍建立起了专门的电教机构，负责各自学校电教工作的开展。包括向教学提供电教设备和电教资料，以及与各专业课教师结合，编制各门课程的音像教材，在辅助课堂教学中发挥了积极的作用，受到学校的好评和教师的欢迎。但是，真正把电化教育广泛、持久地深入到课堂教学中，充分发挥现代教育媒体的教学功能，中小学做得比高校好。这在国外的视听教育中也是如此。

中小学电化教育的推广，大约在80年代初。为了探索电化教育的特点和规律，提高电化教育的质量，许多地方在中小学有组织地开展了电教实验的活动。这些活动大体分为两类：媒体对比实验和专题电教研究。媒体对比实验是将电教媒体（主要是幻灯、投影、电影、录音等）与传统教育媒体（如语音、挂图、实物、模型等）进行对比，探讨其作用及在不同学科中的使用方法和教学效果。专题研究是研究电教媒体在完成某一教学任务、实现教学目标过程中所具有的特点，以及如何发挥其作用。研究的范围很广，如英语视听能力的训练，理科教学中观察和思维能力的提高，电教在美育中的作用，等等。通过实验和研究，总结出一些成功的电教经验，提高了课堂教学质量，促进了教师开展电教积极性的发挥，进一步推动了学校电化教育广泛深入的发展。

20世纪90年代以来，我国有组织有计划地开展了多项大规模电化教育实验，如《电化教育促进中小学教学优化》课题实验、《小学语文“四结合”教改试验》和《电化教育促进中小学由应试教育转向素质教育的实验研究》等，推进了我国教育、教学的深化改革。

（四）电化教育著作的出版

电化教育实践要求电教理论的指导，电化教育专业的开设要求加强专业教材的建设。80年代由一些高校的专家、学者、教师成立了电教教材编写组，先后出版了一批反映电化教育实践经验和电化教育理论研究成果的著作。其中主要有：《电化教育》（河北教育出版社，1983年6月出版），《电化教育学》（高等教育出版社，1985年7月出版），《电化教育导论》（高等教育出版社1986年10月出版），《电化教育概论》（北京师范大学出版社，1988年1月版），《电化教育手册》（辽宁科学出版社，1988年2月版），《电化教育管理概论》（高等教育出版社，1990年5月版），等等，此外还编写了一批参考教材。

（五）培养电化教育专门人才

随着电化教育的重新起步和迅速发展，电教人员也大量增加。1978年全国有电教人员1 400多人，到1979年底全国已有专职电教人员19 400多人，增加了近13倍之多。这些人员大多未学过电教理论，缺少开展电教工作的经验。为了提高电教人员的业务水平,电化教育局与各地电教机构积极开展人员培训工作,从 1978 年到 1984 年,接受培训的学员总计达 10 万多人次。

为了全面规划电教专业人员和教师的培养、培训工作,1979 年 6 月 25 日至 28 日教育部电化教育局在兰州召开座谈会,讨论了各种电教专业人员的培训、师范院校电化教育课的开设和电化教育专业的设置问题。提出:师范院校应尽快开设电化教育课,可先开讲座、选修课,逐步发展成为必修课。为了培训师范院校电化教育课的教师,西北师范学院在教育部师范司和电化教育局的支持下,于 1979 年举办了为期两个月的电化教学讨论班,全国 39 所师范院校共 44 名教师参加了学习。之后,这批人员成为电教事业发展的重要骨干力量。

进入 80 年代,开设电化教育课和设置电化教育专业的院校迅速增多。1983 年起,华南师范大学、华东师范大学首先办起四年制本科电化教育专业和教育信息技术专业。至 1986 年底,全国已有 25 所高等院校设置了电化教育专业或教育传播专业,但多数学校称为电化教育专业,为我国培养了大批的专业人才。此后到 21 世纪初,教育技术专业的设置又有一个大的发展(具体数字见本章第四节)。

二、电化教育理论研究

什么是电化教育？它包括名称、概念、定义、本质等,是 20 世纪 70 年代末 80 年代初我国电教理论研究的重要内容,也是电教界长期探讨和争论的热点问题。

(一) 电化教育的定义

早在 1978 年,我国一些主要报纸,如《文汇报》、《光明日报》,就提到过电化教育是一种“先进的教学形式”,是“现代化的教学手段”。随后,对于电化教育的解释和定义陆续在各种杂志、报刊、辞书中出现,各式各样,不下 10 余种之多。现将其中主要观点按出现时间先后列举如下:

(1) 电化教育是指运用电化设备进行教学。如在教学中采用幻灯、电视、电影、录音、录像、通信卫星、电动教学模型等教具,以增进学生对教材的理解和巩固等。(1979)

(2) 在教育、教学过程中使用视听教材,采用电气声光设备,把声、形、色结合起来,使事物化小为大(或化大为小),化静为动(或化动为静),化虚为实(或化实为虚),化远为近(或化近为远),借以直观地揭示事物的本质和内在联系,引导学生从感性认识,促进学生多快好省地掌握知识与技能的教学技术,在国外称为视听教育,也就是我们上升到理性认识所说的电化教育。(1979)

(3) 广义的电化教育,指使用记录、储存、传输和调节教育信息的电气声光教育技术媒体的广义教育(即凡是有目的地增长人的知识技能的活动)。狭义

电化教育，指使用记录、储存、传输和调节教育信息的电气声光教育技术媒体的学校教育。(1982)

(4) 电化教育是运用传递信息的现代化科学技术及其相互方式，有计划地对人们在德智体诸方面施以影响的实践活动。(1983)

国内出版较早和影响较广的两本电化教育教科书中也给出过两个不同定义。《电化教育》(肖树滋编著，河北教育出版社，1983年)对电化教育的定义是："所谓电化教育，简单说，就是指利用现代化的声、光、电设备进行教育、教学活动。具体说，就是指利用幻灯、电影、广播、录音、录像、电视、语言实验室、程序教学机、电子计算机……以提高学习效率，扩大教育规模，从而使教育更好地适应时代的要求。"

随着电化教育活动的广泛开展和理论探讨的不断深化，以及对国外教育技术研究成果的借鉴，人们对电化教育的认识也有了新的发展。1985年出版的《电化教育学》(南国农主编，高等教育出版社)对电化教育定义的表述为："运用现代教育媒体并与传统教育媒体恰当结合，传递教育信息，以实现教育最优化就是电化教育。"与前一些表述相比较，有两处重大的改变。① 目标变化了，发展了，电化教育的目标是实现教育的最优化，而不仅是提高学习效率、学习质量和扩大教育规模。② 电化教育不只是现代化的声、光、电设备的运用，而是现代教育媒体与传统教育媒体恰当结合的一种实践活动。以后在1998年又作了修改："电化教育就是在现代教育思想、理论指导下，主要运用现代教育技术进行教育活动，以实现教育过程的最优化。"

这一定义被公认是对于电化教育概念比较准确和具有一定权威性的解释。为了完整地理解电化教育的这一概念，《电化教育学》的编者进一步提出了判断什么是电化教育的两条标准：①"在教育教学中，主要运用现代教学媒体来传递教育信息，就是电化教育"；②"虽然用了现代教育媒体，但不符合现代教育科学理论的要求，也不能算是真正的电化教育"。但对此学说，学术界存在不同看法。

(二) 电化教育的本质

对于什么是电化教育的本质这个问题，大致有以下几种不同的见解和说法：

(1) 手段、工具说。认为电化教育是辅助教师讲授的一种重要手段或工具(主要指电教器材、设备、教材、资料等)。

(2) 教育方式说。认为电化教育从本质上说是一种新型的教育方式；它所涉及的是教育的某几个部分，而不是教育的全体；它并没有自己的特殊的教育目的和教育内容，只是采用特殊的教育器材、教材形态、教育方法、教育形式、教育设施来传递教育内容，实现教育目的。

(3) 新教育说。认为电化教育是教育发展的新阶段，是教育的延伸与发展，是一种新教育,它涉及了教育的各个方面。

(4) 新形态教育说。认为电化教育是一种新形态的教育。教育形成一种新的形态需经历教育手段—教育方式—教育形态逐步成形的过程。我国的电化教育还只是处于某一些新手段的初期试用阶段,距离形成一种完善的新方式和健全的教育形态尚有一段路程。

上述几种说法中,(1)、(2)两种较为流行,特别是"教育方式说"在电教学术界有较大的影响。各种电化教育专著、教材及论文,大多引用"电化教育是一种新型的教育方式"这一说法。但是,"手段、工具说"也有不少赞同者,尤其广大教师和电教实际工作者。在他们看来,电化教育仍然是"一种现代化的教育手段","是中小学教学的辅助手段"。而且在有关的文件和报告中也指出,"学校电化教学是提高学校教育质量的重要辅助手段"(1987 年北京全国电化教育工作会议报告)。可以说,关于电化教育的本质,至今尚未取得一致意见和共同的结论。

20 世纪 80 年代电教界对电化教育定义的表述和本质的解释,虽然各色各样,不尽相同,但有一点是明确的,也是一致的,即"以现代教育媒体的研究和应用为核心,是我国电化教育的最大特色"。

(三)"电化教育"名称之争

在 80 年代电教理论研讨热潮中,其中一场关于电化教育要不要改名的大辩论引人注目。

最早在刊物上公开提出这一问题的是廖泰初教授,他在一篇题为《从国外名词术语的演变看"电化教育"》一文中指出:"电化教育这个术语用了约半个世纪,已不足以代表今天在这个领域内发展的情况,名不符实,应当改名,并盼望经过大家讨论能获得一个最有代表性,最恰当的名词术语"。在这之后,不少同志发表文章赞同这一观点,认为"电化教育名不符实,难于理解,它造成了理论研究的混乱,给实践活动带来了困难",而且"电化教育这个术语'概念自相矛盾,逻辑混乱',造成了'电化教育'与所谓'传统教育'的对立,'电教'从整个教育中自我孤立,自我隔绝"。"适应现代科技和教育需要,适应人们的认识水平,电化教育应改名为教育技术"。目前可以"采用两个名称同时并用的办法作为过渡,即对内的行政职能和服务工作,保留电化教育名称,而学科建设和对外学术交流,采用教育技术这个名称"。

与之同时,另外一些同志则主张保留"电化教育"这一名称,认为"从电化教育名词的诞生看,从目前应用的电教设备看,从电化教育这个名词与其他名词比较来看,使用电化教育这个名词是合适的"。"电化教育一词反映了时代特征,名正言顺,是一个名实基本相符的科学概念"。"而且名称和定义不一样,名称不一定反映事物的本质特性,电化教育名称不完整,并不影响对电化教育的研究，既然如此，就没有改变的必要”。由此在一个时期内开展了主张改名和主张保留原名的讨论。

1987 年 4 月南国农教授在华南师范大学召开的“教育理论与教育技术研讨会”上提到，“关于要不要改名有两种主张：要改和暂时不改”，同时综合列举了主张改名的 14 条理由和主张保留的 10 条意见，并指出，“这个问题的讨论，仍未结束”。

“电化教育”名称之争，反映了广大电教工作者对我国电教事业健康发展的关心和执著的追求，是一件大好事，一种十分可喜的现象。更名绝不是名称之争，是学科领域之争，研究对象之争。也就是说，要不要把电化教育的范围从今天的现代教育媒体的研究应用，扩大到对整个教育过程的研究。这场争论对于活跃学术气氛推动电化教育理论的深化，起到了积极的作用，对于电化教育健康发展产生了深远的影响。

（四）电化教育发展的新趋势

我国电化教育的发展，受国外视听教育的影响很深，两者在研究内容和实践领域上，也有许多共同之处。所以在翻译成外文时，一般都将“电化教育”译成“视听教育”（Audio Visual Education）。电化教育强调“以现代教育媒体的研究和应用为核心”，通过开展应用电教媒体来提高教学质量，扩大教育规模。近年来，电化教育发展很快，取得了有目共睹的成就，为促进我国教育现代化发挥了重要作用。

20 世纪 80 年代后期，随着国际学术交流的增多，国外教育技术发展的新经验、理论研究的新成果不断被介绍进来。以系统方法为核心的教育技术学，在理论概念、指导思想、研究方法等方面对我国电教界产生了很大的影响，人们开始用新的观点来认识自己所从事的这个领域。一系列新的变化随之在电化教育中出现。如学校电化教学研究重心的转移，教育技术著作的问世，学科专业名称的改变……形成了电化教育发展的新趋势。

80 年代初，我国学校电化教育中盛行着对现代教育媒体特点和作用的研究。研究大多数采用教学试验的方法，对电化教学与传统教学效果进行对比、分析，然后作出结论：现代教育媒体优于传统教育媒体，电化教学优于传统教学。这种媒体对比研究，正是国外 30 ~ 60 年代视听教育研究所走过的道路。然而，国外几十年这类研究得出的最终结论却是：运用新媒体的教学与传统教学比较，两者的教学效果没有显著的统计意义上的差别。媒体对比研究被认为是一种不成熟的研究，它反映了当时视听领域理论的贫乏。

80 年代后期，在国外教育技术系统观的影响下，电化教育研究重心开始转移：从电化教学与传统教学、现代媒体与传统媒体优劣的比较，转向了对“多媒体教学”、“系统方法”、“教学设计”、“整体教育技术”等原理的研究和实践。80

年代末、90年代初的电教刊物上，大量登载了如《试论课堂教学整体优化》、《关于“多媒体教学”的思考》、《多媒体组合的教学研究》等一类论文，以及《“整体、设计、优化”实验报告》、《整体综合试验研究》、《多学科，多媒体组合实验》等实验报告。北京师范大学现代教育技术研究所运用系统方法进行的“中学科学教育课程的教学开发研究”，取得了理论和实践两方面的显著成就。河北师范大学外语电化教学研究室运用整体教育技术原理进行的教学研究和实践项目《外语教育技术课程的建设与教学实践》，获得了1989年国家级优秀教学成果奖。这些都表明，我国学校电化教学的研究和实践，已从简单化、表面化中走了出来，走向了综合化、深层化。对教育技术的认识也逐步从“媒体观”转向了“系统观”。

第四节　教育技术的迅速发展

一、积极开展现代教育技术手段的研究与推广应用

1978年党的十一届三中全会以后，全国教育事业迫切需要恢复与发展，在全国教育工作会议上，邓小平同志代表党中央提出：“要制定加速发展现代教育手段的措施，以适应教育事业发展的需要。”因此，《1978—1985年全国科学技术发展规划纲要》中，列入了“现代化教育新技术新设备”的研究课题，具体制定了开展电视教育、计算机辅助教育、卫星教育等方面新技术的研究子课题，由有关高校分别承担。在措施中提出在北京师范大学、华东师范大学设立现代教育技术研究所，南京工学院设立卫星教育研究室，具体执行有关研究子课题。同时在全国科委下成立教育技术领导小组，由原教育部副部长任组长，北京师范大学为秘书单位。这个小组先后在1980年、1981年两次召开会议，聘请全国知名的电子技术、计算机等方面的专家一起研究和修订具体的执行计划。

1979年教育部正式批准和同意在北京师范大学成立现代教育技术研究所，并将联合国计划开发署的援助款100万美元拨给北京师范大学现代教育技术研究所，其目的是为了在我国推广现代教育技术手段的应用。同时，还将北京师范大学附属实验中学作为中学的试点单位。1980年由北京师范大学、华东师范大学组成考察小组，赴美国考察教育技术的发展情况。以后又组团赴美国考察卫星教育，赴日本考察教育技术。以上所有工作为在我国迅速开展电视教育、计算机辅助教育、卫星教育的研究打下了基础。因此可以这样来理解：教育技术在我国的发展以及现代教育技术名词的使用，是从“开展现代化教育新技术新设备”的研究项目开始的。

二、计算机辅助教育的发展

(一)高等学校计算机辅助教育的开展

我国从20世纪70年代末期开始提出计算机辅助教育研究项目,北京师范大学和华东师范大学的“现代教育技术研究所”下设“计算机辅助教学研究室”,专门从事这一研究。随后,国内一些大专院校相继开展计算机辅助教育系统和开发工具的研究,并取得不少成果。1984年以后,计算机辅助教育在许多高等院校得到进一步发展,以大学课程为主开发了一批得到实际应用的各科教学软件,写出了大量的研究报告。1985年全国计算机辅助教育学会成立。这标志我国在计算机辅助教育的研究和应用方面已达到了一个新的发展阶段。

(二)中小学计算机辅助教育的开展

1982年,我国各大城市的一些中学理科教师开始运用计算机辅助教学。随后,越来越多的学校在不同的学科中开展起计算机辅助教学活动。在中小学的数学、物理、化学、语文、外语、生物、历史、地理、音乐、美术等学科,都涌现出了一批运用计算机辅助教学的先进学校。1986年以后,国家计委将计算机辅助教育作为“七五”重点项目,国家教委设立了中小学计算机教育研究中心,具体负责指导全国中小学的计算机辅助教育,使中小学的计算机辅助教育得到了较快的发展。据1992年的不完全统计,全国开展计算机教育的中小学已近千所,计算机已超过10万台,大城市重点中学都配有20台以上的微机,为推广计算机辅助教学提供了必要的物质条件。全国中小学计算机教育研究中心收集有1 000多件计算机教学软件,提供给有计算机设备的学校,用于计算机辅助教学活动。1993年8月11日至13日在上海召开了全国中小学计算机辅助教学研讨会,并在中国教育学会下成立了计算机辅助教育研究会,以进一步推动和协调这一活动的广泛开展。

计算机辅助教育是程序教学原理与计算机技术相结合的产物,在计算机教学课程的开发过程,系统设计的思想和方法得到了具体的体现和实际的应用。计算机辅助教育在我国的开展使电化教育突破了视听的范围,把研究的中心从只重视“教”转向既重视“教”也重视“学”的方面来。计算机辅助教育的迅速发展成为90年代我国教育技术的重要实践领域。

三、远距离教育的发展

(一)远距离教育系统的形成

作为我国远距离系统的主要部分的中央电视大学创办于1978年,经过80年代的建设,中国广播电视大学发展成为一个由中央电大、43所省(计划单列市)电大、575所地市级电大、1 500多个县级电大组成的远距离高等教育系统,形成了一个覆盖全国城乡的广播电视教育网络。共有专职教师3.6万多人，从高等学校聘任的兼职教师已达1.4万多人。共编写、出版文字教材800多种，发行1.5亿册，音像教材300多种，总计2万多学时。电大共开设理工科、文科、经济管理科和农科的21个专业科类100多个专业。中央电大共招收全科生161万多人，已毕业105.5万人，200多万人有计划地收看了工程继续教育和岗位培训等方面的课程。

（二）建立卫星电视教育网

1986年2月，国家教委在北京召开卫星电视教育工作会议，落实中共中央关于教育体制改革的决定精神，部署各地卫星教育电视收转网的规划和建设，以及利用卫星电视培训中小学师资，开展成人业余教育的计划和方案。在有关部门的支持下，开通了卫星电视教育的两个专用频道，建立了中国电视师范学院和中国教育电视台。全国各地也陆续建立教育电视台和卫星地面接收站，到1990年已建成教育电视台、收转站、接收站3 000多个，放像点21 000多个。中国电视师范学院开设有中等师范和高等师范的12个专业，编制了配套的文字与电视教材；全国系统收看电视师院课程的中小学教师超过100多万人，有14万人取得了中师的毕业证书。中国教育电视台播出高等教育、普通教育、职业教育、成人教育等方面的教学节目，累计已达3.4万小时。

中国远距离教育的发展，不但速度快，而且规模大，它为提高我国全民的文化素质发挥了积极作用，成为多快好省地发展我国教育事业的重要途径。

四、教育技术学学科建设及教育技术理论的研究与实践

（一）教育技术学专业及学科的确立

1986年国务院学位委员会正式批准北京师范大学、河北大学、华南师范大学三所大学设立教育技术学硕士学位授予点，明确了教育技术学是教育科学的分支学科。

1991年国家教委设立了“全国高等师范院校电化教育（教育技术）教材编审委员会”，制定了专业教学计划及主干课程教学大纲，并落实了教材编写计划。

1992年讨论通过的全国高等师范院校四年制本科电化教育（教育技术）专业教学计划，已将“教育技术”这一名称正式写入文件之中，将课程设置中原来的“电化教育概论”改为“教育技术学导论”。

1993年国家教委颁布的高等师范院校本科专业目录正式确定将电化教育专业更名为教育技术学专业。

同年国务院学位委员会批准在北京师范大学设立教育技术学博士点。

1994年国家教委批准将原“高等师范院校电化教育教材编审委员会”更名为“全国高等师范院校教育技术学教学指导委员会”。1996年又更名为“全国高

等学校教育技术学教学指导委员会”。

至此到2004年底,全国约有150余所不同类型高校设立了本科(含专科)教育技术学专业,30余所高校设立了教育技术学硕士点,5所高校设立博士点,从而构成了一个包括专科、本科、硕士点、博士点在内的完整的教育技术学学科专业体系,并形成了一批教育技术专业队伍。

(二)教育技术著作的出版

随着国外教育技术学理论对我国电化教育界的影响不断扩大和加强,80年代后期,一批以“教育技术”为名称的,反映教育技术学基本原理和方法的专著、译著和教材相继问世。如《教育技术与外语教学》(内蒙古大学出版社,1988年7月),《教育技术学基础》(译著,教育科学出版社,1990年2月),《教育技术学辞典》(上海辞书出版社,1991年3月),《教育技术学导论》(北京师范大学出版社,1992年9月),《美国教育技术的理论及其演变》(上海外语教育出版社,1994年3月),等等。这些著作的问世,反映了我国电教界学术思想的活跃和电教工作者对我国教育技术发展的新思考。

由全国高等师范院校教育技术学教学指导委员会组织编写的教育技术学专业的主干课程教材《教育技术学导论》、《教学设计》、《教育传播学》、《电化教育管理》等19种,陆续由高等教育出版社出版。到21世纪初,各类有关教育技术的书刊已超过300余种。

(三)教育技术学的理论与实践应用

自1987年批准设有教育技术学硕士点后,各有关学校积极开展教育技术理论的研究与实践,运用教育技术学的研究方法和课程开发理论,在课程开发方面取得了一批研究成果。如:“教育技术学专业人才能力素质的研究”,为制定教育技术学专业本科生教学计划提供基本的数据和素材;1993年、1994年为职业技术方面的机电一体化专业、室内装修专业开发专业课程计划等。此外,计算机辅助教育、人工智能计算机辅助教育、教学设计理论在电化教育中的应用、教育多媒体技术、多媒体组合教学设计等,也取得了不少成果。

(四)1996年以来的主要变化

自1996年以来,我国的教育技术事业有了巨大的发展。这表现在:

首先,“电化教育”在名称上逐步与国际接轨,“电化教育”专业的名称在1993年更名为“教育技术学”专业,“电化教育教材编审委员会”在1996年更名为“全国高等学校教育技术学指导委员会”,“中国电化教育协会”在2002年更名为“中国教育技术协会”。

其次,在组织架构上,政府相关部门撤销了电化教育方面的组织机构,强化了行业协会的组织协调和指导工作。

再次,全国教育技术专业设置有了很大的发展,到2004年底,全国约有150

余所不同类型高校设立了本科(含专科)教育技术学专业,30余所高校设立了教育技术学硕士点,5所高校设立博士点,形成了较完整的教育技术学学科专业体系。并出版了三百余种的书刊杂志。

最后,教育技术学科的本体理论研究进展不大,影响了教育技术实践应用的深入发展。

总之,我国教育技术的发展,在1966年以前是以电化教育的概念和形式出现,并得到初步的发展。1978年以后虽然教育技术得到迅速的发展,但在学校电化教育、计算机辅助教学、远距离教学和教育技术学科建设等几个方面基本上各自独立地发展,有的还分属于不同上级指导部门。在80年代后期,则相互影响和借鉴,特别是都从教育技术学的基本理论——教学设计的理论与方法中吸取营养,改善教学。从组织上来说,不同的领导部门亦加强了相互的联系,改变了原有的行政领导方式。相信在今后各个方面的实践一定会在协会的组织协调与指导下把我国的教育技术事业推向新的高度。

习题

1. 简要阐述“电化教育”的含义。
2. “现代教育技术”一词在我国何时正式使用,具体内容是什么?

教学活动建议

1. 指导学生阅读参考文献。

2. 以学习目标为题,组织学生进行小组讨论,如“教育技术学学科建设在我国电化教育事业发展中的意义”。

3. 以学习目标为题,让学生自选一题写一篇500字的论文。

第三章

教育技术与教育技术学

教 学 目 标

通过本章的学习,学生应能做到:

1. 说出教育的含义。
2. 解释技术、教育技术、教育技术学的含义及其关系。
3. 说出教育技术概念的演变过程。
4. 阐述 AECT94 定义及 05 定义,并比较之。
5. 归纳教育技术解决教学问题的基本指导思想、基本实践原则和操作程序。
6. 列举影响教育技术理论与实践发展的因素。
7. 阐述教育技术学的定义及学科性质。
8. 解释教育技术人员的专业标准。

第一节 几个基本概念的含义

概念是反映对象的本质属性的思维形式。科学认识的成果,都是通过形成各种概念来加以总结和概括的。概念有内涵和外延,只有明确了概念的内涵和外延,才能正确地运用概念。因此,在研究教育技术学这一学科领域之前,有必要先明确教育、技术、教育技术、教育技术学的含义,以及技术、教育技术、教育技术学之间的关系。

一、教育

在中外教育史上,存在着对教育的多种解说,尽管各个解说不尽相同,但却存在着一个共同的基本点,即都把教育看做是培养人的活动。这是教育区别于其他事物现象的根本特征,是教育的质的规定性。

从教育的各个定义中可以看出,构成教育活动的基本要素是:教育者、受教育者和教育措施。

凡是对受教育者在知识、技能、思想、品德等方面起到教育影响作用的人,都可称为教育者。父母是子女最初和经常的教育者;社会教育中的师傅以及起到教育作用的其他人员,都是教育者。但自学校教育产生以后,教育者主要是指学校中的教师和其他教育工作人员。教育者是教育活动的主导者。

受教育者是指在各种教育活动中从事学习的人,既包括学校中学习的儿童、少年和青年,也包括各种形式的成人教育中的学生。受教育者是教育的对象,是学习的主体。

教育措施是实现教育目的所采取的办法,它包括教育的内容和手段。教育的内容是教育者用来作用于受教育者的影响物,它是根据教育目的,经过选择和加工的影响物。教育手段是指教育活动中所采用的方式和方法,它既包括教育者和受教育者在教育活动中所采用的教和学的方式和方法,也包括进行教育活动时所运用的一切物质条件。

教育的三个基本要素是相互联系的,其中,教育者是主导性的因素,他是教育活动的组织者和领导者,他掌握着教育的目的,采用着适当的教育内容和手段,创设必要的教育环境,调控着受教育者和整个教育过程,从而促进受教育者的身心发展,使其达到预期的目的。

现代教育学把教育区分为广义与狭义的两种概念。凡是一切增进人们知识、技能、身体健康以及形成和改变人们思想意识的过程,统可归之为这种广义的教育。狭义的教育指的是:教育者按照一定的社会要求,向受教育者的身心施加有目的、有计划、有组织的影响,以使受教育者发生预期变化的活动。狭义的教育通常指的是学校教育。

二、技术

技术一词习惯上是与工艺联系在一起的,各种辞书上的定义也不同。但在本书中对技术采用现代含义的定义。技术的英文为 technology,其词根是 techne,来源于希腊语。在希腊语中“技术”(technology)的本义是“对纯艺术和实用技巧的论述”,因此,它的词根 techne 指的就是“艺术和手工技巧”。

随着工业社会的发展,技术一词的应用越来越广泛,这就导致了对它的理解和表述的多样化。我们要全面、正确地理解教育技术这个概念,就必须首先弄清楚“技术”这个词在现代用法中的确切含义。在我国学术界,对“技术”一词的解释也是不同的。一种是以《辞海》为代表的解释,它把技术定义为:1. 泛指根据生产实践经验和自然科学原理而发展成的各种工艺操作方法与技能;2. 除操作技能外，广义的还包括相应的生产工具和其他物质设备，以及生产的工艺过程或作业程序、方法。另一种是以《科学学辞典》和《科技词典》为代表的解释。它把技术定义为：是为社会生产和人类物质文化生活需要服务的，供人类利用和改造自然的物质手段、智能手段和信息手段的总和。

前一种定义显然是受到“技术”一词主要是用来表达工业生产中“工艺”说法的影响，把定义定得较为狭窄，几乎只局限于技术的有形的物质性方面。如果按照这种定义来看待教育技术中的“技术”，势必就以为教育技术只包括“硬件”和“软件”，把教育技术等同于录音机和录音带、计算机和程序、课件等有形的东西。在这种理解下，教育技术就是教学媒体。对“技术”的后一种定义显然已经意识到，现代用法中的“技术”一词所包含的内容，除了有形的物质性方面之外，还包括无形的非物质性方面。这种“无形的非物质性”方面的技术是客观存在的，并且在人们的社会实践中起到了实实在在的作用。而且，在某种意义上说，这方面技术的作用并不亚于有形的物质性方面的技术，更不能为后者所取代。本书中所涉及有关“技术”的含义，指的是有形技术和无形技术的总和，对于教育技术也应在这个含义上来理解。

三、教育技术、教学技术、教育中的技术

前面，我们讨论了技术的内涵，那么，什么是教育技术呢？可以从广义和狭义两个方面来理解教育技术。从广义上来说，教育技术指的就是“教育中的技术”，指人类在教育活动中所采取的一切技术手段和方法的总和。它分为有形（物化形态）和无形（智能形态）两大类。物化形态的技术指的是凝固和体现在有形的物体中的科学知识，它包括从黑板、粉笔等传统的教具到计算机、卫星通信等一切可以用于教育的器材、设备、设施等及相应的软件；智能形态的技术指的是那些以抽象形式表现出来，以功能形式作用于教育实践的科学知识，如系统方法等。从狭义上来说，教育技术指的是在解决教育、教学问题中所运用的教学媒体的开发技术和教学系统（或过程）的设计技术，简称为媒体技术和系统技术。在本书中所涉及的“教育技术”基本上是狭义的含义。

历史上曾出现过“教育技术”“教学技术”“教育中的技术”三个术语，它们的内涵和使用范围都有明确的阐释。但在 1977 年以后，在美国这些术语之间含义的差别基本消失，认为它们是同义的，都被用来描述解决教和学问题中的技术过程与工具的使用。[①] 在本书中引用这三个术语是同义的规定。

---

① ［美］西尔斯等. 教学技术领域的定义和范畴［M］. 乌美娜等译. 北京：中央广播电视大学出版社，1999：28.

四、教育技术学

教育技术学的英文为 Educational Technology 或 Technology of Education，在翻译上，时而被翻译为“教育技术”，时而又被翻译为“教育技术学”，造成了一些概念上的混淆。因此，在讨论教育技术学之前，有必要先对“教育技术”和“教育技术学”两个概念进行说明。

技术与技术学不是一回事，就像符号和符号学、信息与信息学一样，教育技术是教育技术学的研究对象。就其发展的实际来看，教育技术学是在教育技术发展到一定阶段后才形成的学科。所以“教育技术学”与“教育技术”(教育中的技术)是有明显区别的。教育技术是教育中所应用的技术手段和技术方法的总称；教育技术学是关于教育中应用教育技术的理论。在本书及教学中，当指的是运用于教育中的各种技术(如媒体技术、系统技术等)时，一般采用教育技术这个词；当指一个新兴学科的专门术语时，则用教育技术学。

第二节　教育技术的定义

教育技术是在 20 世纪 20 年代前后的视听教学、程序教学以及系统化设计教学等教学方法的基础上发展起来，逐渐从教学方法范畴内分离出来的一门教育学科的分支学科。教学技术、教育技术这两个术语在 70 年代才在正式文件中出现，在使用中经常是把“教学技术”与“教育技术”混用。由于教育技术是一个正处于发展中的年青的学科，所以从 60 年代初期一直到 21 世纪初期先后给出了八个定义，这也反映出它从一项教学方法的改革运动到教育技术的实践研究领域，进而发展为一门学科与专业，逐步走向成熟的发展过程。从定义中也可以看出它是在不同的背景下从不同的角度来定义和阐明教育技术的含义的。归纳起来可以从三个不同的角度来理解它。

一、教育技术的基本含义——规定性定义

一般地说，教育技术指的是一项专门技术，即在教学过程中应用的技术手段和技术方法。这是教育技术概念的基本内涵。它阐明了教育技术“是什么”。1970 年美国教学技术委员会给国会递交的报告中这样写道：“教育技术可以按照两种方式加以定义。人们较为熟悉的教育技术意义是指产生于传播革命的媒体。这些媒体可以与教师、课本和黑板一起为教学目的服务……教育技术是由电视、电影、投影机、计算机等软件和硬件所组成。第二种不太为人们所熟悉的教育技术的定义超出了任何特定的媒体和设备，从这个意义上来说，教育技术整

体大于部分之和。教育技术是一种根据在对人类学习和传播研究成果的基础上确立目标，进而对学与教的总体过程进行设计、实施和评价的系统方法。”从以上两个定义中可以看到，教育技术的一个含义是在教与学过程中应用的媒体及其开发与应用的技术（包括它的硬件和相应的软件）。简言之，指的是有形的媒体技术。另一个含义指的是分析和解决学与教的总体过程中的问题，从而获得优化效果的系统方法，即对教与学过程进行系统设计的技术。简言之，指的是无形的、智能的系统技术。由此可见，这个定义反映了教育技术概念演化的一个总结，表明了教育技术从视听教学运动到形成教育技术的一个规定性定义。界定了教育技术是在教与学过程中应用的媒体技术和系统技术的总称。但是在人们的交流中往往把教育技术仅理解为媒体技术，更有甚者把它理解为媒体中的硬件技术。这些都不利于发挥教育技术在教学实践中所应起到的作用。

二、教育技术领域的描述性定义——教育技术在教育与教学实践中的应用模式的阐述

教育技术在实践意义上指的是一个特定的实践与研究领域，即在教育、教学实践中应用特定的理论和原则，借助技术手段（教学媒体和学习资源）和技术方法（对教与学过程进行系统设计的技术），来分析、解决教与学问题所涉及的一个特定的实践范围。由于在教育、教学实践中，为获得更有效的教学可以采取的理论和方法是多种多样的，而运用教育技术解决教育问题只是其中一个特定的理论与方法，所以美国教育传播与技术协会在 1972、1977 年分别组织百余位教育技术方面的学者、专家经过一年多的讨论，出版专著《教育技术领域的定义》阐述教育技术是如何运用特定的理论和原则来分析和解决教与学问题的，并用一个过程性模型来形象地描述教育技术在教学实践中运用的过程。所以 1977 年的定义是关于教育技术在教育与教学实践中应用模式的阐述，是对分析、解决问题过程的描述，在该书中详细地阐述了关于教育技术分析和解决教与学问题的实践过程。

（一）1977 年定义

“教育技术是一个分析问题，并对解决问题的方法进行设计、实施、评价和管理的综合的、有机的过程，它涉及人员、程序、思想、设备和组织等各个方面，与人类学习的所有方面都有关系。在教育技术中，解决问题的方法的表现形式是为了促进学习而设计或选择与使用的学习资源。学习资源分为信息、人员、材料设备、技巧和环境。对问题进行分析，并对解决问题的方法进行设计、实施和评价的过程称为教育开发职能，它包括研究与理论、设计、制作、评价与选择、供应、利用与推广等项。对其中某项或多项职能进行指导或协调的过程称为教育管理职能，它包括组织管理和人事管理。”

这段表述明确了美国教育传播与技术协会(AECT)关于教育技术的若干重要基本观点:

(1) 教育技术是应用系统方法来分析和解决人类学习问题的过程,其宗旨是提高学习质量。

(2) 教育技术依靠开发、利用所有学习资源来达到自己的目的。

(3) 教育技术强调对学习资源的开发、利用过程的管理,并把它作为整个过程的一个组成部分。教育技术由四个方面组成:学习者、学习资源、教育开发职能和教育管理职能,其相互关系如图 3-1 所示:

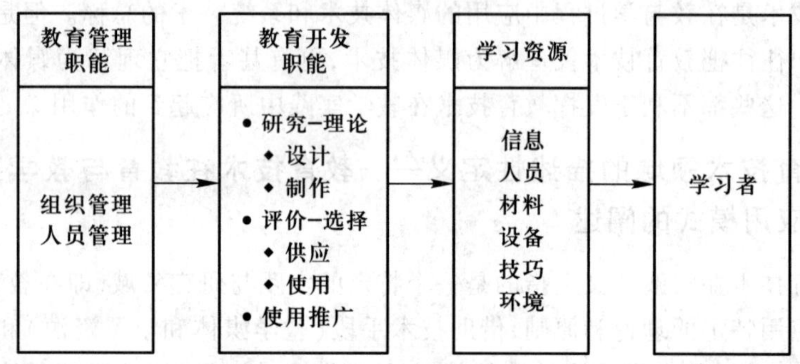

图 3-1 教育技术领域的运作模型

在教育技术的实践应用中,强调学习者及其需要与学习成果是教育技术关注的中心,明确学习者的需求,分析确定所要解决的问题,是开展有效教育的基础。

教育技术要分析研究学习者的特点(诸如作业行为水平、能力、知识基础、年龄特征等),因为学习者的情况对于选择目标、确定步调、确定评价性质等许多教育决策都产生直接影响。在教育技术中解决问题的表现形式是依靠开发使用学习资源与学习者相互作用来提高人的学习质量。学习资源包括信息、人员、材料(教学媒体)、设备、技巧和环境。但要使它们在学习中发挥作用,就必须进行系统的开发和使用。为此要进行一系列的教育开发工作。即进行开发有效的教学资源和设计有效的教学过程。开发工作包括理论与研究、设计、制作、评价与选择、供应、使用等各项职能。这些职能活动需要在统一的指导和协调下才能保证实现特定的目的。因此教育的组织管理职能是至关重要的一环。

(二) 教育技术的基本指导思想和实践方式

美国学者把教育技术应用于解决教学问题的基本指导思想概括为:以学习者为中心,依靠资源和运用系统方法的整合应用。其基本的实践方法(管理操作程序)是按照系统方法的程序和步骤来操作实施。操作过程分为六个步骤,即鉴定、设计、选择、实施、评价和修正与推广。亦可概括为两个基本环节:鉴定问题和解决问题,即首先确定要解决的是什么性质的问题或需求,然后再根据问题的性质来寻找解决问题的方法。这种实践的方法极为重要，因为在实践中往往会出现还没有分析清楚需要解决问题的性质，就匆忙地提出解决问题的方法，不能有的放矢；或者认为某一种方法、手段可以解决所有的问题，特别是在一种先进的技术手段出现时，更容易产生这种作法，这是值得警惕的问题。其操作程序图如图 3－2。在实践中，对进行的每一步骤还需要运用有关的理论、知识和技术来支持才能做好各项工作。

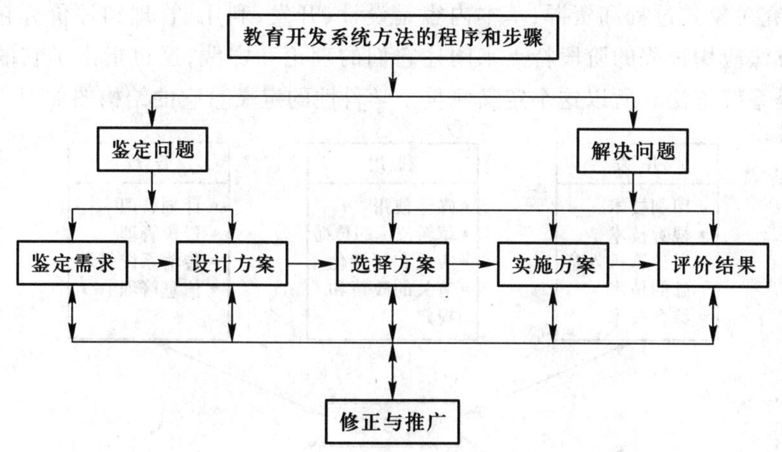

图 3－2　教育开发系统方法的程序和步骤

三、教育技术的学科性定义

教育技术是教育技术学的研究对象；教育技术学是研究教育技术的理论，它是教育学科中的一个分支学科。教育技术学因其实践性和开发的指向性，与教育哲学和教育科学有明显的不同，其区别在于研究问题的层次和研究的目的存在着差异。哲学层次的研究重点在于探讨教育理论的总体规律；科学层次的研究重点在于研究教育教学活动的内在关系和规律；而教育的技术学层次的研究在于如何分析、解决具体的教育教学问题，研究“做什么”、“如何做”的问题。即主要研究要解决什么问题，然后开发、设计为达到所确定目标的教学资源和教学过程以及方法、手段，并努力地实施，从而获得最佳的效益。

教育技术从具体的视听设备在教学中的应用到发展为专门的研究实践领域，走过了半个多世纪的应用实践与理论研究的道路。1977 年在得出领域的定义后，又经过了将近 20 年的实践与研究，到现在已基本上具备了形成独立学科的条件，即有了明确的、区别于其他学科的研究对象和概念；形成了分析、解决教育与教学实际问题的知识系统（基本理论）；具有了一套科学的方法论。所以美国教育传播与技术协会（AECT）集中了几百位专家、学者，经过几年（1989～

1994 年)的讨论发表了新的有关教育技术的定义,即 1994 年发表的定义。这个定义侧重于阐述它的目的、观点、对象、范畴和主要特点,它是一个纲要性含义的规定性定义,概略地表述了学科的内容。

(一) 美国 AECT 的 94 定义

"教学技术是为了促进学习对有关的资源与过程进行设计、开发、利用、管理和评价的理论与实践。"这个定义明确指出了教育技术的目的是为了促进学习,研究对象是过程和资源,基本内容是设计、开发、利用、管理和评价。它是按系统方法应用过程的阶段特点来阐述它们的理论和实践,这也指出了它的研究方法是系统方法。所以这个定义侧重于学科性的定义。它的结构图如图 3－3。

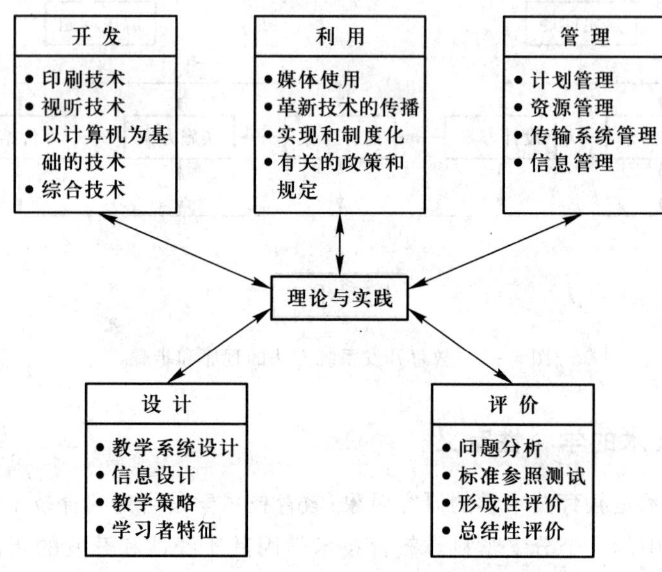

图 3－3　AECT 94 年定义的结构图

这个图亦可以用另一种方法来表示,见图 3－4。

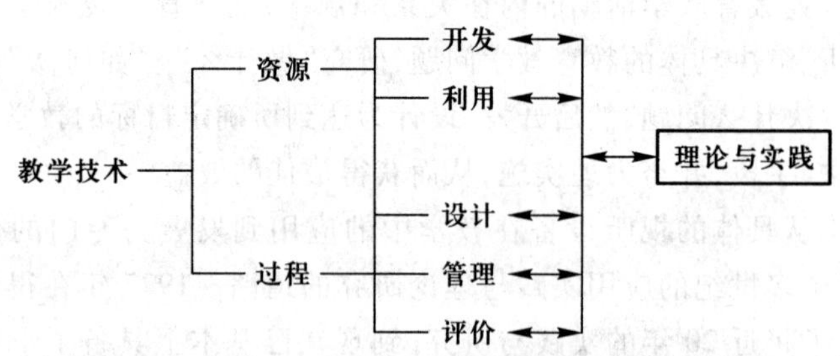

图 3－4　AECT 94 年定义的简化图

这种表示法与我国《教育大辞典》的结构图基本相似。其研究对象和基本范畴是对资源的开发、利用和对过程的设计、管理与评价。所以 94 定义是一个具有学科纲要含义的规定性定义。

（二）定义的组成部分

1. 关于理论和实践

一个专业或学科必须有支持实践的基础理论。理论部分包括对知识体系有关的概念、理论构架和原理等。实践部分是指这些知识在解决问题上的应用。

2. 关于设计、开发、利用、管理和评价

这些术语涵盖了这个领域的知识基础和专业人员的职能。这几个范畴的研究基本上是各自独立的。其中，设计范畴集中地表达了教学技术基本理论的核心部分。开发范畴亦较为成熟，其他几个范畴的理论仍引用其他相关领域的研究。

3. 关于过程和资源

这个组成部分包括定义中的两个基本问题：过程和资源，这是教育技术学的研究对象。过程就是用于"产出"和指导特定学习结果的一系列操作或活动，是一个包括输入、行为和输出的序列，包括了设计和传递过程。过程通常是程序化的，但亦不总是这样。当过程由一系列有序的步骤组成时，它是程序化的；当活动顺序不是很有序时，过程就是非程序化的。

资源是支持学习的资料来源，或资料库，它包括支持系统和教学材料与环境。但资源并非仅指用于教学过程的设备和材料，它还包括人员、预算和设施。可以说它包括了一切有助于个人有效学习和操作的因素。

4. 为了促进学习

教育技术的目的是促进、影响并完成学习。这个组成部分所用的术语是为了强调学习的结果，阐明学习是教学的目的，教学是完成学习的一种手段。学习是检验教学的标准，它表现为知识技能或态度的改变。定义中的学习是指"由经验引起的个人知识或行为相对持久的改变"，是心理学中的定义，不是我们日常生活中所说的学习是指的听课、读书等。

（三）AECT 教育技术 2005 年定义（简称为 05 定义）

1. AECT05 定义

教育技术是通过创造、使用、管理适当的技术性的过程和资源，以促进学习和提高绩效的研究与符合伦理道德的实践。

2. 05 定义与 94 定义的比较

（1）05 定义强调教育技术仍是作为一个研究领域，还没有形成理论体系，所以只提是一项研究实践（Study），而不提是一种理论体系（Theory）。

（2）作为研究对象的过程和资源的理论基础和技术基础发生变化。94 定义中对教育、学习问题的认识，基本上建立在认知主义学习理论的基础上，而 05 定义则完全建立在建构主义学习理论之上。技术上，由于信息技术的发展，网络的应用已很普及。

(3) 两个定义反映出的教育技术实践的指向性不同。94定义指出教育技术的目的是促进学习,而学习的含义是心理学上的定义,而05定义指出其目的是为了促进学习和提高绩效。这是因为近年来企业培训与终身学习成了教育技术的重要应用领域,而不是仅限于学校教育(特别是基础教育)。

(4) 对定义中的"过程与资源"作了限定,即限定为"适当的技术性的",改变了对资源和过程没有限制而导致教育技术的研究对象过于宽泛,而与其他教育分支的有关问题交错,以至于不适当地夸大了教育技术的作用。05定义明确为技术性的手段与技术性的方法。

(5) 在94定义中教育技术、教学技术和教育中的技术是同义的,而05定义中则认为教学技术是教育技术的子集。

以上几点是几个主要的区别,其他方面则不再赘述。

(四) 对以上几个定义的小结

在前面所表述的几个定义大体上可以归为三类:

第一类是规定性的定义,规定教育技术是一种技术性手段和方法。是一项具体的专门技术,是研究的对象。这项具体的专门技术由两个要素组成,即教学媒体开发技术和教学系统(过程)设计技术。它区别于其他教育分支学科的研究对象。

第二类是描述性的定义,它描述了在教育技术实践领域中,应用教育技术在解决教和学问题中的实践过程,并用一个过程模型来描述各组成部分之间的功能关系。说明教育技术是一个研究与实践的领域。

第三类是纲要性的定义,它用概念性的知识和术语阐明一个学科的学术思想、原则、研究对象、基本原理和研究方法,即用概念体系来定义教育技术。

这些定义从不同的背景中说明教育技术的不同含义,它已从教学中一种辅助手段的应用,发展为在教和学过程中如何应用教育技术的过程,进而发展为应用教育技术的理论与实践,即由辅助手段的应用发展为一个教育研究中技术学层次的一个学科。

从结果导向来看,教育技术领域的重点在迁移:从强调资源到强调教学,然后到强调学习,进而指向绩效。

从理论导向来看,从早期的行为主义的学习观,到认知主义的学习观,进而到建构主义的学习观,影响到对教学过程的设计由"刺激信息"的设计向交互作用设计的转变,教学不再强调如何向学习者提供刺激信息,而是学习者通过与产品交互作用进行学习。

从技术手段来看,由早期的幻灯、投影等辅助物发展到由信息技术为主要构成的学习环境和认知工具。

从研究对象来看,由比较宽泛的"过程""资源"的应用研究,进而给予"技术性”的限定,使它更加明确地与其他分支学科研究对象相区分。在应用的空间上由较为宽泛的教育实践领域,进而限定为学校教学特别是基础教育和培训领域,这样更好地来研究技术手段和技术方法的应用。

此外在这些定义中仍有一些不够明确的地方:

其一,研究对象指的是技术性过程和技术性手段两个要素构成,它们之间的关系没有阐明,因而导致出现不同的学科发展方向。

其二,关于教育技术是三种思想与模式整合而成为智能方法,在相关的文件中没有阐明三者的内在联系,在领域的过程性模式中,仅强调了资源的作用。另外在94定义一书中亦提到了教育技术是媒体技术、教育心理学、系统方法三者的融合,改变了以前的表述,但亦未作进一步的阐明,这影响到对教育技术本质的理解。这些都需要进一步的研究。

四、我国《教育大辞典》中有关教育技术学的阐述

在我国20世纪90年代初出版的顾明远教授主编的《教育大辞典》中对教育技术学作为一门独立的教育分支学科作了明确的定义:“教育技术学是以教授理论、学习理论、传播理论和系统科学理论为基础,依据教学过程的客观性、可再现性、可测量性和可控制性,应用现代科学技术成果和系统科学的观点与方法,在既定的目标前提下探求提高教学效果的技术手段和教学过程优化的理论、规律与方法。是一门新兴的教育科学中的分支学科。基本内容为:教学中应用的技术手段,即各种教学媒体(软件与硬件)及其理论、设计、制作技术、开发应用;研究教学过程及其管理过程优化的系统方法,其核心内容是教学设计、评价和管理。”① 在这个定义中,基本上从学科的目的、任务、理论基础、概念特点、对象、范畴、发展历史、研究方法等几个方面阐明教育技术学的基本含义和知识系统。这个阐述可以用图3-5来表明其知识体系的结构及其范围和子范围的关系:

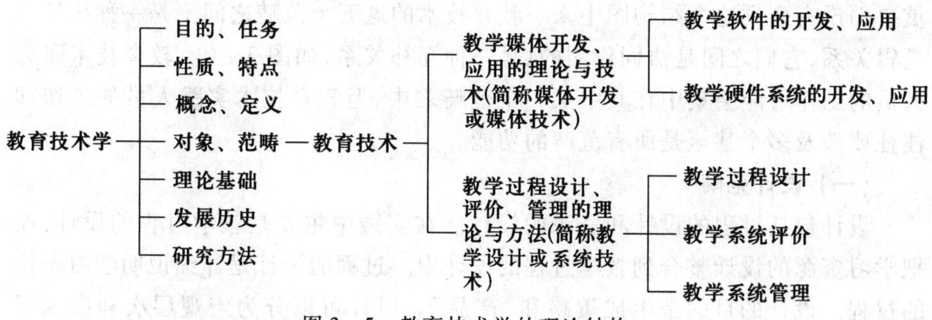

图3-5　教育技术学的理论结构

① 顾明远.教育大辞典(7)[M].上海:上海教育出版社,1990:3.

从这个结构图中可以了解到教育技术是教育技术学的研究对象；教育技术是媒体技术与系统技术的总称，即教育技术学的研究对象可理解为教学媒体的开发和教学过程的设计，主要的基本理论是媒体开发的理论和教学设计理论。它们的子范围亦列于图上。

关于子范围的分类，有不同的方法，在上图中列出的关于教学设计的子范围是按照系统设计教学过程的几个主要环节来分类，分为设计、评价和管理几部分，但亦有从教学实践中教学系统的结构形式和技术手段的不同来区分，这种分类方法表达为视听传播教学的理论与技术，以计算机为基础的教学的理论与技术（包括计算机多媒体教学的理论与技术、网络教学的理论与技术），远距离教学的理论与技术，职业教育与培训教学开发的理论与技术等。国内的有关著作、教材是基于这种分类方法来命名，并且往往把一类教学软件开发的内容编写在一本书内，如关于计算机辅助教学的理论与技术的书籍一般把与计算机课件的编制有关的内容全写在一本书内。但有一点是较为明确的，即这些都是处于结构图中的子范畴的内容。在《教育大辞典》中的表述基本上属于这种分类方法。

第三节 教育技术的知识范畴及学科性质

一、教育技术的范畴

AECT94 定义中提出教育技术的理论与实践分为五个范畴：设计、开发、利用、管理和评价。在 AECT94 年定义的结构图中列出了这五个范畴。在图中每个范畴都列出了四个主要的子范畴，但这些并不是每个范畴的所有子范畴，其他一些子范畴，有的因为它的理论体系还不够完善，有的因为它们目前还不是那么重要而没有列到这个结构图中来。教育技术的这五个范畴之间不是一种线性的逻辑关系，它们之间是协同作用的，是一种互补关系，如图 3－6。教育技术研究人员的工作可能会集中在其中某一个范畴之中，但教育技术实践人员的工作却往往要涉及多个甚至是所有范畴的功能。

（一）设计范畴

设计包括过程的设计和资源的设计。在实践中主要是教学过程的设计，而把学习资源的设计整合到教学过程的设计中。过程的设计是详细说明学习条件的过程。设计的目的是生成策略和“产品”。设计可以分为宏观层次和微观层次。宏观层次例如教学计划和课程设置，微观层次例如一门课程和一个教学单元的设计。这里的设计强调的是学习条件，而不是强调教学系统的组成部分。相应，教学设计的范畴就从学习资源或教学系统的个别组成部分扩展到整体化

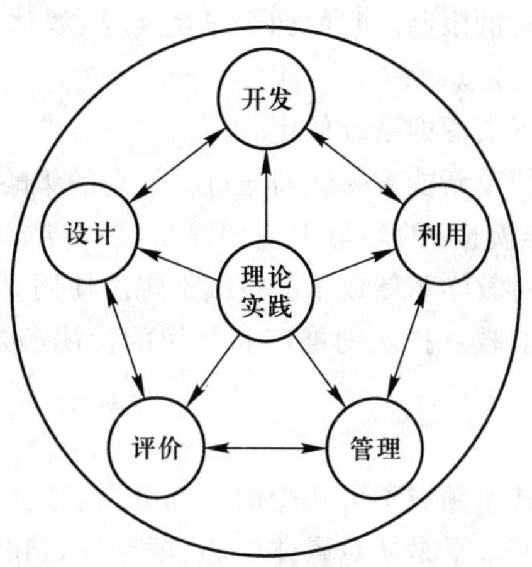

图 3－6 教育技术各范畴之间的关系

考虑和环境的考虑上来。

设计范畴至少包括四个理论与实践方面：教学系统设计、信息设计、教学策略和学习者特征。

教学系统设计是一个“包括分析、设计、开发、实施和评价教学各步骤的有组织的过程”。

信息设计涉及对信息的形态操作的计划。

教学策略是对选择并安排一课中的事件和活动的详细阐述。

学习者特征是指影响学习过程有效性的学习者的经验背景的各个方面。

（二）开发范畴

开发范畴的基础是教学媒体的开发。开发就是把媒体设计方案转化为具体物理形式的过程。开发范畴包括设计、制作和发送的功能。这个范畴可根据媒体的制作技术分为四大类：印刷技术、视听技术、基于计算机的技术和整合技术。

印刷技术是主要通过机械或照相印刷过程制作或发送教学材料（如书和静态视觉材料）的方法。

视听技术是通过使用机械或电子设备来制作或发送教学材料以呈现听觉和视觉信息的方法。

基于计算机的技术是利用基于微处理器的资源来制作和发送教学材料的方法。

整合技术是在计算机控制下的几种媒体形式的教学材料的制作和发送的方法。

（三）利用范畴

利用就是使用过程和资源以促进学习的活动。“利用”描述了学习者与教学材料和系统的相互联系。这个范畴要求系统地使用、传播、推广、实施和制度化。它受到政策和法规的限制。它的四个子范畴是:媒体利用、革新推广、实施和制度化以及政策和规定。

媒体利用是对学习资源的系统使用。

革新推广是为了使革新能被采纳而通过有计划的策略进行传播的过程。

实施是在实际(非模拟)的环境中使用教学材料或策略。制度化是在一个组织的结构和文化中对教学革新成果的持续常规的使用。

政策和规定是影响教育技术的推广和使用的社团(或其他组织)的规则和行为。

(四) 管理范畴

管理范畴是教育技术领域不可缺少的一部分,也是许多教育技术工作人员应尽的职责。这个范畴最早是从对媒体中心、项目计划和服务管理中演变而来的。这里的管理指的是通过计划、组织、协调和监督来控制教育技术。它的子范畴包括:项目管理、资源管理、发送系统管理和信息管理等。

项目管理是指计划、监督和控制教学设计和开发项目。

资源管理是指计划、监督和控制资源支持系统和服务。

传送系统管理包括计划、监督和控制教学材料分发的方法与向学习者呈现教学信息的媒体和使用的方法等。

信息管理包括计划、监视和控制信息的存储、转换或处理,目的是为教与学提供资源。

(五) 评价范畴

评价就是确定教学和学习是否合格的过程。评价范畴包括:问题分析、标准参照测量、形成性评价和总结性评价。

问题分析是指使用信息搜集和决策策略来确定问题的本质和范围。

标准参照测量是确定学习者对预定内容的掌握程度的技术。

形成性评价包括搜集达标方面的信息,并使用这些信息作为进一步发展的基础。

总结性评价包括搜集达标方面的信息和使用这些信息来做出利用方面的决策。

二、教育技术学的学科性质

关于教育技术学的学科性质,国内各种书上的说法不一,因此有必要对此作一分析。

(一) 教育技术学是教育科学领域中的分支学科

首先,教育技术学从其发展历史来看,它是在视听教育、程序教学和系统化设计教学等方法的基础上发展起来的。科学技术成果的引进,使教学手段不断得到更新和充实,促使教学方法不断地变化和丰富,在视听教学发展到视听传播阶段时,当时美国视听教学部的定义与术语委员会1963年的正式定义中就明确提出:“视听传播是教育理论和实践的一个分支……”在94定义一书中,亦指出94定义与1963年定义较为接近。从前面所说明的关于学科的目的内容及知识结构来看,也属于教育学科的内容。在我国国务院学位委员会公布的学科专业目录中,也是将教育技术学列入教育学科的分支学科。因此,可以得出教育技术学是教育科学领域中的一个分支学科。

(二)教育技术学是教育研究中的技术学层次的学科

如前所述,在教育研究中有三种不同层次的研究方法,即教育哲学层次、教育科学层次和教育的技术学层次。教育的技术学研究同教育科学、教育哲学研究的区别在于研究问题的层次的差异和研究目的的差异。哲学层次的研究在于探讨教育理论研究的总体的规律;科学研究层次的研究重点在于研究教育、教学活动的内在关系和规律;而教育的技术学层次的研究在于讨论如何分析、解决具体的教育、教学问题,研究“做什么”、“如何做”的问题,即主要是研究和开发达到一定教育目标的各种方法、手段,并努力去实践这些方法和手段。日本学者板元昂教授在一次访问我国时所作的学术报告中用图表(见表3-1)作了明确的阐述,大意如下。

表3-1　教育哲学、教育科学、教育技术学归纳对比表

类别 内涵	教育哲学	教育科学	教育技术学
目的	理想的人品	人与人的理解	教育的改善
内容	教育观念	教育规律	教育技巧、技术、系统
方法	思考	实验、调查	构造、开发
评价	论证、理解	实证	实用
指向	过去	过去、现在	现在、未来

教育技术学的研究在下列诸点上与教育学研究有所不同:

(1)教育学的研究,在很多场合,是在文献研究中发现其问题的端倪;而教育技术学则在教育的现场发现其问题。

(2)教育学的研究是追求教育过程的原理,诊断教育现象发生的原因;而教育技术学的研究则是追求教育问题的改善方法,提供改善的处方。

(3)教育学的研究是对问题进行分析式的研究;而教育技术学则是对问题进行构造式的研究,创造出提高教育效果的方法。

(4) 教育学的研究是为追求原理,调查已经过去的教育现象,分析教育现状;而教育技术学则是为改变未来的教育,提出改善的方案。

教育技术学因其实践性和开发指向性的缘故,与教育哲学和教育科学有明显的不同:

教育哲学,是根据过去先哲的见解,追求理想的人类形象,据其卓越的思索,进行论证考察,弄清教育的理念。

教育科学是为了有利于人类的相互理解以及促进其发展,通过对过去及现在人类行为特点进行实验、调查,加以验证其假设,发现教育的原理及规律。

教育技术学则着眼于改善现实和未来的教育,开发出有效的手段与方法、技术和系统,通过实践、反复评价其效果,将其改善得更加完善。

教育哲学、教育科学、教育技术学归纳对比见表 3 - 1。

(三) 教育技术学是方法论性质的学科

伊利在其论文《教育技术学领域:定义的表述》中这样写道:“教育技术学领域的主要目标是促进和改善人类学习的质量。由于这个目标提出的任务是由教育的各个分支所共同分担的,那么,它就不能作为某个特殊的领域的理论根据而提出了。教育技术学的特点,从而可谓它赖以存在的理由在于它为达到这个目标所采用的哲学方法和实践方法。作为教育技术学的特征,其方法已被三个先后发展起来的模式所揭示,在以往 50 年间,它们使这一领域得到发展。这三个模式是:应用各式各样的学习资源;强调个别化与个性化的学习;运用系统方法。正是这三个概念,被综合成一个促进学习的总体的智能方法时,形成了教育技术学领域的特点,从而也确立了这个领域的理论根据。”从这段阐述中我们可以明确地领略到教育技术学的特点在于达到既定目标所采用的哲学方法和实践方法。

其次,在美国 AECT 的定义中指出:“它是按照具体的目标,根据对人类学习和传播的研究,以及利用人力与物力资源的结合以促进更有效的教学的一种设计、实施和评价学与教的全过程的系统方法。”在这个定义中明确地指出了教育技术学的核心思想是“系统方法”。

再次,在上面所阐述的有关教育哲学、教育科学与教育技术学的区别时,也明确指出:教育技术学是为了改变未来的教育,获得更有效的学习而开发出有效的手段、方法、技术和系统,并努力去实践这些方法和手段,反复评价其效果,将它改善得更加完善。这些都说明了它的方法论性质。

综上所述,可以得出教育技术学是教育科学领域中技术学层次的方法论性质的学科。

第四节 教育技术专业人员标准

教育技术学理论和实践的发展,使教育技术成为一种社会专门职业,需要特定的专业人员。什么是教育技术专业人员标准呢?就这个问题,国内外都进行了一些初步探讨。

一、国外教育技术人员的专业标准

教育技术专业人员的能力素质标准是在对学科知识和社会需求的分析基础上提出来的,它体现了教育技术专业人员所必需的核心能力。依据能力素质模型所制定出的不分等级的专业人员的能力素质标准,它一方面可以作为院校教育技术专业的培养计划提供了质量标准,另一方面亦可以作为本行业专业人员进行培训和继续教育的参照目标及培训的具体内容。

在美国由于教育分权管理体制和市场的主导作用,因而没有国家统一规定的高等学校的毕业生的质量标准。他们对质量的认证主要通过民间认可的组织和专业协会实施。全美教师教育认证委员会(National Council for The Accreditation of Teacher Education)简称(NCATE)是美国教师教育院校质量认证的唯一合法机构。此后在教育技术相关领域与 NCATE 保持合作关系的专业协会有:

美国教育传播与技术协会(Association for Educational Communications and Technology,简称 AECT)。该协会制定了《学校媒体和教育技术专业人员能力素质标准》(Standard for The Accreditation of School Media Specialist and Educational Technology Specialist Programs,简写为 SASMSETSP)。

另一协会为国际教育技术协会(International Society for Technology in Education,简写为 ISTE)。这两个标准的具体内容列于下面:

(一) ISTE 的《美国国家教师教育技术标准》(2000)

国际教育技术协会(ISTE)是美国国家教育技术标准项目(National Educational Technology Standards,简称 NETS)的主要发起者和组织者。ISTE 制定的 NETS 在美国全国范围的大学、各州教育部门和学区得到了广泛的使用,成为技术在教学中应用的主要指导框架。2000 年,ISTE 制定了第三次修改的美国国家教师教育技术标准(National Educational Technology Standards for Teachers, NETS. T)和相应的绩效指标。①

---

① NETS for Teachers 2000
http://www. iste. org/standards/nets – for – teachers. aspx

该标准定义了教师在教育环境中应用技术需要具备的基本概念、知识、技能和态度。标准从六个方面规定了所有教师都应达到的教育技术标准,即:① 技术的操作和概念,② 策划和设计学习环境和过程,③ 教学、学习与课程,④ 测量与评估,⑤ 工作实效和职业实践,⑥ 社会、伦理、法律、人性方面的问题。带有行为指导的六个标准项都具有通用性,各州、大学或地区可以根据指导方针对标准进行本土化,这些标准和行为指导也为在课堂中从事教学的教师提供了指导。①

1. 技术的操作和概念

教师应对技术的操作和概念形成正确的理解。

- 形成关于技术的基本知识、技能和概念理解。
- 能持续更新自己关于技术的知识和技能,以跟上技术的新发展。

2. 策划和设计学习环境和过程

教师策划和设计基于技术支持的有效学习环境和过程。

- 设计适应学生发展水平的学习活动,在其中采用能够发挥技术优势的教学策略,满足学习者的不同需要。
- 在设计教学环境和过程时,能利用教学技术研究的新成果。
- 确认、查找有关的教学资源,并评价其准确度和合理性。制定学习活动中教学资源的管理计划。
- 制定技术环境中学生学习的管理策略。

3. 教学、学习与课程

教师完成课程计划,其中包含应用技术促进学生学习最优化的方法和策略。

- 促进技术支持的学习经历,同时达到内容标准和学生技术标准。
- 用技术支持以学习者为中心的教学策略,满足学生的不同需要。
- 运用技术发展学生的高级技能和创造力。
- 管理学生在技术支持的环境中的学习活动。

4. 测量与评估

教师利用技术进行更方便、有效的评估。

- 运用技术、采用多种评估方法来评价学生对学科内容的掌握情况。
- 利用技术资源收集和分析数据,解释并交流结果,以改进教学实践,促进学生学习的最优化。

---

① 李爽,陈丽. 美国国家教师相关标准及其对我国教师信息能力标准制定的启发[J]. 电化教育研究,2003(5). 转引自北京师大硕士论文“美国教育技术学专业课程设置研究”,作者:张霞,导师:刘美凤教授,论文完成日期为2007年5月。

• 应用多种评价方法,判断学生在学习、交流和实践活动中使用技术资源的有效性。

5. 工作实效和职业实践

教师利用技术促进他们的工作实效和职业实践。

• 利用技术资源促进持续的专业发展和终身学习。

• 对自己的教学活动不断进行评价和反思,以便在利用技术促进学生学习方面做出有效的决策。

• 利用技术提高自己的工作实效。

• 借助技术手段与同事、学生家长和更广范围内的社区进行交流、合作,以更好地促进学生的学习。

6. 社会、伦理、法律、人性方面的问题

教师要了解与学校中的技术应用有关的社会、伦理、法律和人性问题,并将这些知识观念应用在实践中。

• 示范、传授与技术应用有关的法律和伦理实践。

• 利用技术资源使不同背景、不同特征、不同能力的学习者均能得到良好发展。

• 明确和使用体现差异性的技术资源。

• 促进技术资源的健康、安全使用。

• 促进所有学生在技术资源利用上的机会均等。

分析与小结:

ISTE 的国家教师教育技术标准分得比较细,有很多实际工作者参与,是一个很实用的技术标准,教育技术学硕士和证书项目的培养计划在开课、设计课程的时候会参照国家标准,很多州参照国家标准也会设立自己的教育技术标准。NCATE 将这个标准作为审核教师认证、培训相关项目的依据。所有希望获得认证或认可的教师都需要达到该标准的要求,同时,负责教师培养的单位也有责任通过培训与实践使学员达到这些标准的要求,例如韦恩州立大学 K－12 技术整合方向的硕士和认证项目培养方案均以这个标准作为指导。在美国,教师接受教育技术培训主要侧重于设计和评价,因而这一标准对教师的开发能力不作明确的规定。此外,这一标准还体现出注重评价和教师的教学管理、强调教师之间的协作、注重教师的终身学习等特点。

(二) ISTE 的《美国国家教师教育技术标准》(2008)

2008 年 ISTE 公布了第四版的美国国家教师教育技术标准(National Educational Technology Standards for Teachers. NETS. T)。① 该标准涵盖了五大能力维

① NETS for Teachers 2008.

度和二十个能力指标：

1．促进并激发学生的学习和创造性

教师运用他们的学科知识、学与教的知识以及技术来帮助学生获得更多的经验，且这些经验能在真实以及虚拟教学环境中促进学生的学习、创造以及创新。教师应：

- 促进、支持并展示具有创造性和创新性的思维及独创能力。
- 鼓励学生参与探索真实世界中的问题，并运用数字工具和资源来解决这些问题。
- 促进学生利用协作工具进行反思，以展现并阐明他们的概念理解和思考、计划以及创造过程。
- 在真实以及虚拟教学环境中，和学生、同事以及其他人员共同参与学习过程，以此来示范协作知识的建构。

2．设计和开发数字时代的学习经验和学习评估

教师要运用当代的工具与资源来设计、开发和评价真实的学习经验及学习评估，要以此来促进学习内容在时代背景下的最大化，并促进 NETS 学生标准中所规定的知识、技能和态度的发展。教师应：

- 设计或修改有关学习经验，要把数字工具和资源与这些学习经验相结合，从而促进学生的学习和创造性。
- 开发技术丰富的学习环境，所有学生在这其中都能激发他们自己的好奇心，并能积极参与来确定他们自己的教育目标、管理他们自己的学习并评估他们自己的进步。
- 根据学生不同的学习风格、工作策略以及使用数字工具和资源的能力，为他们量身订制具有个性化特点的学习活动。
- 为学生提供与内容及技术标准相一致的多种类型不同形式的形成性和总结性评估，并利用结果数据来说明学与教的情况。

3．示范数字时代的工作与学习

教师要展示能够代表全球和数字社会中的一位革新的专业人士的知识、技能和工作过程。教师应：

- 展示技术系统的流畅性，以及目前知识向新技术和新情境的迁移。
- 利用数字工具和资源与学生、同事、家长和社团成员协作，共同促进学生学习的成功和创新。
- 利用各种数字时代的媒体和传播形式，与学生、家长和同事就相关的信息及观念进行有效的交流。
- 为了支持学生的研究和学习，演示并帮助学生有效地运用已有及将要出现的各种数字工具来寻找、分析、评价和应用信息资源。

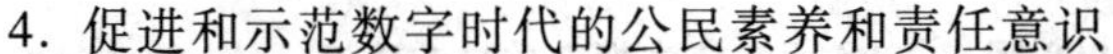

4. 促进和示范数字时代的公民素养和责任意识

教师要在不断演变的数字文化的背景下理解本地和全球的社会问题和责任，并要在他们的专业实践中表现出合法的以及合乎伦理道德的行为。教师应：

- 提倡、示范并教授安全地、合法地及合乎伦理道德地使用数字化的信息和技术，其中包括版权、知识产权以及对来源的正确标注。
- 使用以学习者为中心的策略，并为他们提供平等的获取适当的数字工具和资源的机会，以此来满足所有学习者的不同需要。
- 宣传并示范与技术和信息的应用有关的数字化规则和社会交往责任。
- 通过使用数字时代的交流和协作工具，与其他文化背景下的同事和学生们一起工作，以此来发展和示范文化理解和全球意识。

5. 注意专业成长和领导能力

教师要不断提升他们的专业实践、实现终生学习，并要在他们的学校和专业团体中，通过促进和演示对数字工具和资源的有效运用，来表现出他们领导力。教师应：

- 参与本地及全球的学习团体，并探索如何创造性地运用技术来促进学生的学习。
- 通过演示科技介入的愿景、参与共同决策和团队建立以及发展他人的领导能力和技术能力来展现自己的领导能力。
- 定期评价和反思当前的研究和专业实践，以此来有效地运用已有及将要出现的各种数字工具和资源来支持学生的学习。
- 促进教师职业、所在学校和社区发展的效率、活力和自我更新。

分析与小结

(1) ISTE 的教师教育技术标准经过了三个版本的变迁。第一版发表于 1993 年，其名称为《面向所有教师的技术基础标准》，提出了十三项能力标准。其后在 1997 年建立了技术标准的基本框架，具体有一级技术标准（即基本的计算机操作与概念，技术的个人和专业实践，技术在教学中的运用）和二级绩效指标。自 21 世纪开始，ISTE 在 1997 年版本上作了两次修订和完善，分别于 2000 年和 2008 年颁布，并更名为《国家教师教育技术标准》，主要面向 K－12 教师。

(2) 2000 版一级技术标准为 6 个，二级绩效指标为 23 个。2008 版一级技术标准为 5 个，二级绩效指标为 20 个。2008 版分为三篇，即学生篇、教师篇和管理者篇。上面列出的为教师篇。2008 版突出了激励学生的创造性和技术的创新应用。ISTE 制定的标准实质上体现了国家对教师的信息化技术的要求标准。2000 版与 2008 版的技术标准的内在联系（见表 3－2）：

表 3-2　2000 版与 2008 版的技术标准的内在联系

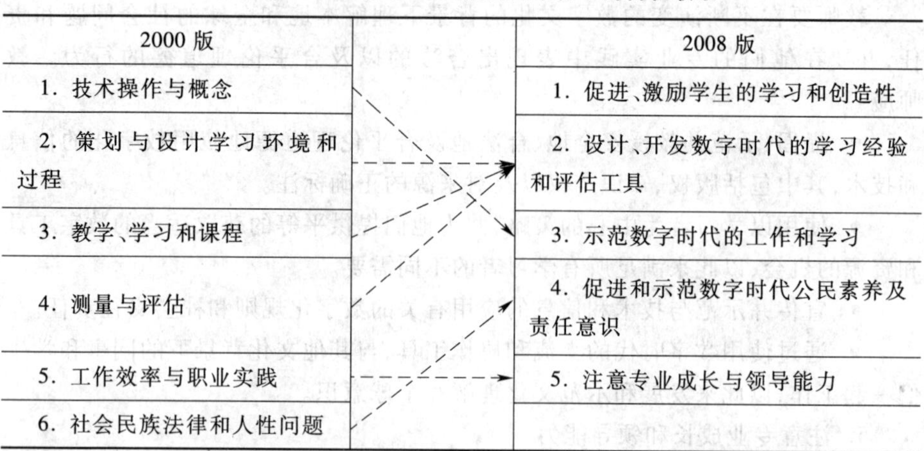

2000 版	2008 版
1. 技术操作与概念	1. 促进、激励学生的学习和创造性
2. 策划与设计学习环境和过程	2. 设计、开发数字时代的学习经验和评估工具
3. 教学、学习和课程	3. 示范数字时代的工作和学习
4. 测量与评估	4. 促进和示范数字时代公民素养及责任意识
5. 工作效率与职业实践	5. 注意专业成长与领导能力
6. 社会民族法律和人性问题	

（三）AECT 的《学校媒体和教育技术专业人员能力素质标准》(2000)①

美国教育传播与技术协会(AECT)是教育技术领域的专业评鉴机构(the accrediting body in the IT field)，对美国大学中的教育技术学专业进行持续的评鉴。AECT 的标准是协会多年来对教育技术领域的定义和知识基础的研究基础上不断发展的。

目前 AECT 的《学校媒体和教育技术学专业人员培养计划鉴定标准》与 NCATE 评鉴教师教育机构(Professional Education Units)的评估标准、评估程序和政策(Standards, Procedures, and Policies)是保持一致的。AECT 和 NCATE 针对硕士层次和博士层次的培养计划分别制定了两套评估标准：National Recognition Report on Doctoral Preparation of Educational Technologists 以及 National Recognition Report on Master's Preparation of Educational Technologists。因此，相应地有两套专业人员能力素质标准：学校媒体和教育技术学专业人员能力素质基础标准(Standards for The Accreditation of Initial Preparation Programs for School Media and Educational Technology Specialists, SMETS)和高级标准(Standards for The Accreditation of Advanced Preparation Programs for School Media and Educational Technology Specialists, SMETS)。基础标准和高级标准都按照领域的五大范畴规定能力项。在领域的五大范畴中，每一范畴都对应着从基础(initial)到高级(advanced)的能力标准。基础评估标准代表着进入这一专业领域所应具备的初级技能，主要基于设计和实践，可以用布卢姆的教育目标分类理论中的知道、领会、运用层次来类比。高级评估标准强调的是理论、研究及高层次的管理过程，

① http://www.ncate.org/Program Standards/AECT/AECT stand ard SREV 2005.doc

可以类似地用布卢姆的教育目标分类中的分析、综合、评价层次来类比。高级标准中的能力素质包含基础标准中所需具备的能力。AECT《学校媒体和教育技术专业人员能力素质标准》如下：

1. 设计

候选者通过应用教学系统设计、信息设计、教学策略以及学习者特征的原理，表现出为促进学习而设计情境的知识、能力以及素质（dispositions）。

- 教学系统设计
- 信息设计
- 教学策略
- 学习者特征

2. 开发

候选者显示出应用印刷技术、视听技术、基于计算机的技术和整合技术来开发教学材料和过程的知识、技能和素质。

- 印刷技术
- 视听技术
- 基于计算机的技术
- 整合技术

3. 利用

候选者应该通过应用媒体利用、革新推广、实施以及政策制定的理论和原理，显示出使用促进学习的过程和资源的知识、技能和素质。

- 媒体利用
- 革新推广
- 实施和制度化
- 政策和法规

4. 管理

候选者应该通过应用项目管理、资源管理、传送系统管理和信息管理的原理表现出他们计划、组织、协调和监督教学技术的知识、能力和素养。

- 项目管理
- 资源管理
- 传送系统管理
- 信息管理

5. 评价

候选者通过应用问题分析、标准参照测量、形成性评价和总结性评价、长期规划的原理显示出他们评价教学和学习适当性的知识、技能和素质。

- 问题分析

- 标准参照测量
- 形成性评价和总结性评价
- 长期规划

分析与小结

AECT的教育技术学专业人员能力素质标准是教育技术领域内一个公认的模型，是美国评定各类教育技术、教学技术专家的主要标准，也是他们设计培养下一代教育技术专家的主要参照体系，同时还是他们评定其专业课程效率的一个客观尺度。这个标准：

- 强调设计、开发、利用、管理和评价等专业核心技能；
- 每一范畴都对应着从基础到高级的能力标准：
- 是协会多年来对教育技术领域的定义和知识基础的研究上地不断发展，是教育技术领域内一个公认的模型；
- 是美国评定各类教育技术、教学技术专家的主要标准，对教学技术人才培养方案的制订有指导作用，是评定专业课程效率的一个客观尺度。

(四) 对以上两个标准的说明

(1) 在美国一个教师教育机构的教师培养计划由两部分构成：一是基础培养计划(Initial Preparation)即职前培养计划。它是为准备第一次考教师资格证书的学生制定，参加该计划的可以是本科生也可以是获得其他专业学士学位并想当教师的学生。完成该计划后可以授予学士学位和五年制硕士学位。

二是高级培养计划(Advanced Preparation)，即本科层次后的教师培养。包括在职教师的继续教育和其他学校专业人员(校长、顾问、咨询人员、教育辅导员、学校心理学专家等)的培养。该计划主要授予硕士、博士学位或授予相当于研究水平的非学位的学习证书。

在美国教育技术是研究生为主的教育。其教育技术学专业人才培养除了颁发硕士和博士学位外，还有资格证、文凭等形式。在硕士博士学位中，由于培养学校的特点不同，有的培养侧重于实践应用人才，有的培养学术研究型人才。

(2) AECT的教育技术专业能力素质标准是培养教育技术专家(教学设计专家和媒体开发专家)的主要参照体系，是评定教育技术专家的主要标准。分为两套标准(基础级和高级)均按照教育技术领域的五大范畴来规定其能力项。它的特点是把智能技术放在首位，以教学设计能力及媒体开发能力为基本要求。

国际教育技术协会(ISTE)制定美国国家教育技术标准(National Education Technology Standards，简称NETS)。2000年ISTE制定了第三次修改的美国国家教师教育技术标准(National Educational Technology Standards for Teachers, NETS. T)和相应的绩效指标，构成技术在教学中应用的主要指导框架。该框架定义了教师在教育环境中应用技术需要具备的基本概念、知识、技能和态度。这个指标体系把教育技术概念中的物化技术放在首位，它强调基于技术的有效学习环境和过程的设计，规定教师在教育环境中应用技术手段所需要具备的基本概念、技能和态度。

2008 年颁布的《美国国家教师教育技术标准，学生、教师、管理层》对 2000 年的标准又作了修改，在教师版中它侧重点把“教师利用数字化工具和资源提升学生的创造力和创新精神”放在首位。在学生版中它在多个维度上重新定义了学生的教育技术能力标准。“创新意识与变革精神”成为对学生教育技术能力的首要指标，并规定了各年级必须掌握的有关信息技术的知识与能力标准。（需要了解更详细的内容，可在网上查阅。）。

总之，这两种标准（AECT 与 ISTE 的标准）的内容各有侧重，但基本上从不同角度适应了美国的社会需求和教育机构中专业结构各层次的需要。

二、我国教育技术人员专业标准

在最近的二十多年间，教育技术的理论和实践在我国有了很大的发展。随着教育技术实践活动的展开，媒体节目的开发制作与应用、教学环境的构造、基本理论问题的研究等都离不开专业人员，专业人员的培养已成为教育技术发展中的一个十分重要的因素。在这种情况下，急需制定一个我国教育技术专业人员标准。1990 年，国家教委有关司局委托北京师范大学现代教育技术研究所完成这一任务。经过一年多的调查、研究，并应用现代的数据处理方法，得出了教育技术专业人员能力结构的基本模型。

对于本科层次的教育技术专业人员，有如下的能力需求结构：

（一）以教学设计为中心的能力体系

以教学设计为中心的能力体系主要强调能够以改进课堂和单元的教学效果为目的，评定学生需求，选择开列教育或教学目标，分析目标，选择活动方式，选择适当的媒体和评价教学成果。即进行总体的分析设计过程的能力。这个能力体系在总的能力结构体系中是一个关键性的成分，其他能力体系都是围绕它展开的。

（二）构造、维护物态教学系统的能力体系

构造、维护物态教学系统的能力体系主要强调对物化教学系统的设计、开发、维护与使用、评价。物化教学系统的设计主要是硬件系统的构成，对电子技术、计算机技术等的掌握，对机器设备的维护、操作、使用和管理。

（三）研究的能力体系

研究的能力体系主要强调对现代科学和方法论的理解、应用，强调用现代科技的成果及方法来分析和解决教育、教学问题。例如，要求掌握信息技术和多元数理统计方法等。

（四）媒体开发、应用的能力体系

媒体开发、应用的能力体系主要是围绕计算机和电视方面的教学软件制作而展开的，强调对计算机辅助教育软件及电视教育软件的设计、开发和评价。就计算机和电视方面的技能而言，远远超出了“文化”普及的范畴。

（五）管理的能力体系

管理的能力体系主要强调对媒体设计、制作、应用过程的管理，教学过程的管理以及对教学支持系统的管理。其中应用计算机进行管理是管理发展的一种趋势。

在20世纪90年代后期，我国有关部门亦制定了教育技术标准，但在内容上大体是参照美国两种标准而制定的。例如教育部在2004年12月颁布了《中小学教师教育技术能力标准（试行）》其内容分为三部分：教师教育技术能力标准，管理人员教育技术能力标准，技术人员能力标准。下面摘录的是教师教育技术能力标准，读者欲了解更详细内容可在网上查阅。

附录：教学人员教育技术能力标准

一、意识与态度

（一）重要性的认识

1. 能够认识到教育技术的有效应用对于推进教育信息化、促进教育改革和实施国家课程标准的重要作用。

2. 能够认识到教育技术能力是教师专业素质的必要组成部分。

3. 能够认识到教育技术的有效应用对于优化教学过程、培养创新型人才的重要作用。

（二）应用意识

1. 具有在教学中应用教育技术的意识。

2. 具有在教学中开展信息技术与课程整合、进行教学改革研究的意识。

3. 具有运用教育技术不断丰富学习资源的意识。

4. 具有关注新技术发展并尝试将新技术应用于教学的意识。

（三）评价与反思

1. 具有对教学资源的利用进行评价与反思的意识。

2. 具有对教学过程进行评价与反思的意识。

3. 具有对教学效果与效率进行评价与反思的意识。

（四）终身学习

1. 具有不断学习新知识和新技术以完善自身素质结构的意识与态度。

2. 具有利用教育技术进行终身学习以实现专业发展与个人发展的意识与态度。

二、知识与技能

（一）基本知识

1. 了解教育技术基本概念。
2. 理解教育技术的主要理论基础。
3. 掌握教育技术理论的基本内容。
4. 了解基本的教育技术研究方法。

（二）基本技能

1. 掌握信息检索、加工与利用的方法。
2. 掌握常见教学媒体选择与开发的方法。
3. 掌握教学系统设计的一般方法。
4. 掌握教学资源管理、教学过程管理和项目管理的方法。
5. 掌握教学媒体、教学资源、教学过程与教学效果的评价方法。

三、应用与创新

（一）教学设计与实施

1. 能够正确地描述教学目标、分析教学内容，并能根据学生特点和教学条件设计有效的教学活动。

2. 积极开展信息技术与课程的整合，探索信息技术与课程整合的有效途径。

3. 能为学生提供各种运用技术进行实践的机会，并进行有针对性的指导。

4. 能应用技术开展对学生的评价和对教学过程的评价。

（二）教学支持与管理

1. 能够收集、甄别、整合、应用与学科相关的教学资源以优化教学环境。
2. 能在教学中对教学资源进行有效管理。
3. 能在教学中对学习活动进行有效管理。
4. 能在教学中对教学过程进行有效管理。

（三）科研与发展

1. 能结合学科教学进行教育技术应用的研究。
2. 能针对学科教学中教育技术应用的效果进行研究。
3. 能充分利用信息技术学习业务知识，发展自身的业务能力。

（四）合作与交流

1. 能利用技术与学生就学习进行交流。
2. 能利用技术与家长就学生情况进行交流。

3. 能利用技术与同事在教学和科研方面广泛开展合作与交流。

4. 能利用技术与教育管理人员就教育管理工作进行沟通。

5. 能利用技术与技术人员在教学资源的设计、选择与开发等方面进行合作与交流。

6. 能利用技术与学科专家、教育技术专家就教育技术的应用进行交流与合作。

四、社会责任

1. 公平利用努力使不同性别、不同经济状况的学生在学习资源的利用上享有均等的机会。

2. 有效应用努力使不同背景、不同性格和能力的学生均能利用学习资源得到良好发展。

3. 健康使用促进学生正确地使用学习资源,以营造良好的学习环境。

4. 规范行为能向学生示范并传授与技术利用有关的法律法规知识和伦理道德观念。

五、小结

通过以上对教育技术、教育技术学的阐述,我们可以明确以下几点:

1. 教育技术是对教与学的过程的设计、评价、管理技术和教学媒体的开发、利用技术的总称,或简称为系统技术和媒体技术。由于这一领域的实践越来越集中到与教学有关的活动和概念上,因此在1977年以后,教育技术与教学技术之间的差别随之消失。不同国家用不同的词,但它们是同义的。教育技术的应用其实质是教育心理学、媒体技术和系统方法的整合运用,由于对她的解读的不同因而在实践应用中亦存在不同的倾向。这有待今后进一步的探讨。

2. 教育技术学是研究和应用教学过程的设计、评价和管理技术与教学媒体开发利用技术的理论,是学科的名称。我国国务院学位委员会把它列为教育科学中的二级学科。它与其他教育分支学科的主要区别在于基本的思想和理念、研究对象和研究方法的不同(即哲学方式和实践方式的不同)。

3. 根据不同时期的教育技术、教育技术学的定义和发展趋势,我们可以概括为:教育技术学是基于系统科学理论、传播理论、学习理论和教学理论的思想、原理、方法、方法论,研究解决教育和教学问题,探讨学习模型转化为教学过程模型的建立与实施的技术过程(即教学设计的技术过程)和媒体开发的技术过程的理论与实践,其目的是促进和获得更有效的学习和绩效。它的基本理论主要是教学系统设计、评价、管理的原理与技术和教学媒体开发利用的原理与技术。

4. 教育技术学作为一个学科，它的知识体系除了上面所阐明的关于目的任务、研究对象、基本原理外，还应包括该学科的发展历史、理论基础、概念定义、性质特点、应用领域、研究方法、发展趋势等。本书基本上是按这个理论框架来编写的。

习题

1. 阐述什么是教育技术、教育技术学。
2. 阐述教育技术是如何演变的。
3. 阐述教育技术解决教学问题的基本指导思想、基本实践原则和操作程序。
4. 阐述有哪些因素影响了教育技术理论与实践的发展。
5. 阐述教育技术学是一个什么样的学科。

教学活动建议

本章的学习以教师的讲解和学生的讨论为主。可以让学生结合他们自己的理解，对教育技术的含义进行讨论。

第四章

教育技术学的理论基础和学术思想

教 学 目 标

通过本章的学习,学生应能做到:

1. 说明教育技术学的主要理论基础。
2. 阐释学习理论对教育技术发展的影响。
3. 阐释传播理论对教育技术发展的影响。
4. 阐释系统科学理论对教育技术发展的影响。
5. 论述教育技术学术思想的演变。

第一节 教育技术学的理论基础

教育技术学是这样的一个教育领域,正如 AECT 在 20 世纪 70 年代的定义中所表明的那样:“一种根据在人类学习和传播的研究成果的基础上确立目标,对教与学的总体过程进行设计、实施及评价的系统方法。”这个定义一方面说明了它是从方法论的角度上来说明教育技术是对教与学过程进行设计、实施、评价的一种系统方法,另一方面亦阐明了它的理论基础是有关的人类学习理论与传播理论,它对教与学过程的设计是建立在学习与传播研究成果的基础上进行的。从教育技术学的发展历史分析,这里所指的学习理论是行为主义的学习理论,具体说是斯金纳的强化论。所以说教育技术虽然被定义为在解决教育教学问题的过程中所应用的媒体技术和系统技术,但必须强调的是它是建立在一定的理论研究成果的基础上进行的,而这些理论研究成果是对教学过程和学习过程的理论认识。在教育技术形成的初期,其理论基础是学习理论和传播理论及感觉论。

随着教育、心理等学科的发展，在教育技术应用的过程中理论基础也不断地在充实和发展，20 世纪 70 年代中期以后，系统科学理论对教学设计理论的发展起着关键作用，在 80 年代以后，认知理论的信息加工理论更多地被教育技术工作者作为教学设计的理论基础，90 年代中，由于计算机技术、多媒体技术的发展，建构主义的学习理论亦盛行一时作为教学设计的理论基础。教育技术的理论基础的不断变化、充实以及综合应用，是教育技术的一个基本的特点，这是由于在不同时期不同学者对教学（过程）与学习（过程）都提出了不同的见解和学说。下面分别对与之有关的理论和在教育技术中的指导作用作一简要的介绍。

一、客观主义（或经验主义）的感觉论

早在 17 世纪 50 年代，捷克的教育改革家夸美纽斯（J. Comenius）受哲学家培根（F. bacon）的唯物主义感觉论的深刻影响提出直观性原则，他认为人是通过观察事物本身，从事物的本源来获取知识的。19 世纪初，瑞士教育家裴斯塔洛齐（J. Pestalozzi）试图根据心理学解决儿童教育问题，提出感官印象是获取一切知识的基础，认知从感性的观察开始，通过对表象的加工而获得概念，因而观察成为教学的基础，并提出直观性教学原则。以后，美国教育家杜威（J. Dewey）亦认为教育活动唯有在儿童积极参与的基础上才能展开。这些思想为 20 世纪初期、中期视觉教学、视听教学的倡导者们所接受，戴尔认为学生学习知识是一个感性认识与理性认识相结合的过程，教学应从具体经验入手，感性知识的来源是学生的生活储备，或通过视听媒体、实验、实习、参观等教学实践中替代性经验得来。视听材料的价值在于它能以具体的形式提供概念，进而他依据各类视听媒体所能提供的学习经验的抽象程度将它分类，形成了《教学中的视听方法》一书，成为开展视听教学的基本理论。由此我们可以清楚地看到视听教学是基于对教学过程的认识：教学是一个特殊的认识过程，知识的获取要符合理性认识与感性认识的辩证关系。在此基础上形成了戴尔的以“经验之塔”为核心的《教学中的视听方法》的视听教学理论，其理论基础是客观主义的感觉论。

二、传播理论

传播可以看做是传播者借助于一定的媒体或形式将信息传递给受传者，并和受传者进行交流，以达到相互影响的一种活动。而教学可以看做是教师和学生之间相互传递信息（包括教学信息、学生的反馈等）的活动，它也可以看作是一种传播过程。要获得有效的教学，就需要借助传播理论对影响教学传播效果的各因素进行分析。

传播理论产生于 20 世纪 40 年代的美国，施拉姆（W. Shramm）最早研究传

播学，他集先驱者的研究成果，把传播规律作为一门学问进行独立的研究，并力图使之系统化，从而形成了传播学。传播学的产生也是自然科学和社会科学趋于整体化联系的反映，传播研究吸取了信息论、控制论等一些自然科学的理论与方法。传播学研究传播的基本作用与过程。美国政治学家拉斯韦尔（H. D. Lasswell）在1948年提出的传播过程的模型中，简明地表达了传播过程中的要素（五W：传播者、信息、媒体、受传者、效果）（如图4－1）及其功能，以及信息传播是如何进行的，并且根据其要素的功能（作用）来研究如何提高传播的效率和效果。

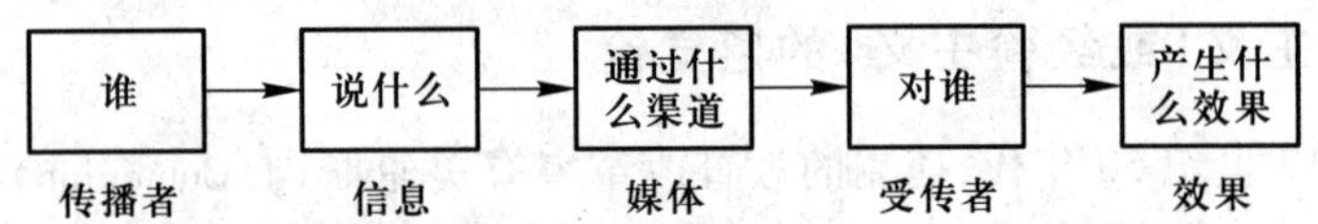

图4－1　拉斯韦尔直线式传播模式

除此以外，还出现了许多传播模式，如最初用来解释电信通信过程，后来加入了“反馈”系统后，也常用于解释人类传播过程的香农－韦佛模式；用以阐明思想传播系统结构的贝罗模式（如图4－2）；等等。

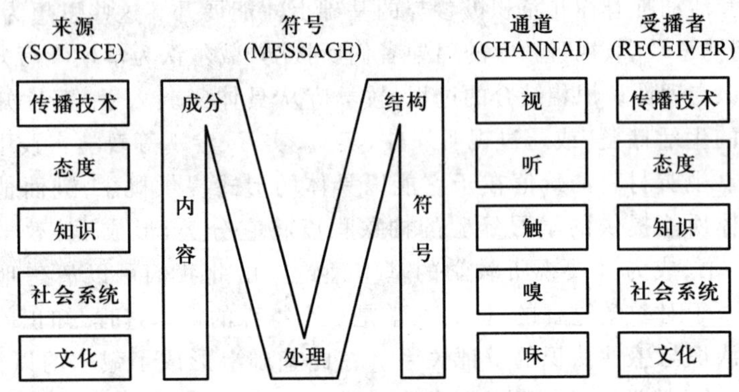

图4－2　贝罗模式

贝罗模式是用以阐明思想传播系统结构的一个静态模式。它由四个要素构成，即来源、符号、通道和受播者。贝罗（D. K. Berlo）在论述中非常强调反馈的重要性，因此，有学者在他的模式中增加了从R到S的反馈。他还指明了影响各个要素传播功能的条件，在影响传、受双方本身传播功能的条件中，包括传播技术（语言的清晰度与说话技巧、文字描写技巧、思维缜密性、手势与表情自然逼真等）、态度（自信心、爱好、双方的了解程度等）、知识（传者与受者对内容的了解程度等）、社会系统（传者与受者的社会地位等）以及文化（传者与受者的文化背景）等。在影响信息传播功能的条件因素中，所谓内容是指传者为达到目的而选取的材料，它包括信息成分与结构；所谓符号是指内容的表现形式，包括语言、文字、图像与音乐等；所谓处理是指传者对选择并安排符号所做出的决定。通道是指传播信息的各种方式，如口耳相传方式、书写与阅读方式等。

这一模式比较适用于研究和解释教育、教学传播系统的要素与结构，其中的S－M－C－R相当于教师－课业－教学手段－学生。按照该模式揭示的影响教学传播的教师、课业、教学手段和学生的各种条件，联系教学实际、传播场合及各要素的具体情况，对教育传播的效果进行预测，发现可能存在的问题并有针对性地加以改进。

尽管传播研究于20世纪50年代已经基本形成一个学科，但它对视听教学的影响是很微弱的。进入50年代，视听技术的迅速发展，语言实验室、电视、教学机、多种媒体组合技术、计算机等新的媒体进入教学领域，这些新技术所呈现的教学形态已无法从语言和非语言的标准（即抽象与具体的标准）来判明其特性。实践证明，视听教学理论作为这个领域实践的理论基础已不合适。戴尔本人也认识到，他提出的经验之塔仅是对教学媒体和方法的静态描述，不能完整地描述构成学习过程中既错综复杂又相互联系的大量因素，人们希望从新的理论高度去认识视听教学。霍本在1956年指出："更好地理解视听领域，提高视听教学效率的有效方法，似乎在于把握'传播'的概念。"视听教学领域出现了向传播理论发展的趋势而逐步形成了视听传播教学理论。

视听传播教学理论认为，如果把教育的内容加以抽象视作信息，那么教育在本质上是一种信息传播活动。它可以应用传播学的理论来研究教育传播过程是如何进行的？如何提高教育传播的效率和效果？传播理论从一个全新的角度拓宽了视听教学的研究。1962年南加州大学博士生埃博克的"视听与教育传播过程关系"的理论模型是教育传播理论的代表性模型（该模型的具体内容在第一章有具体论述，这里不再重复）。

从以上的讨论可以明确地得出，传播理论是教育技术的理论基础之一。但必须指出的是，虽然视听传播理论的理论意义是深刻的，对教育技术理论的发展有重要的影响，但广大的实践人员仍以"经验之塔"作为主要理论基础。此外，60年代中期，行为主义心理学开始占主导地位，亦冲淡了传播理论的影响，但从理论的演变角度来看是一个重要的理论变革范型，使教育技术跨出了单纯媒体论范畴。

现在的各种教育传播理论正成为教育技术的重要的理论基础之一。

三、学习理论与教学理论

教育技术的目的是要促进学习者的学习，而学习者的学习涉及教师如何有效地教，学生如何有效地学。因此，教育技术工作要取得成效就需要对教和学两方面的情况有比较深入的了解,学习理论和教学理论就成为教育技术人员的工作基础之一。而学习理论和教学理论的发展还会对教育技术的理论和实践产生深远的影响。教育技术的重要理论,特别是各种形式的教学设计理论,都要反映出学习理论和教学理论对它的指导作用。

(一) 学习理论

学习理论是探究人类学习的本质及其形成机制的心理学理论。它重点研究学习的性质、过程、动机以及方法和策略等,试图解释学习是如何发生的?它有哪些规律?如何才能进行有效的学习?教育技术主要是按照教学和学习的固有规律,根据学习者的需要设计不同的教学方案,安排教学途径和方法,为学习创造环境,使有效学习发生从而使学生得到发展。

心理学家们在探讨学习规律的过程中形成了三大流派,它们分别是行为主义学习理论、认知学习理论和认知 - 行为主义学习理论。我们认为,没有一种学习理论可以完全解释所有的学习现象。这是因为各派都从一个角度说明一部分规则,揭示了部分真理。从现代学习理论的发展来看,各派的相互融合成为主要趋势。

那么各学习理论学派对学习的根本认识是什么?它们与教育技术的关系是怎样的?下面我们围绕这个问题加以讨论。

1. 行为主义学习理论

行为主义学习理论是20世纪20年代在美国产生的,它在60年代以前一直是作为占统治和主导地位的心理学派而存在。其代表人物有巴甫洛夫(Ivan Pavlov)、华生(John. B. Waston)、桑代克(E. L. Thorndike)和斯金纳等。行为主义心理学的主要观点为:学习是一个刺激和反应(S - R)的联结过程,主张将人的外显行为作为研究对象,反对内省,认为行为的多次的愉快的或痛苦的后果改变了学习者个体的行为,或使学习者模仿他人的行为。因此他们重视环境在个体学习中的重要性,强调对刺激和反应的联结。

巴甫洛夫是最早提出经典性条件反射的人。他认为一个原来是中性的刺激(如铃声)与一个原来就能引起某种反应的刺激(如狗看到食物会分泌唾液这一现象中的食物)相结合,使个体学会对该中性刺激作出反应(如狗听到铃声就会分泌唾液),这就是经典性条件反射。经典性条件反射理论可以用来解释人们的许多行为。

华生用巴甫洛夫的经典性条件反射理论来解释人类的学习,他认为人们的学习就是以一种刺激代替另一种刺激建立相应的条件反射的过程。

桑代克的联结主义学习理论认为,学习的实质在于形成刺激 - 反应联结,学习的过程就是盲目的尝试与错误的渐进过程,学习要遵循三条重要的学习原则:准备律(学习者在学习开始时的准备情况将影响学习的效果)、练习律(有奖励的练习能够增强刺激 - 反应联结)、效果律(行为的后果能够影响行为是得到增强还是减弱）。

新行为主义者、美国心理学家斯金纳在四五十年代，提出了著名的操作性条件反射的原理。他认为在学习中，对学习者所希望的行为及时进行强化，能够提高该行为再次出现的概率。在他的学习理论中非常强调强化的作用。

斯金纳根据他的学习理论设计了新型的程序教学和教学机器，促进了美国当时的程序教学运动。程序教学十分重视研究教学方式、作业分析、学生行为目标的分析以及教材顺序的研究，强调教学策略的设计以及教学评价的意义。程序教学的研究，使人们开始关注教学的全过程，更全面、更系统地看待教学活动。由此可以看出，教学设计的最初尝试已在程序教学的设计之中。

2. 认知主义学习理论

自60年代之后，认知派学习理论逐步取得了主导地位，进而又发展为现代建构主义学习理论。与行为主义学习理论注重对学习者外显行为的研究不同，认知学习理论强调对人们学习的内部认知过程进行研究，它把知觉、表象、记忆等基本内部过程作为研究对象，而且把决策、策略等高级心理活动也纳入了自己的研究范围，十分重视主体的内部逻辑结构。认知主义学习理论中具有代表性的有皮亚杰的认知学习理论、维果斯基的认知学习理论、布鲁纳的认知结构学习理论和奥苏伯尔的认知结构同化学习理论，以及现代认知建构主义学习理论等。

瑞士心理学家皮亚杰（Jean Piaget）的理论对以后的认知学习理论及建构主义学习理论都产生了深刻的影响。皮亚杰认为学习是认知结构的获得和建构新的认知结构。决定学习的因素，既不是外部因素，也不是内部因素，而是主体和环境之间的相互作用来建构新的认知结构。他将行为主义的S－R公式发展为S－AT－R（其中T代表主体的认知结构，A代表认知同化），以强调认知过程中主体的能动作用，强调新知识与以前形成的知识结构相互联系的过程，表明了只有学习者积极主动地把外部刺激与原有知识相结合，才能收到理想的教学效果。

现代认知建构主义学习理论对学习的基本解释包括：① 学习是学习者主动地建构内部心理表征的过程，它不仅包括结构性的知识，而且包括大量的非结构性的经验背景。② 学习过程同时包含两方面的建构，一是对新信息的意义进行建构，二是对学习者原有的经验进行改造和重组。③ 学习者是以自己的方式来建构他对事物的理解的，因而不同的人看到的是事物的不同方面，不存在一个唯一的标准的理解。①

现代认知建构主义学习理论认为学习模式应该更着重于学习者自身的建构和知识的组织，即强调认知主体通过与客观环境之间双向作用来建构知识，注重研究学习活动所发生的学习环境中各种影响因素，并将成果应用于教学实践。

---

① 陈琦，刘儒德. 当代教育心理学[M]. 北京：北京师范大学出版社，1997：98.

认知建构主义以其对学习的理解为基础,对学习内容的选择与组织、教学过程的设计等提出了一些教学方法,如情境性教学(抛锚式教学)、支架式教学和随机通达式教学等方法。其中,支架式教学就是教师为学习者营造一个解决问题的概念框架,通过适当的启发引导,帮助学生沿框架逐步攀登并逐渐放手,让学生自己继续向更高水平攀升。抛锚式教学就是以真实实例或问题为基础,让学生自主地到真实环境中去感受、体验、调查研究、分析和解决问题。教师可以向学生提供解决问题的有关线索,例如从何处搜集资料,专家解决此类问题的探索过程等。随机通达式教学就是以尽可能多的变式(不同的目的、情境、方式、时间等),呈现事物的复杂性和问题的多面性。学生通过从不同的途径多次进入同一学习内容,便可以达到对所学知识全面而深刻的意义建构,同时发展理解能力、思维能力和对知识的迁移运用能力。

3. 认知 - 行为主义的学习理论

认知 - 行为主义的学习理论也可以称为折中主义学习理论。这种理论认为既要提示外部刺激的作用与外在的反应,又要提示内部过程的内在条件的作用。很显然,这种学习理论是融合了认知学派和行为主义两种观点来解释学习的。

美国心理学家加涅是折中学习理论的代表人物,他将学习理论用于教学实践,他根据学习的信息加工理论提出了学习过程的基本模式(如图 4 - 3),该模式说明了学习过程中信息的基本流程。① 加涅根据这个信息流程,把学习者的学习分为八个阶段:动机阶段、了解阶段、获得阶段、保持阶段、回忆阶段、概括阶段、操作阶段(作业阶段)和反馈阶段。

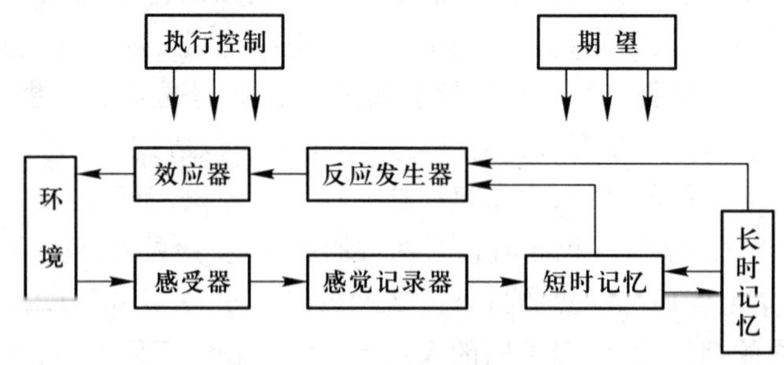

图 4 - 3　加涅的学习模式

加涅以他的学习模式为基础,提出几个基本观点:

(1) 学习是人的倾向或能力的变化,但这种变化要能保持一定时间,且不能

① 陈琦,刘儒德. 当代教育心理学[M]. 北京:北京师范大学出版社,1997:92.

单纯归于生长过程。这个学习定义强调变化、保持、并排除生理成熟的作用,这些都是吸收了行为主义的观点。不同的是加涅把行为变化改为内在的能力和倾向的变化,不仅承认外部行为的变化,也承认内部能力的改变。

(2) 学习的结果,即教学目标,可分为言语信息、智力技能、认知策略、态度和动作技能五大类。智慧技能由简单到复杂,形成学习层次。任何一个智力技能的学习都依赖于过去学习到的技能,每种类型的智力技能所要求的学习条件都有所不同。

(3) 学习发生的条件分为内部条件和外部条件。教学就是要安排外部条件,从而促进内部学习过程的发展。两种不同类的学习,肯定有两种不同的外部条件,两个具有不同能力(内部条件不同)的学生,所需要的外部条件不同。

加涅的学习理论吸收了行为主义学习理论和认知主义学习理论的优点,是一种有代表性的理论,它对教学与学习实践有较大的影响。加涅根据其学习理论提出的教学设计的基本原则是一个重要的教学设计理论,对于教育技术实践有着重要的影响。

总之,教学设计理论,作为教育技术的一个重要理论,是学习理论应用在具体教学实践中的结果。随着学习理论的不断发展,教学设计必将更加成熟、更加科学。反之,教学设计作为连接学习理论与教学实践的桥梁,其实践的开展也必将促进学习理论的不断发展,二者会相互促进。

(二) 教学(教授)理论

教育技术将教学理论作为自己的理论基础,是因为教学理论是研究教学客观规律的科学。教学理论的研究范围主要包括教学过程、教师与学生、课程与教材、教学方法和策略、教学环境以及教学评价和管理等。教学理论是从教学实践中总结并上升为理论的科学体系,它来自教学实践又指导教学实践。对于教育技术而言,为了解决教学问题就必须遵循教学的客观规律,也就有必要与教学理论建立起一定的联系。

教学理论的研究和发展为教育技术提供了丰富的科学依据。如前所述,教学理论研究的范围涉及诸多方面,其研究成果极其丰富。教育技术从其指导思想到教学目标、教学内容的确定和学习者的分析,从教学方法、教学活动程序、教学组织形式等一系列具体教学策略的选择和制定,到教学评价,都从各种教学理论中吸取精华,综合运用,寻求科学依据。例如,斯金纳的程序教学理论,布卢姆的目标分类理论、掌握学习理论和评价理论,布鲁纳的以知识结构为中心的课程理论,奥苏伯尔的“先行组织者”和加涅的“九大教学活动(事件)”的教学活动程序等,都在教育技术的实践中被接纳和融合。

四、系统科学理论——系统观、系统理论、系统方法

在20世纪50年代，当传播理论影响视听教学领域时，已明确提出教学过程中影响传播效果的众多复杂因素及其相互间的制约与联系，但未能引起人们认真的系统研究。在以后的程序教学的实践中，才认识到教学过程中影响或决定学习效果的变量是如此复杂，只有通过运用系统方法才有可能对教学过程作系统分析，这才认识到系统方法是提高教学效果的有效手段；从而使得教学系统方法得到发展。运用系统方法解决教学问题成为视听传播领域的基本趋势，通过以后的教学开发运动，教学系统方法得到进一步的发展。它把一般系统论的基本观点、系统原理和系统方法作为基础，并将行为科学、传播理论等的一些原理加以融合，创造出一种定型化的可操作性的教学系统方法，进而发展为将理论与教学实践相结合的连接科学，建立一套设计教学活动的理论知识体系——教学设计理论，以实现教学的最优化。下面对系统观、系统理论和系统方法及如何运用这种观点、理论与方法分析教学过程作一简单的介绍。

系统观（系统哲学）、一般系统论、系统方法论是系统研究的三个相互联系的方面，系统观是对思维方式和世界观进行重新定向，它与传统分析式的、简化论的、直线因果关系的传统思维方式相反，是一种动态的、非线性的、综合的、整体论的思维模式。系统观认为系统即由相互作用和相互依赖的若干组成部分结合成具有特定功能的有机整体。世界上一切事物、现象和过程都是有机整体，它们自成系统，并可与其外部环境组成更大的系统。任何一个系统和周围的环境组成一个较大的系统，它的各个组成部分都可以看作子系统，系统与子系统间具有相对性。任一系统在与环境发生物质、能量与信息的交换中变化、发展，是保持动态稳定的开放系统。

一般系统论是一套相互联系的概念和原则，如系统的概念、系统的整体性原则、有机相关性原则、动态性原则、有序性原则、目的性原则，这些概念和原则（亦称为系统的特性）可以组成三个互补性的模型：① 环境模型，它考察处于环境中的和与其相关的系统，并组织与这种考察有关的概念与原则；② 结构模型，它考察什么是系统，是什么样的系统，它的构成要素是什么，哪些是结构性要素，哪些是功能性要素，它是如何组成的；③ 处理模型（或运行模型），它考察系统自始至终的行为，以及告诉我们系统是如何运行的。

系统方法论则是提供一组思想、原理、方法、步骤、组织和技巧，以便使解决复杂系统问题的系统理论发挥指导作用。它是运用系统理论的观点、方法，研究和处理各种复杂的系统问题而形成的方法，即按照事物本身的系统性把对象放在系统的形式中加以考察的方法。它侧重于系统的整体性分析，从组成系统的各要素之间的关系和相互作用中发现系统的规律性，从而指明解决复杂系统问

题的一般步骤、程序和方法。

我们可以运用系统研究的概念和原则,来观察分析教育这样的社会系统,可以借助其模型的分类与组合将教育这样的社会系统鉴定为具有不同层次的复合体。这些层次可以分为宏观的国家、社会的教育系统,社区、学校的中观教育系统以及教学过程、学习过程、媒体开发等微观层次的教学系统。如果确定了某一层次的教育系统是基本层次,则又可以建立三个互补的模型即环境模型、结构模型、运行模型来做进一步的研究,以达到最优的目的。从教育技术的实践发展来看,一般以研究微观层次的系统为主,现行的教学设计理论与方法就是以系统研究为指导,综合相关学与教的理论为基础而发展起来的,分析与解决微观层次教学系统的理论。研究中观层次的教育系统的理论称为课程开发理论与技术,研究宏观层次教育系统的理论称为教育规划理论与技术。

以这种系统思想作指导,我们把为达到一定的教育教学目的,实现一定的教育教学功能的各种教育教学组织形式看成教育系统或教学系统。学校是一个教育系统,当它处于社会环境之中时,又是社会系统的一个子系统。社会向学校教育提出所需要的人才的要求,提供教育资源(如教职员、教材、设备、设施等),输送学生等,而学校系统通过各类教育工作把学生培养成社会需要的人才。教学系统是教育系统的子系统,它可以是指学校的全部教学工作,也可以是一门课程、一个单元或一节课的教学,当然也可以指为达到教学目的、目标而组织的机构和方法。作为一种有控制的教学信息传递过程,教学系统包括教师、学生(均为人员要素)、课程(教学信息要素)和教学条件(物质要素)四个最基本的构成性要素,是系统运行的前提,组成系统的空间结构;而教学目标、教学内容、教学方法、教学媒体、教学组织形式和学习结果等功能性要素,形成系统的时间结构。这些要素之间相互作用、相互依赖、相互制约,又构成系统的输入和输出之间复杂的运行过程,也就是我们常说的教学过程。教育可以看做是一个复杂的系统,要获得最优的教学效果,不仅需要每个组成部分充分发挥自己的作用,更取决于系统中各要素的最优配合和协调一致。因此运用系统研究的观点理论与方法对教育的各个部分进行综合的整体的考察,对教育过程进行系统设计,才是实现教育最优化的根本途径。

从上面所谈到的对教育系统可以用三个互补的系统模型来描述,有关教与学方面的理论的指导作用,主要体现在对运行模型的机制的描述和指导上,所以有的美国学者认为教学设计理论是把学习理论与教学理论转化为运行模型中功能性要素的过程。由于对教学过程及学习过程的理解、分析、认识的不同,各个时期所依据的理论基础是不同的。60 年代末、70 年代主要是学习理论、传播理论,而 80 年代则更多地应用认知理论中的信息加工理论来描述和分析学习过程,到 90 年代开始应用建构主义的学习理论来分析、描述学习过程。因而在教育技术学的重要理论之一——教学设计理论中，由于理论基础的变化，其所设计解决学习问题的方法途径亦有很大的区别，但其用系统研究而形成的理论架构和研究方法上是一致的。所以系统理论和传播理论对教学设计的方法与步骤产生了重要作用，是它的哲学方式和实践方式。但持续产生重要影响的是学习理论和教学理论。随着人工智能理论、脑科学及其他新的学科理论的发展，教育技术学将得到新的发展和广泛的应用。

第二节 教育技术学术思想的发展

教育技术的学术思想主要是指分析、解决教育教学问题的哲学方法和实践方法。哲学方法就是分析、解决问题的指导思想，实践方法就是在分析、解决问题过程中的管理操作程序。

教育技术分析、解决教育教学问题的指导思想是以学习者为中心，依靠资源和运用系统方法的整合应用。其基本的实践方法是按照系统方法的程序和步骤来操作实施。这个操作过程可分为六个步骤，即鉴定、设计、选择、实施、评价和修正与推广。这六个步骤也可以概括为两个基本环节，即鉴定问题和解决问题。

概括地说就是以科学理论为基础，以学习效果为价值取向，借助技术手段和运用系统方法来设计、开发、评价和管理教与学过程和教学资源，以获得优化的教学效益。它的核心是应用系统研究及整体论方法把所要研究的教育教学问题分解为三个互补的模型，即环境模型、结构模型和过程模型。只有在这种整体研究方法下，才能得到优化的结果。正如美国 AECT 在 1977 年度学会上提交的科学分析报告中说到的：新的观念——系统研究方法在教育的技术学层次中的应用，对于具体研究、分析和解决教育教学问题带来了新的思路，这就是对于复杂的教育教学问题，可以像通过工程技术问题中使用系统研究方法一样，广泛采用定义系统和子系统的方法来定义问题和解决问题的空间。如此对待问题，那么一个极为复杂的问题就可以完全分解为几个或若干个能找到令人满意答案的问题。所以说系统研究是教育技术学术思想的核心。教育技术的任务就是要在初步分析其环境模型和结构模型之后，根据过程模型来设计教学的结构关系和外部的教学事件与教学情境以及实施步骤，促使教学过程向优化的预计的方向发展，从而获得更具有效率和效益的结果。

那么，如何来得到这个过程模型呢？它的依据就是从有关学习理论与教学理论和传播理论、人工智能理论中所阐明的教学过程和学习过程的理论模型。所以说运用系统研究方法分析解决教与学问题的基础是有关科学的理论。离开了这些科学理论，就无法得出科学的过程模型，因而也就不能设计出有效的教学过程,也就不可能有效地利用资源。这说明相关理论特别是关于学习的理论对教育技术的重要性。教育技术在分析解决教与学问题的过程中不仅依赖于新的观念、新的方法,而且也依赖于对学习过程、教学过程即教与学模型的理解和应用。这也说明了教育技术的基本指导思想和理论基础的关系。在前面所提到的“以科学理论为基础和学习效果为价值取向”可以用学习模型和教学模型来概括。因而可以说教学与学习模型、技术手段和技术方法是构成教育技术和影响教育技术理论与实践发展的基本因素。所以说“教育技术领域是三个研究分支的汇合:教育中的媒体、教育心理学和教育系统方法”。①

教育技术的学术思想基本上体现在教学设计理论中,但它是在教育技术的基本理论及其理论基础的变化过程中形成的。教育技术的理论经历了如图 4 - 4 所示的发展过程。

从图 4 - 4 可以看出,在 20 世纪 70 年代教育技术形成时的基本理论——教学媒体理论、教学设计理论,它的理论基础是行为主义学习理论、传播理论和系统科学理论。随着教育、心理理论方面的发展,到了 80 年代,教学设计理论以认知理论的信息加工学习模型为基础,90 年代又兴起了以建构主义的学习模型为基础的教学设计理论,进而完善了它的基本理论。正如 AECT94 定义中所表明的,教育技术

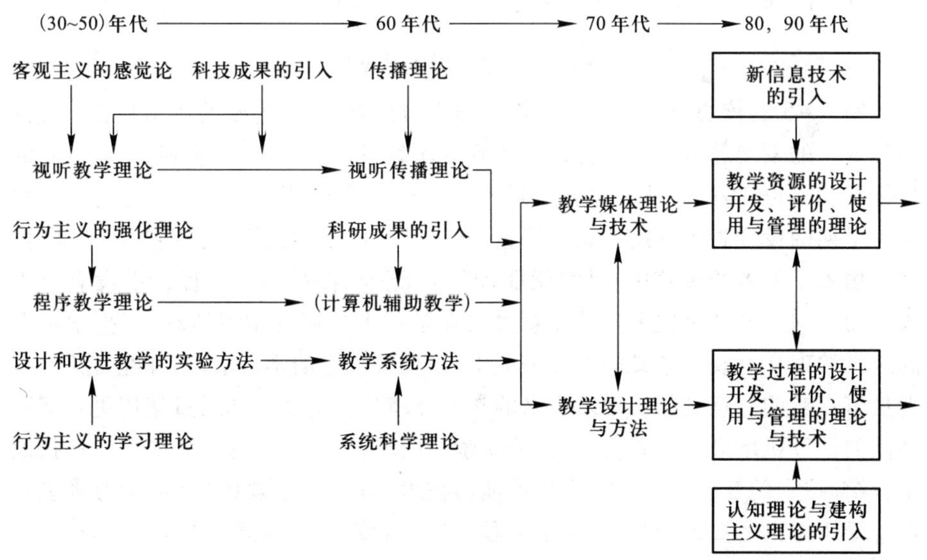

图 4 - 4　教育技术基本理论的演变

① ［美］希尔斯,等. 教学技术:领域的定义和范畴［M］. 乌美娜等,译. 北京:中央广播电视大学出版社,1999:37.

的基本理论为“教与学资源的设计、开发、评价、利用和管理的理论与技术”和“教与学过程的设计、开发、评价、使用和管理的理论与方法”,习惯上简称为“媒体开发”和“教学设计”。这里的“开发”和“设计”一词应从方法论角度来理解,即包含了“设计、开发、评价、利用和管理”几个环节。但在实际的应用中,有效学习过程的设计,大多是各种学习模型的比较与平衡的综合应用。若我们对教育技术的理论的发展作进一步分析,并以图 4-5 来表示,就可以看出它的发展变化的趋势。

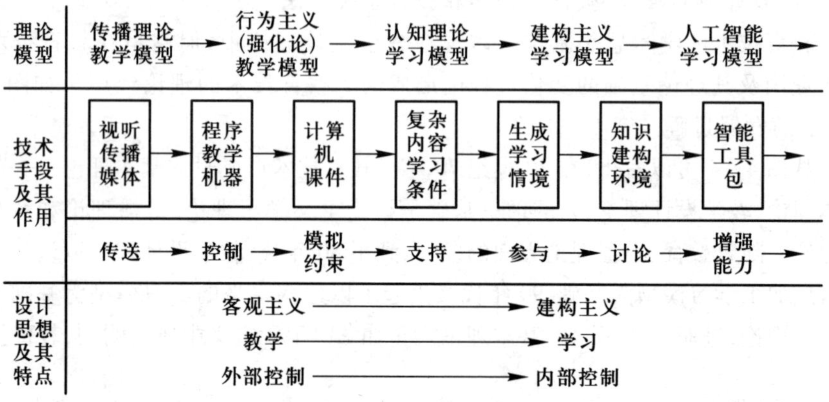

图 4-5 教育技术学术思想的演变

图 4-5 的核心是描述了教学模型与学习模型、技术手段的作用和教学设计思想变化的发展趋势。它从传播媒体到程序教材、机器……到智能工具包,它的目标和功能也在发展,从传送教学到教学过程的控制、模拟,以及学习情景的建构。早期的设计思想本质上是客观主义的,基本属于通过算法控制学习活动,把内容填入学习者的头脑中,是教学驱动学习,学习者对学习过程几乎没有自主权。而建构主义则是把更多的注意力放在学习者控制的学习活动上,把学习者的选择约束在有现实意义的多种表征中,以代替规定的学习活动,并经常让学习者从事真实的有意义的活动。将来的学习环境将增加变量和通过使用更强运算功能的计算机增进学习者的潜力,减弱学习的艰苦,增强学习者的能力。概括地说,教育技术的变化趋势表现为从单纯用技术手段(教学媒体)帮助学习者忠实地记录所提供的知识,向应用技术手段(学习情境)帮助学习者用他们已有的知识去建构、生成、整合新的知识的转变。

总之对于教育技术的学术思想应该是从整体上理解它的核心,从学习模型的变化中理解其设计思想的发展,从它的教学目标等背景中理解它在实践中作出的对模型的选择。

第三节　教育技术学的理论基础与基本原理的关联图

一、教—学过程的模型

根据《当代教育心理学》(陈琦教授等编著)有关教—学过程的宏观模型的论述,概述如图4-6:

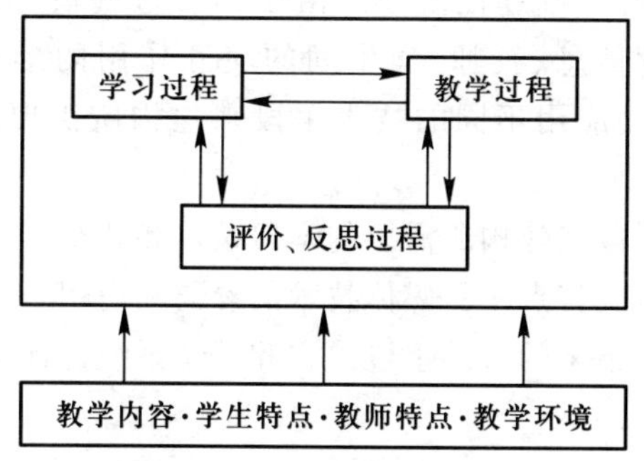

图4-6　教—学过程的宏观模型

上图表示在教—学过程中有四种变量:教学内容、学生特点、教师特点和教学环境。它亦表明了教育心理学的基本任务之一是"了解教与学的过程和发展和促进这一过程的方法"。

二、教学设计的基本任务

教育技术学的教学设计理论与方法的基本含义与任务是"把学习与教学原理转化成对于教学材料、活动、信息资源和评价的规划这一系统的反思性的过程"。① 即教学设计要基于已被证明是成功的原理来规划自己的工作,设计出解决问题的可操作的策略和步骤。它的基本环节是设计教学过程,实施教学过程和评价教学过程。教育技术学和教育心理学有着共同的目的,即发展和促进教—学过程以获得更有效的教学效果(或学习结果),他们有共同的理论基础,即学习理论与教学理论,但二者在分析问题与解决问题所采取的哲学方式和实践方式是不相同的。

① P.L.史密斯,T.J.雷根.教学设计(第三版)[M].庞维国等译.上海:华东师范大学出版社,2008:4.

三、教—学过程的构成与基本要素

基于学习理论和教学理论,我们把学习过程和教学过程的构成要素分解为:教学目标、学习过程模型、教学策略、交互作用形式和教学媒体等。每一个要素都有相关的制约因素。(需要指出的是,不同的学者由于背景及理解的不同,可能会有各种的分解方法,读者可参阅其他有关书籍。)

关于教学目标是根据教学内容与学习者的基础来确定学习的需求而提出的。关于学习过程模型的提出是因为教学内容的性质及学习者的特点而选择不同派别学习理论的学习过程模型。由于学习过程模型的不同会影响到教学策略的制定,教学信息、教师、学生间的交互作用的形式以及教学信息载体的形式。因此需要应用不同的技术手段来建构所需要的学习条件和认知工具。

应用有关科技手段来建构所需要的学习条件和认知工具是教育技术在解决教学问题中的另一重要特点——媒体技术的参与和应用。它是对教育技术发展起着重要作用并继承下来的有效手段。它和教学系统设计技术一起构成了教育技术的基本要素。

四、教学设计的过程

从图 4－7 中可以看出教学设计的整个过程(设计教—学过程,实施教—学过程,评价教—学过程)都是按照系统方法的基本思想和程序进行的。它的本质含义是教育媒体技术、教育心理学和系统方法的整合。附带要说明的是:这里的教学设计指的是微观层次的设计,有时写作教学系统设计。本书中有的章节用教育系统设计,则它包含了宏观层次的设计(称为教育规划),中观层次的设计(称为课程开发),微观层次的设计(称为教学设计及产品开发)。教育媒体的含义包括了教学信息载体的物理形式,教学信息的传播方式,以及信息、教师、学生等交互关系的形式。

五、教学设计的理论与实践

在教学实践中,基于教学设计理论和媒体开发技术的应用而形成了不同的教学过程模式,由于强调的重点的不同而给予了不同的名称,例如从教学中师生的组织结构来讨论,则有集体教学模式、小组教学模式和个别化教学模式;如从使用的媒体技术的特点来讨论,则有视听教学模式、计算机辅助教学模式、网络教学模式……因此,我们必须从基本要素之间的关系来研究教学过程模式的应用。

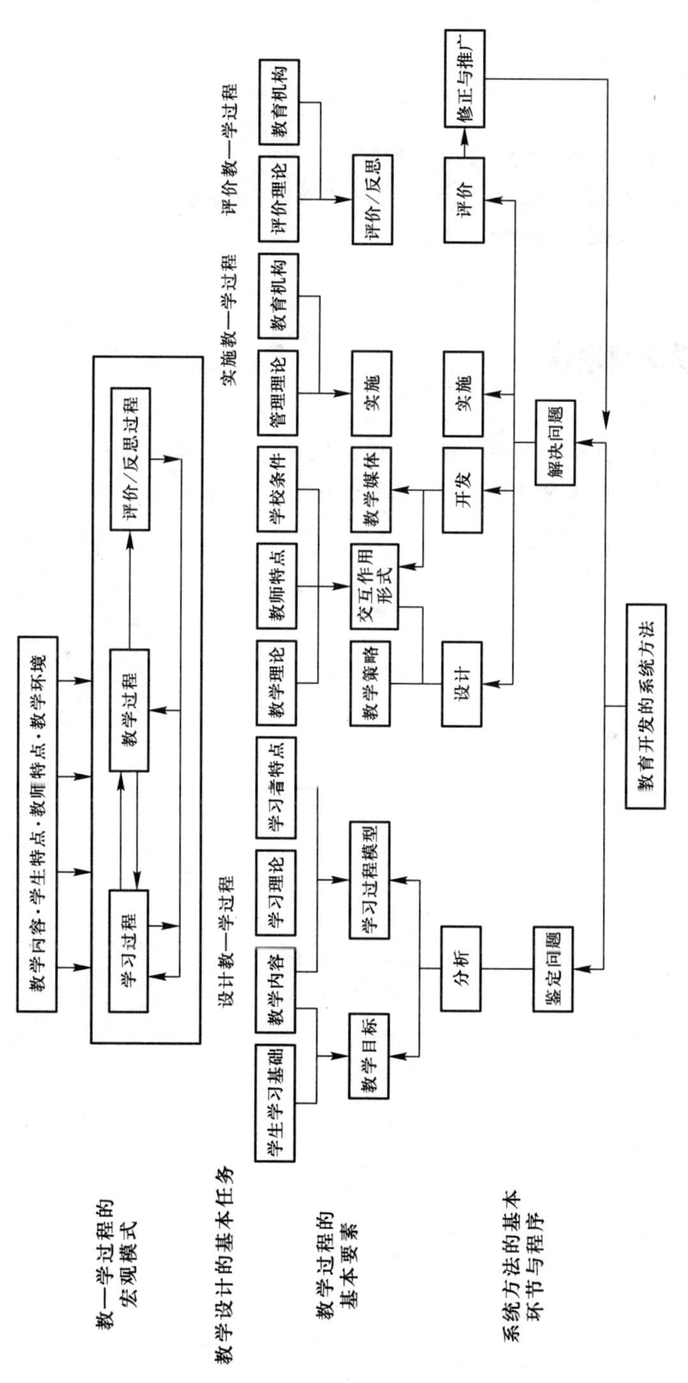

图4－7 教育技术学的理论基础与基本原理的关系图

习题

1. 解释教育技术的研究目的和研究对象。
2. 教育技术的主要理论基础有哪些？它们对教育技术的发展有什么影响？
3. 教育技术的学术思想是如何演变的？

教学活动建议

本章的学习以教师的讲解为主，可以组织学生对教育技术的学术思想以及教育技术学术思想的演变进行讨论，指导学生看一些参考书。

第五章

教育系统设计

教 学 目 标

通过本章的学习,学生应能做到:

1. 阐释教育系统设计的含义。
2. 说明教学设计与课程开发的异同。
3. 阐释教学设计的基本要素。
4. 说明教学设计的一般模式。
5. 阐述课程开发的实质。

第一节 概述

一、教育系统设计的含义

教育系统设计是以学习理论和教学理论为基础,以系统理论和传播理论为指导,以系统方法分析教育、教学问题,在需要分析的基础上确定目标,设计教学系统(教学过程模型)、建立解决问题的策略方案,开发教学媒体及传递手段,试行解决的方案、评价试行的结果和对方案进行修改的一整套理论和方法。

对这个定义,可以从以下几个方面来理解。

1. 教育系统设计是应用系统方法的一整套具体操作程序来进行的。

2. 教育系统设计是以系统理论和传播理论为指导,在分析、解决教育、教学问题时,注意把教育、教学看作一个系统,要分析、研究系统内各个要素以及它们相互之间的关系,以及这个系统与外部环境之间的关系,要把它分解为三个互补的模型来加以分析。

3. 教育系统设计把专业课程设置计划(课程开发)、课程大纲、单元教学计划、课堂教学过程、媒体教学材料等看成是不同层次的教学系统,并把教学系统作为研究对象。系统化地设计教学系统是教育系统设计的主要任务。它包括应用系统方法研究教育、教学系统中的教师、学生、教学内容、教学条件、教学目标、教学方法、教学媒体、教学环境、教学组织形式、教学活动等要素,以及与其外部环境之间的联系与制约,并通过一套具体的操作程序来协调、配置,使各要素间有机地结合来完成教学功能,以达到最佳的效果。

二、教育系统设计的实质

教育系统设计理论的实质是系统理论和传播理论为指导把学习原理与教学原理转化为可以操作的教学过程模型和实施程序与方法的理论与技术。由于课程与课堂教学以及产品的系统特性不同,设计的重点也就不一样。在课程开发中特别重视需要分析,以社会需要为目标参照系来决定“做什么”。一旦课程设计完成后对课堂教学或产品进行设计时,则关心“如何做”,把促进学生的认知等的发展,加强师生之间相互作用的开展,并以精心设计与学生内在条件相适应的学习外部条件为核心,以促进教学目标的完成。最终实现教育的价值。

本章着重介绍微观教学过程的设计(教学设计)和教学计划开发(课程开发)两方面的内容。

第二节　教育系统设计的发展

自从20世纪60年代以来,出现了各种各样的系统化教学设计模式,并被冠以各种各样的名称,如系统方法、教学开发、教学设计和教学系统设计等。它们的含义与前面的教育系统设计属于同一层次,都具有宏观、中观和微观层次的应用。为了与前面保持一致,在这一节中,我们使用教学系统设计一词。

在某种程度上讲,教育系统设计起源于对教学的心理学研究。与教学心理学基础互为补充的是系统理论在教学中的应用。教学心理学知识与系统设计方法(教学系统方法)的结合(即理论模型与设计方法)给教育系统设计概念赋予了生命,并形成了教育技术的核心内容。教育系统设计的形成和发展除了受到教学与学习心理学、系统理论的影响外,还受各时期社会需求的影响。①

① Robert A. Reiser. A History of Instructional Design and Technology: Part Ⅱ: A History of Instructional Design. Educational Technology Research and Development. Vol. 49, No. 2, 2001. pp. 57 ~ 67

一、教育系统设计的思想起源和早期发展(20世纪70年代以前)

教育系统设计的形成有一个漫长的过程,其思想起源可以追溯到亚里士多德(Aristotle)、苏格拉底(Socrates)和柏拉图(Plato)对人类学习和记忆的认知基础的研究。以后许多学者纷纷进行了对教学的心理学研究,如20世纪初杜威根据其实用主义的教育哲学提出了“做中学”等教学原则,以及20世纪20年代桑代克等人提出的行为主义学习理论,等等。

教学心理学的研究对教育系统设计的产生和发展起着极大的促进作用。教育系统设计概念的产生可以追溯到第二次世界大战时期。由于战争的需要,美国需要快速培训数十万的军队人员。大量的心理学家和教育工作者参与到军队的培训工作中来,他们根据从有关教学、学习以及人类行为的研究和理论中得来的相关教学原则,开发出一系列的培训材料。在这个时期,心理学家们把评价和测验技术引进培训中,借此对受训者的技能进行评估,并利用该技术挑选最适合接受该项目培训的受训者。第二次世界大战结束后,许多为军队培训工作的成功进行做出了重大贡献的心理学家们继续从事解决教学问题的工作,并为此成立了诸如研究协会之类的组织机构。从20世纪40年代晚期到整个50年代期间,为此类机构工作的心理学家们开始把培训看作是一个系统,并开发出许多新的分析、设计和评价过程。如米勒(Robert B. Miller)的任务分析方法等。这期间形成了系统开发方法的雏形。

在20世纪50年代中期到60年代中期进行的程序教学运动是促进系统方法发展的另一个重要因素。在程序教学运动中出现了大量的程序教学机器,并进行了大量的程序教学材料的开发。50年代开始,教育系统设计的实践以明确的学习理论模型为基础。在这一时期是以斯金纳为代表的行为主义学习理论为基础的。1954年斯金纳(B. F. Skinner)发表了题为《学习的科学和教学的艺术》一文,推动了当时的程序教学运动的发展。他提出了程序教学材料应具有的几个基本特点,即:小步子、积极反应、及时反馈、自定步调和低错误率等。斯金纳等人用解决教育问题的经验主义方法来开发程序教学材料,如搜集有关媒体材料有效性的信息、确定教学中存在的问题以及修改教学媒体材料等工作(这些工作现被称为形成性评价)。程序教学材料开发过程中的许多步骤都可以在现在的教育系统设计模型中找到它们的踪影。

除程序教学运动外,还有很多理论的发展对教育系统设计的发展起着重要的作用。这些理论包括:行为主义目标、标准参照测验、加涅关于学习成果的类型和教学事件等的理论、形成性评价和总结性评价、早期教育系统设计模型等。以下分别作一简单说明。

- 行为主义目标开始流行。马杰(Robert Mager)在20世纪60年代初期出版了《准备程序教学的目标》一书，在书中，他指出目标应包括对学习者的预期行为的描述、该行为发生的条件以及评价该行为的标准等内容。尽管马杰使目标的使用开始流行起来，但目标这个词的出现和使用至少可以往前追溯到20世纪初。而在50年代布卢姆和他的小组出版的《教育目标分类学》(Taxonomy of Educational Objectives)更是促进了行为目标的发展。

• 标准参照测验运动。在20世纪60年代早期，影响教育系统设计过程发展的另一个重要因素就是标准参照测验的出现。在此之前绝大部分的测验都采用常模参照测验的形式。标准参照测验是专门用来测量学习者在某一系列预先确定好的明确、具体的目标上的达到程度而进行的测验。标准参照测验可以测量出学习者在一个或一系列特定行为上的完成情况而不用管其他人完成得怎么样。另外，标准参照测验可以用来测量学习者的入门技能以及他们对教学所要求达到的技能的掌握程度。

• 加涅提出学习的类型、教学事件和层级分析。在这一时期的另一个重要事件是加涅在1965年出版了《学习的条件》(The Conditions of Learning)。在这本书中，加涅将学习的结果分为五种类型：言语信息、智慧技能、认知策略、动作技能和态度。他还提出每一类学习结果的完成需要借助于相应的教学事件。加涅关于学习结果的层级以及层级分析的理论对教育系统设计的发展产生了重大的影响。他的1992年出版的《教学设计原理》是教学设计的经典名著，在2005年出版了第五版。该书的核心思想是把学习的分类理论与教以学为基础思想来设计教学过程，使学习与教学两大基本问题系统化地统一起来，并逐渐地形成运用科学心理学和科学取向的教学论原理来解决教学实践问题的理论方法——教学设计。

• 形成性评价和总结性评价。1957年原苏联发射了第一颗人造地球卫星。美国上下大为震惊，开始重新评估美国教育系统及其缺点。美国政府投入大量资金来改进数学和科学教育，并投资开发了大量的教学材料。这时教育系统设计的实践就从教学计划的开发转变为关注整个课程的设计。开始这些材料只是由学科专家制作，并没有得到学习者的试用。几年后人们发现一些材料并不那么有效。斯克里文 Michael Scriven(1967)提出教学材料需要在最终定型前由学习者进行试用，以此判断材料的有效性并进行相应的修改。他把这个试用和修改过程称为形成性评价，并相应地把对最终定型后的教学材料的测试称为总结性评价。

• 早期教育系统设计模型的出现。在20世纪60年代早期和中期，任务分析、目标陈述以及标准参照测验等概念被结合起来形成了系统化设计教学材料的模型。

二、教育系统设计实践的发展(20世纪七八十年代)

在20世纪70年代出现了许多教育系统设计模型。而且教育系统设计开始在各方面得到应用。如军事训练部门采用教育系统设计模式来指导培训材料的开发;在高等教育部门中成立相应机构来帮助教师运用教学媒体和教育系统设计来改进他们的教学质量、一些工商企业也采用教育系统设计来帮助他们提高培训质量。另外,许多国家也看到了教育系统设计带来的好处,纷纷支持与教育系统设计相关的各项研究与培训等工作,极大地促进了教育系统设计的发展,一直持续到80年代。

与上面提到的情况相反,80年代教育系统设计对其他方面的影响是很小的。在公立学校中,一些课程开发应用了基本的教育系统设计过程,还有一些教师用的教育系统设计教材得到出版。尽管如此,教育系统设计对公立学校的教学几乎没有什么影响,它对高等教育的影响也是十分微小的。原先在高等院校建立的教学改进中心普遍在经费方面遇到了困难。

在这期间,人们越来越多地关注如何将认知心理学的原则运用到教育系统设计过程中来。在这一时期,微型计算机用于教学目的也促进了教育系统设计的发展。许多专业人员开始研究如何设计基于计算机的教学,一些人还开始研究如何开发能与这种技术的交互性能相适应的新的教育系统设计模式。另外,计算机也开始帮助人们自动完成一些教育系统设计任务。在这一时期,绩效技术也开始对教育系统设计的发展产生影响。绩效技术强调前端分析(front - end analysis)、在职绩效(on - the - job performance)、商务结果(business results)和对绩效问题的非教学性解决方案(noninstructional solutions to performance problems)。到了90年代,绩效技术对教育系统设计产生了重大的影响。

三、教育系统设计理论与实践的新发展(20世纪90年代以来)

在20世纪90年代以来,许多方面的发展对教育系统设计的原则与实践产生了重要影响。这些方面包括:绩效技术的发展、建构主义理论的发展、电子绩效支持系统的发展、快速原型法、将Internet用于远距离教育和知识管理等。

绩效技术扩展了教育系统设计实践的范围。在绩效技术的影响下,许多教育系统设计人员对绩效问题产生的原因进行了更为仔细的分析,他们经常会发现原因并不是培训的问题,而是一些培训以外的原因。在很多情况下,教育系统设计人员需要找出能解决问题的非教学性的解决方案来。目前,越来越多的教育系统设计人员在从事这类工作。

影响教育系统设计发展的另一个因素是建构主义的发展。建构主义的教学原则要求学生:① 解决复杂的现实的问题,② 合作解决这些问题,③ 从多个角度来检查分析问题，④ 自我控制自己的学习过程（而不是教学的被动接受者），⑤ 意识到他们在自己的知识建构过程中的作用。建构主义的教学原则与以往的认知主义教学原则和行为主义教学原则有较大差别。20 世纪 90 年代以来，不少教育系统设计人员把建构主义的教学原则运用到教学中，运用到教育系统设计中，提出要以建构主义学习理论为基础，建构新的教育系统设计模型，并已形成了一些模型。

电子绩效支持系统的快速发展也形成了 90 年代教育系统设计发展的一个趋势。电子绩效支持系统是一种基于计算机的系统，它可以在员工需要的时候，以最有用的形式向员工提供他们完成某项工作任务所需要的帮助。有效的电子绩效支持系统可以减少对培训的需求。因此在 90 年代，许多培训机构和教育系统设计人员不再设计培训项目，而转向设计电子绩效支持系统了。

快速原型法也是近年来教育系统设计发展的另一个趋势。快速原型法过程包括在教育系统设计过程的初期快速开发出一个原型产品，然后反复进行一系列的快速试用和修订过程，直至开发出一个可接受的产品为止。运用这项技术来制作高质量的教学材料要比用传统的教育系统设计技术节省时间。在 1990 年代，越来越多的教育系统设计理论和实践工作者对快速原型法产生兴趣。

教育系统设计发展的另一个趋势是对将 Internet 用于远距离教育的关注。现在人们越来越多地运用 Internet 进行远距离教育。与常规教学或电视教学等相比较，它有自身的特点。教育系统设计人员开始思索如何将 Internet 自身的特点与学生特点、课程内容特点等相整合，设计出能很好地体现 Internet 特点的有效的远距离教育课程。

知识管理是教育系统设计领域发展的最新趋势之一。Rossett 在 1999 年指出，知识管理是对在一个机构中存在的外显清晰的知识以及其内在的可通过推断得出的知识，进行鉴别、以文档形式保存和传播，并以此来提高该机构的工作成绩。在很多情况下，一个机构中的一些有用的知识和专业技术为某个或某些人所拥有，其他人却不得而知。现在借助于诸如数据库程序、群件和企业内部互联网之类的技术，可以使得“管理”（例如搜集、筛选和传播等工作）这些知识和技能成为可能，这可以极大地提高机构的工作成绩。教育系统设计人员有可能不仅要负责提高员工们的工作成绩，而且还要帮助他们更好地获得该机构的知识。这也会扩展教育系统设计人员的工作范畴。

除上述几方面外，电子学习、学习对象、非正式学习、学习科学、“整体任务”教学设计模式、测量与评价等也对教育系统设计的发展产生重要影响。① 如，

---

① ［美］R. A. 瑞泽 J. V. 邓普西. 教学设计和技术的趋势与问题（第二版）［M］. 王为杰等译. 上海：华东师范大学出版社. 2008：13.

Merrienboer 认为,“整体任务”教学设计模式与传统的教学设计方法相比,能够使学生学会专业能力或复杂的认知技能并能有效地迁移到日益多样化的现实情境中去。[①] 这种模式能更好地适合职业技术教育与培训中有效地培养学生综合职业能力的要求。

第三节　教学设计简介

教学设计所说的设计,界定于计划功能,这种功能既包括微观水平,又包括宏观水平;既指系统方法又是系统方法的一个步骤。教学设计是运用系统方法分析教学问题和确定教学目标,建立解决教学问题的策略方案,试行解决方案,评价试行结果和对方案进行修改的过程。其目的是为了获得更有效的教学。

教学设计可以看做是教育系统设计在微观层次的应用。教学设计作为一个系统(例如,课堂教学过程、媒体教学材料等)的计划过程,是应用系统方法研究、探索教学系统中的各个要素(如教学目标、教学内容、教师、学生、教学策略、教学媒体、教学组织形式、教学环境等)直接的本质联系,并通过一套具体的操作程序来协调、配置各个要素之间的关系,使它们完成教学系统的功能。而且系统设计过程中的每一个程序都有相应的理论和方法作为科学依据。

这里仅对教学设计的一些代表性模式作简要介绍,使大家对教学设计的过程有一个概略的认识。

以课堂教学为中心的教学设计过程,是以具备了教师、学生、课程计划、设施和资源等要素为前提条件,设计的目标是解决教师在这些条件下如何做好教学工作,完成预期的教学目标。教师为了改进教学,提高教学质量,通常设计的重点是选用合适的教学策略,选择、改编和应用已有的媒体,而不是从头开发。这种设计的模式主要供专职的中、小学教师、职业学校教师和大专院校教师参考。下面先介绍两个具体的课堂教学设计过程的模式,然后再介绍教学设计过程的一般模式。

一、格拉奇和伊利模式与肯普模式

(一) 格拉奇和伊利模式

这个设计过程的模式从一开始便强调确定教学内容和阐明教学目标之间的交互作用;然后根据目标、内容对学习者的初始能力进行评定;在此基础上再确定教学策略,安排教学组织形式,分配时间和空间以及选择合适的已有的教学资

① [美]R. A. 瑞泽 J. V. 邓普西. 教学设计和技术的趋势与问题(第二版)[M]. 王为杰等译. 上海:华东师范大学出版社. 2008:104.

源。模式中将这五方面并列起来,是为了表明它们之间的相互联系和相互制约。从程序上看,它表明设计过程有四个环节:目标、学习者、策略和评价。关于对学生行为的评价,一方面要以目标为标准进行评价;另一方面评价提供了关于教学效果的反馈,从而可以对模式中所有步骤重新审查,特别是检验目标和策略方面(如图5-1)。

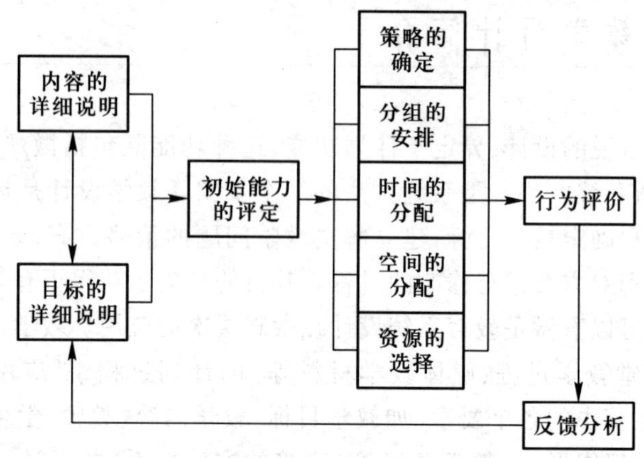

图5-1　格拉奇和伊利模式(1980年)

这个模式的优点是执行教师很容易借助模式描述的过程来识别和确定自己的任务。缺点是它可能无意识地强化教师和管理人员保持现存的组织结构和职员配备,而不会去重新检查整个学校的运行基础。

(二)肯普模式

肯普(Kemp)在他的早期模式中,是用线条把各个要素顺时针连接起来。但在后来的研究与实践中,他看到教师和设计人员所面临的教学问题与实际情况并不是完全按照他所制定的顺序来进行设计,因此他对原模式作了改进,提出了十个要素构成的椭圆结构模式(如图5-2)。

这个模式的主要特点是:

(1)强调了十个要素间的相互联系与相互作用,一个要素采取的决策会影响其他要素的决策;

(2)要素之间没有线条连接,表明在有些情况下也可以不考虑某一要素;

(3)学习需要和学习目的在这个环境结构的中心,说明它是教学设计的依据与归宿,各要素都要围绕它来进行设计;

(4)表明教学设计是一个连续过程,评价和修改作为一个不断的活动与其他要素相联系;

(5)教学设计是一个灵活的过程,可以按照实际情况从任何地方开始,并可以按任何顺序进行。

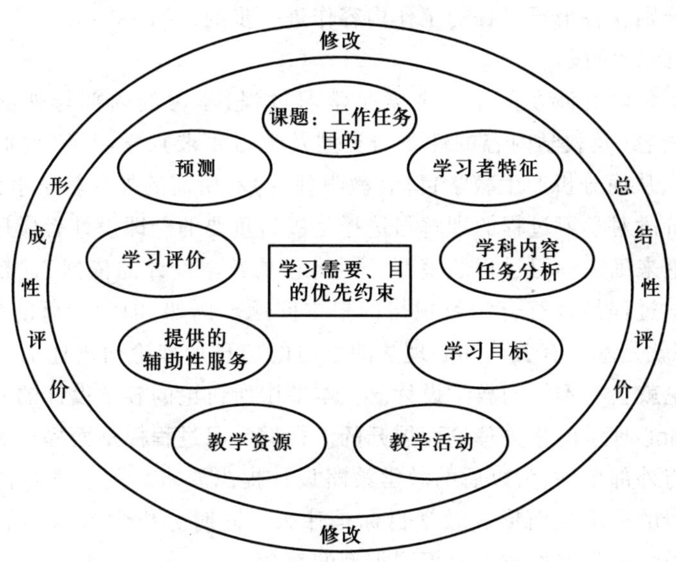

图 5－2　肯普模式(1985 年)

肯普的这一模式是以学科教学、课堂教学为中心的,教师可以根据实际情况在模式中寻找自己工作的起点,按具体需要编排顺序。在他的著作中对学科内容、目标的确定和资源的选择等方面的阐述对教师很有吸引力。但是,他对教学活动、形成性评价和修改的说明都不够详细。

二、教学设计过程的一般模式

教学设计的含义在前面的引用中已经提到:指的是把学习与教学原理转化为对于教学材料、活动信息资源和评价的规划这一系统的反思性过程。它需要用已被证明的成功的原理来规划自己的工作,设计一个方案,确定解决问题的程序与步骤。所以教学设计工作是描述系统的规划教学所涉及的过程。这个过程可以分解为三个可以识别的相关子过程或三个主要阶段,即分析阶段、设计开发阶段和实施评价阶段(见表 5－1)。每一个阶段都有一个需要解决的主要问题。

表 5－1　教学设计主要包括的阶段内容及工作

各个阶段	主要内容	基本工作
分析阶段	确定教学目标是什么	实施教学分析
设计开发阶段	采用什么教学媒体、教学策略	设计教学策略、开发教学媒体
实施评价阶段	进行评价及实施教学步骤	开发评价标准及制定实施步骤

下面分别就各个子过程的工作内容作进一步的说明。

(一) 分析阶段

在分析阶段所涉及的基本要素是学习过程(学习的内部与外部条件是什么)、学习内容(及教学内容的性质与类型及学习要求)、学习者(他们的基本特征是什么)、从而分析产生教学目标(教学任务)和所需的外部教学事件是什么。

分析阶段对学习过程的理解与选择是极为重要的。即设计者应用了什么样的学习理论来确定学习过程的模型。因为它是教学设计的依据,是教学设计所设计的教学过程是否符合学习规律的根本问题。例如,加涅所著的《教学设计原理》一书就是基于有关认知心理学的学习的信息加理论而表述的。依据不同的学习理论就会有不同的教学设计。在本节中所讨论的教学设计的一般模式亦是基于认知心理学的相关理论而展开的。根据学习过程模型而提出关于学习的内部事件与外部事件,为以后的教学策略设计提出要求。关于学习内容的分析是确定学习的需求从而形成教学目标是什么?同时分析学习内容的类型是什么?不同类型的学习性质需要不同类型的教学。

关于学习者特征的分析指影响学习过程有效性的学习者的经验背景。要了解学习者的一般特征和学习风格,分析学习者学习教学内容之前所具有的原始能力,并确定教学起点。所以在分析阶段所涉及的基本要点是学习过程模型(学习理论)、学习者(学生)、学习内容(教材内容)。

此外,在分析阶段还需要为以后的评价工作做准备,所以还需编写有关教学评价的测试题目。图 5-3 表示了分析阶段的基本要素与工作内容,即分析与产出的关系。

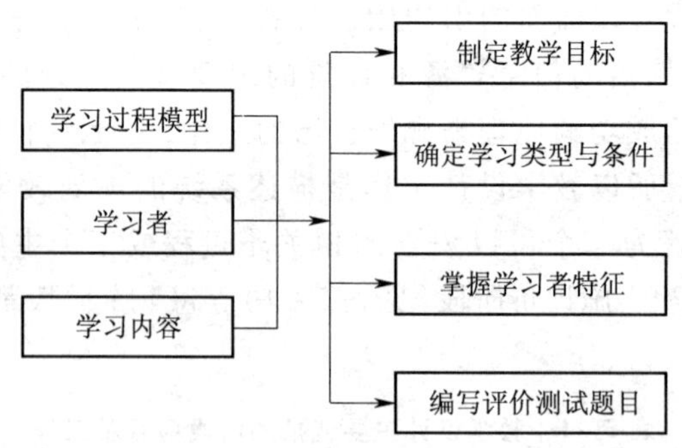

图 5-3　分析阶段的基本要素与工作内容

如用简单的话来说,可以概括为分析学习过程,提出教学目标,相当于某些书上所说的教学任务分析或前端分析。

(二) 设计、开发阶段

设计开发阶段的主要内容是设计教学过程与开发教学条件,简言之为设计教学策略开发教学媒体。它的基本要素是上一阶段分析学习过程得出的教学目标、教学外部条件、学习者特征以及需要考虑的学校的可能的学习资源,来设计为实施教学过程所需的教学策略及教学媒体。这里教学策略包括组织策略、传播策略和管理策略是引用瑞格鲁斯(Reigeluth,1983)的论述(如图5-4)。

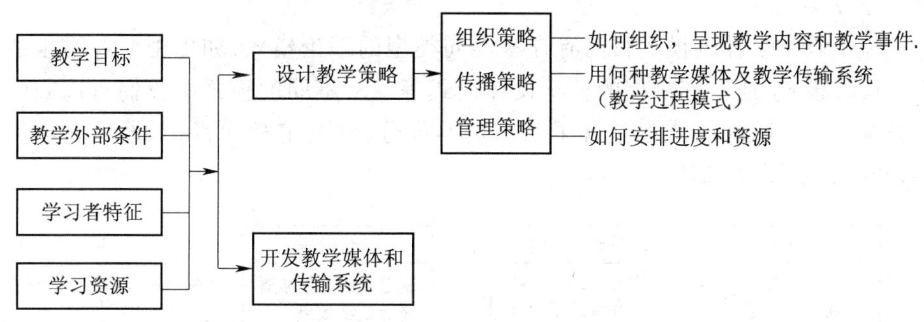

图5-4　设计开发阶段的基本要素与工作内容

(三)实施与评价阶段

实施评价阶段的主要工作内容是制定教学过程的实施步骤及建立相应的管理系统,来保证教学过程的有序进行。实施过程结束后再进行阶段性评价和完成修改教学方案,以利于下一阶段的进行(如图5-5)。

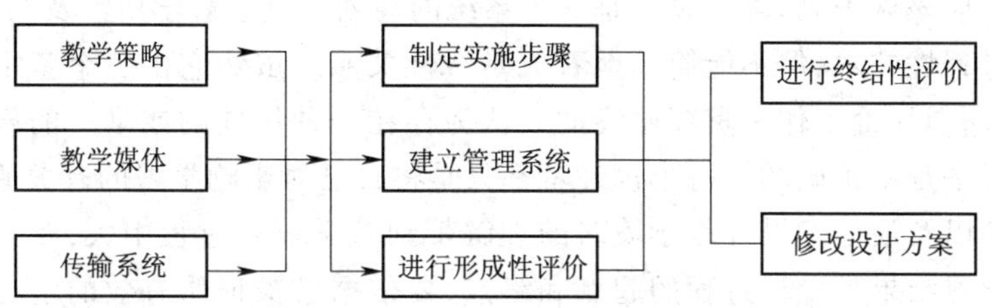

图5-5　实施、评价阶段的基本要素与工作内容

这里需指出的是,这一阶段实际上涉及三方面的内容——实施、管理和评价,而每一方面的内容均有相应的理论与技术,而进一步陈述其理论与本书属于入门导论的性质不相符合,故只提出了题目而没有阐述。

关于是否需强调事实与管理,要看整个教学设计任务的情况而定,如果设计任务的执行者是一个设计团队,任务是要设计,教学设计的结果通常是产出解决学习问题某种革新、某些新事物和某种新方法,或是新材料、新观点以及吸引学生的新方式,这些设计出来的产物都不可能自动运行。因此,设计过程中需对此设计项目进行管理,产品的运行中对教学过程需要进行教学管理。

如果设计者是一线教师本人,任务只是对一节课或一个单元的教程,则就不需要对这种种情况进行项目管理,仅由教师本人掌握教学过程,并对此进行评价、修改即可。关于教学评价一般出现在教学设计或开发过程的后期。但形成性评价和总结性评价应该在教学设计过程的初期就应该考虑。当设计者在最初阶段进行分析时就应该起草检验教学效果和形成性评价规划和总结性评价规划。我们将以上的讨论简约化和形象化，就构成了教学设计过程的一般模型。

关于教学设计的模式目前有许多不同类型的理论模式，如史密斯和雷根的教学设计模式，迪克和凯瑞的教学设计模式等。从不同的模式中我们可以归纳出教学设计过程的模式都包含了三个基本部分，即制定教学目标，设计教学策略，开展教学评价（如图5－6）。

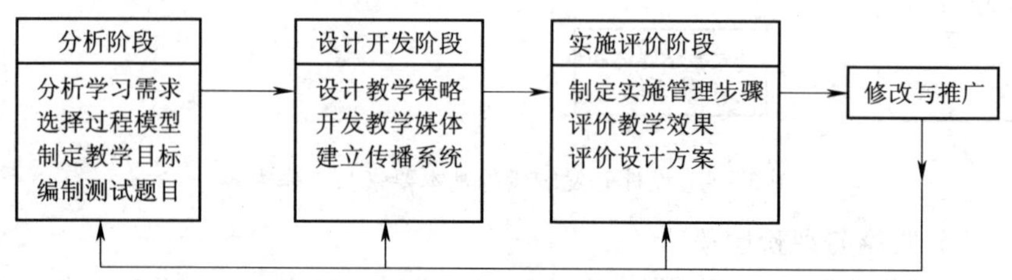

图5－6　教学设计过程的一般模式

需要指出的是：

我们应该认识到，教学设计是一个系统的规划与反思教学所涉及的过程，它是一种过程性技术，但不能简单地看成是线性关系。虽然它由三个基本子过程联系起来，但评价工作是贯穿始终的。认为存在一种最佳的或唯一的教学设计模型的想法是不正确的。每个设计者都只是将自己对影响学习的有关原理及条件的理解以及最佳的设计教学策略的理解带到教学设计过程中去，要把握好有意义的学习结果是设计过程的起点和终点，要依据已被证明有效的学习理论有目的地安排学习条件来促进既定学习目标的达成和引导学习者获得特定的知识与能力。

我们应该认识到所设计的教学系统是一个开放系统，教学过程是动态的，所涉及的多种要素如环境、学习者、教师、信息、媒体等亦处于变化中。因此，教学设计具有灵活性的特点。我们在借助别人的模式时要创造性地开发自己的模式，因地制宜开展教学设计工作。

此外，还应该认识到，教学设计技术有其局限性，它不能解决或不适于解决事先不能识别学习目标的教学问题和教学性问题。它的应用领域更适合于学校教育的基础教育范围及职业教育的专业培训领域。此外，教学设计不能取代某一特定学科领域的特定教学法方面的专业化知识，教学设计只能有助于巩固这些方法。

第四节　课程开发简介

课程开发起源于20世纪二三十年代，[①]它结合多学科的研究方法，重点研究课程开发的过程、步骤及程序和方法问题，逐渐成为一个专业研究领域。课程开发一词是课程和开发两个词搭配而成的复合词。对于课程，比较通俗的理解是教育、教学活动的总体计划，是教育活动和教学活动的模式和程序，它规定了学生与教学内容、教育资源及教学过程之间的关系。所以通常人们把课程开发理解为包括确定课程目标、选择和组织课程内容、实施课程和评价课程等阶段，[②]是对教育或教学的一系列程序和模式的设计、实施和评价的过程。从实践来看，课程开发表现为人们对新课程的研究、设计、实施、评价，以及再研究、设计、实施和评价等不断循环往复的过程。从总的课程开发的理论发展趋势来看，课程开发是以探讨社会对于教育的价值及价值标准如何在教育活动中具体体现为核心的，它是外部社会环境随着经济、技术和社会的发展而产生的对人的具体需求在教育活动中的体现，是以课程体系不同的科目进行组织、配合、协调以及构造新的科目等来满足社会对人的素质要求和数量的要求。下面就几个基本问题作一简要介绍。

一、课程开发的实质

教育活动是人类客观的实践活动，是人类意识对客观存在的反应，是人类改造客观社会的活动。课程一方面是对这种客观存在的教育活动的具体体现，另一方面它反映了人类客观实践活动的能动性。换句话说，它是使教育系统能够满足社会需求的关键性的程序和步骤。

课程开发本身就是人们根据社会对教育活动的需求，根据学习者的基本条件和特征，根据教育者和教育机构的特征而制定能有效地适应社会需求及其变化发展的教育活动、教学活动的程序或模式，并开展相应的实施和评价活动。

在课程的开发中，需要说明在课程体系中，不同的学科、科目之间如何根据社会的需要进行有效的组织、协调、配合，以及学生、教师和各种学习资源之间的关系，以便有效地满足社会的需求及其发展。如果没有进行有效的课程开发，那么课程和在课程之下的教学活动的价值就可能受到怀疑。

与此同时，我们还应充分地意识到课程开发的过程本身是永无休止的过程，

---

① 郝德永. 课程研制方法论[M]. 北京：教育科学出版社，2000：139.

② 施良方. 课程理论——课程的基础、原理与问题[M]. 北京：教育科学出版社，1996：81.

因为社会对于教育的需求随着社会的发展而迅速变化。当然,这就要求反映社会对教育的需求的课程和课程体系随之变化,超前或落后于社会需求的发展变化的课程体系都将使教育活动、教学活动的效益受到影响。总的来看,超前意味着教育投资的浪费,人力、物力、财力的浪费;落后意味着教育系统的失职,无法满足社会的需求,同时也造成浪费。从实践来看,在历次的各国教育改革中,课程与社会需求适应都是改革的主题之一,这就是一个很重要的原因。

但是,我们不应忽视教育是一个周期性很长的工作,而且课程体系如果变化过快也会给教育带来过多的不稳定的因素。这里就自然而然地出现了一对在课程开发中需要高度重视的矛盾——课程的稳定与发展的矛盾。解决好这对矛盾,在课程开发中是极为重要的。回顾美国从布鲁纳的课程改革——新的科学发展在教育和课程体系中要有充分的体现,到恢复基础教育活动,再到 80 年代以来的课程改革,正规学校的课程体系忽左忽右,动荡较大就是一个例子。处理不好这种关系将直接影响到教育的价值,而间接地给社会带来的影响是很难确切描述和估计的。

从实质上看,课程的稳定与发展这对矛盾的出现仍是传统的课程问题——形式训练和实质训练的继续。“实质训练”是对外在的实用性的知识、技能和能力的培养和训练;“形式训练”是对内在的心理操作机制的培养和训练,以及以心理机能的培养来适应各种变化。从总体上讲,这两者各执一端,具有很大的片面性。从“实质训练”来看,社会需求的迅速变化就意味着“什么是有用的知识的概念迅速变化”,因而课程变动很大,稳定性很难保证;从“形式训练”来看,心理机制的训练仅仅是培养学生应付环境的一个因素,而另一个因素即应付环境的知识、技能和方法论因素被忽视,也使教育活动达不到预期的目的。

正确的理解是,以社会需求为依据,用分析需求的方法来找寻“形式”和“实质”的结合点,把形式训练和实质训练的思想有机地结合起来。具体地说就是以发展学生的认知能力、发展学生对未来的适应能力、知识的迁移能力为核心,以教育的社会需求为课程的价值导向,以适应社会及发展为目的来构造课程结构、课程环境、课程内容,规定师生相互作用的方式、方法,把形式训练和实质训练有机地结合起来,以寻求课程、课程体系的相对稳定。

二、什么是社会需求

在前面经常提到社会需求一词,以及谈到它在课程开发中的地位和作用。那么,什么是社会需求呢?对于这一词有许多不同的理解。

1.《云五社会科学大辞典》《教育学》分册把社会需求理解为具体的社会生活中的需求,把社会需求同历史传统、文化背景、政治力量、世界性潮流、教育制度等并列起来。

2. 劳登(Lowton)在《课程计划》一书中把社会需求理解为从社会的各个角度、各个方面中产生的对人的素质能力以及人员的数目等方面所产生的现状与期望之间的差异,而且这种差异主要存在于以下八个方面:

① 社会政治系统;

② 经济系统;

③ 传播系统;

④ 社会关系系统;

⑤ 社会科学技术系统;

⑥ 社会道德系统;

⑦ 美的观念系统;

⑧ 文化和宗教系统。

因此,分析需求和评定课程的价值都必须以这八个方面为中心来进行。

3. 加斯塔夫生(K. Gustafson)认为需求就是在目前和未来期望之间存在的差异。它陈述了两个主要的内容:

① 现在怎样,达到了什么标准;

② 将来要达到怎样,将达到什么标准。

对于如何理解社会需求,我们更倾向于后两者的理解,认为这样理解更合理一些。因为作为人类某个特定的社会,必然把政治、文化、经济、宗教道德、科学技术、美的观念等包括在内。所以,社会需求就是社会活动中存在的对教育已取得成就同期望取得成就之间的差值。

三、制约课程的因素

前面我们已经对课程的价值性导向的社会需求定义作了说明。那么除了社会需求之外,还有些什么因素并行于社会需求而作用于课程呢?这些因素之间的关系如何呢?对于不同的课程开发者,由于对课程制约的因素理解的差异可能使整个课程开发的课程体系、课程结构、课程内容等受到极大的影响。

(一) 社会需求因素

正如我们在课程的实质中所陈述的那样,课程的价值是由满足社会需求的程度来决定的,社会需求是课程开发过程的价值尺度和价值标准。更具体地讲,满足一定的社会需求就会得到一定的社会价值或社会承认。在资本主义国家中,这种承认是以特定的人力资本投资大小来衡量的。人们把教育活动看作是人力资本投入的一个过程,以未来的收入多少作为衡量投资效益的一个客观尺度。当然这一切是同资本主义的拜金主义分不开的。在我们社会主义国家中,国家、企业、个人对于教育的投资也是讲经济效益的,我们总是希望在教育活动中投入较少的资金来谋求更大程度地满足社会对教育的需求。总体上看，对于满足特定的需求，教育活动其投资是固定的，其效益的大致结构可以用图 5－7“效用连续流”来做描述。一般的教育活动的成果在图中两个区域均有体现，谋生区域教育活动主要是针对个体在谋生的能力、技能、知识方面的发展；贡献区域主要是个体对社会发展的自适应能力以及情感、态度、道德观念等方面的发展。这两个区域的效率都是在课程的开发中必须尽最大的努力去追求的。

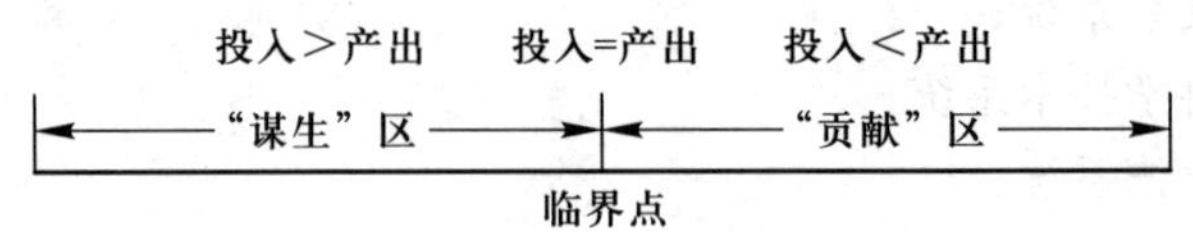

图 5－7　效用连续流

（二）学习者因素

除社会的需求因素之外，另一个制约课程的因素就是学习者因素。学习者的知识状态、能力素质结构、情感和态度等都是决定满足社会需求的课程体系的起始点。可以说学习者的现在特征因素同期望学习者达到的目标之间的差距就是课程的具体任务。对这个任务的分析技术通常称之为任务目标分析和项目分析。具体地讲，学生的接受能力、认知发展水平、认知结构不仅仅决定了课程的起始点和教学活动的进度，而且也极大程度地影响着课程的环境和可以利用的教育资源。

（三）教师、教育机构因素

还存在一个制约课程的因素，这就是教师和教育机构。教师不仅是教育活动、教学活动的组织者，也是一些校本课程的开发者，课程的开发和具体实施是由教育机构和教师来组织和进行的，教师的知识水平，对课程的理解、教育目标的理解，以及教学和组织实施的水平，都极大地影响着课程的开发和实施。教育机构是组织教师开发校本课程、实施各课程以及提供相应的课程和教学环境的机构，教育机构的工作方式、管理方式、提供的环境，以及教育机构的管理者对课程的理解，都是极为重要的因素。所以通常在课程开发过程中，对于教育机构的适应性的考虑是一个非常重要的因素。

四、课程开发的方法与步骤

泰勒在 1949 年出版的《课程与教学的基本原理》一书被公认为现代课程理论的奠基石。在该书中，他提出了课程开发的基本程序、步骤和方法。其基本原理是围绕四个问题展开的：[①]

① 施良方. 课程理论——课程的基础、原理与问题[M]. 北京：教育科学出版社，1996：13.

1. 学校应该达到哪些教育目标?

2. 提供哪些教育经验才能实现这些目标?

3. 怎样才能有效地组织这些教育经验?

4. 我们怎样才能确定这些目标正在得到实现?

泰勒并不试图直接回答这些问题,因为在他看来,具体的答案将因学校性质和教育阶段的不同而有所差异。他只是想提出解决这些问题的方法和程序。这四个问题可以看作是课程开发过程的四个阶段或步骤:① 确定目标,② 选择教育经验,③ 组织经验,④ 评价。在这四个阶段中,确定目标最为重要,其他阶段都是围绕目标展开工作的。因此泰勒的课程开发模式又被称为目标模式。目标模式自从产生以后一直在课程开发的理论和实践中占据主流地位。许多人对泰勒模式进行了进一步的发展和完善。

泰勒的学生塔巴对泰勒模式加以发展,提出了一个更为详细而具体的解释方案。塔巴认为教师在教育过程中应该以创设特定的教学单元为起点,而不是一开始就着手于一般的课程设计工作。她把教学设计包含在课程开发之中。她坚持泰勒模式的直线式课程开发过程,在泰勒模式的基础上提出了课程开发过程的八步模式:[①] ① 诊断需要,② 建立目标,③ 选择内容,④ 组织内容,⑤ 选择学习经验(学习经验就是指学习活动),⑥ 组织学习经验,⑦ 评价,⑧ 检查平衡与顺序。

除此以外,其他学者还各自以不同的理论为基础,提出了各种各样的课程开发模式,如惠勒(Wheeler,D. K.)的圆环式课程开发模式,斯基尔贝克(M. Skilbcck)的情境分析课程开发模式,等等。有学者把现代西方的课程开发模式和方法划分为六大类:[②] 走向社会控制的目标模式(上面介绍的泰勒模式和塔巴模式都属于这一类),立足于教育内在价值与实践的过程模式,植根于文化分析的情境模式,着眼于具体使用方法的实践与折中模式,致力于个体主体意识提升与解放的课程开发批判模式和走向教师、学生本位的课程开发政策学思想等。

从这众多的课程开发模式中,同样可以抽取一些大家共同关注的因素,这些因素可以看作是系统方法各环节在课程开发中的应用。

教育技术处理课程开发的主要方法——系统方法,原理上是不会有什么重大变化的,它同样包括了六个部分,而创造性地解决问题是这个方法的核心。图 5-8 描述的是用系统方法解决问题的一般过程。

---

① 郝德永. 课程研制方法论[M]. 北京:教育科学出版社,2000:153~154.

② 郝德永. 课程研制方法论[M]. 北京:教育科学出版社,2000:3.

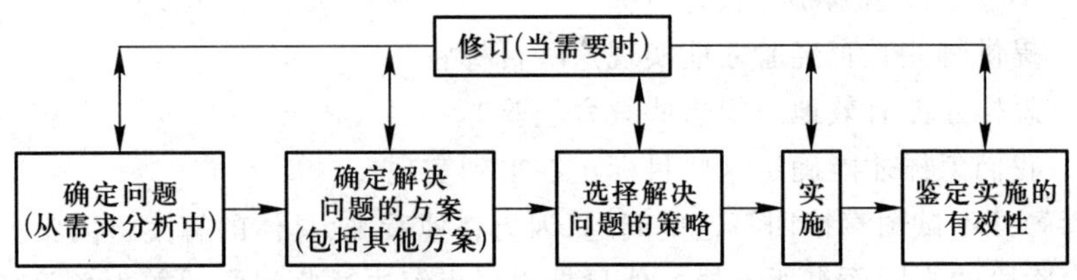

图 5-8 用系统方法解决问题的一般过程

应该指出,社会需求分析是课程开发的基础。一般来说,这种分析包括两部分,一个部分是对教育活动的质量需求分析;另一部分是参加教育活动的受教育或训练的人员分析,这两个分析的结果是课程开发活动的指南。(关于课程开发的步骤与第十一章中系统方法的应用步骤基本相同,故这里不再作阐述,请参看第十一章的有关内容及案例。)此外,课程开发所形成的各科目之间,以及它们与已有科目之间应形成系统的有机的联系,而不应是彼此相对独立的个体。

习题

1. 阐述教育系统设计的基本含义。
2. 教学设计的基本要素是什么?

教学活动建议

1. 重点讲解教育系统设计的基本概念。
2. 组织学习者对教学设计和课程开发的异同组织讨论。

第六章

教学媒体开发和利用

教学目标

通过本章的学习,学生应能做到:

1. 掌握媒体的定义。
2. 掌握教学媒体的定义。
3. 掌握教学资源的定义。
4. 阐释教学媒体的主要特性。
5. 阐释教学媒体的主要作用。
6. 说明教学媒体的主要发展阶段以及主要发展趋势。
7. 说明教学媒体的主要选择依据。
8. 说明常用教学媒体的基本编制过程。

第一节 教学媒体的发展历史

教学活动可以看做是一个教学信息传递、反馈和控制的过程,它是教师(教学信息的传播者)、学生(教学信息的接受者)、教学媒体三者相互作用的结果。教学媒体在教学中的应用情况已成为影响教学效果的一个重要因素。本节将分别介绍教学媒体与教学资源的定义,并说明教学媒体的发展历史。

一、媒体、教学媒体与教学资源的定义

媒体一词来源于拉丁语“Medium”音译为媒介,意为两者之间。它是指从信息源到受信者之间承载并传递信息的载体或工具。可以把媒体看作为实现信息从信息源到受信者传递的一切技术手段。媒体有两种含义,一是承载信息的载

体;二是指存储和传递信息的实体。

以传递教学信息为最终目的的媒体被称为教学媒体。教学媒体用于教学信息从信息源到学习者之间的传递,它是教学资源的重要组成部分之一。

自从视听教育兴起以来,媒体的种类越来越多,在教育中的应用也越来越广泛,也引起了人们教育观念的变化。现在,关心教学资源建设,加强对教学资源的认识和研究已成为一项迫切的任务。

教学资源可以理解为一切可以用于教育、教学的物质条件、自然条件、社会条件以及媒体条件。在教学资源构成的大环境下,学生的学习需求在教师的指导下,可以主动地利用资源来满足。特别要注意教师、学生、各种辅助人员等教学资源的充分利用。

二、教学媒体的发展历史

媒体的产生和发展与人类社会的产生和发展是密切相关的。人们在日常生活、劳动中必须借助各种媒体进行信息的交流与传播。人类最早的个体之间的交流是利用一些信号、简单声音、姿态或手势。后来又逐渐创造出一套非口头语言,如鼓声、火光、图画、音乐和舞蹈及其他形式的图形符号。这就是人类最早、最古老的传播媒体。随着人类社会的不断进步,可以将教学媒体的发展可大致归结为几个阶段:语言媒体阶段、传统媒体阶段和电子媒体阶段。每个阶段都对教育、教学的发展产生重大的影响。

(一) 语言媒体阶段

语言的产生标志着人类在交流方面,特别是在记忆和传递知识以及表达较复杂的概念的能力方面有了巨大的进步。人类可以运用语言更好地进行交流和合作,并且可以更好地进行社会生产和生活所需知识的传授。人们的教育方式主要是口耳相传和模仿等。

(二) 传统媒体阶段

这里的传统媒体主要指实物和模型、参观旅行和展览、图片与图示材料、黑板等视觉展示平面以及文字印刷材料等媒体。他们是大家所熟悉的教学中常用的媒体,在教学中具有重要的作用。下面主要介绍文字印刷媒体的出现和应用。

1. 文字媒体的出现和应用

从语言的产生到文字的出现,其间经历了几万年。文字是书写的符号,具有和语言同样的功能。人类最初采用文字的时间大约在公元前4000年。古埃及的图画文字、苏马利亚人的楔形文字和中国的象形文字,都是从古老的图画经验中演变出来的。手写、手抄形式的书本大约出现在3000多年以前。随着人类社会的进步,人们使用的文字也在不断地完善与发展。文字的产生和发展使得人们有可能把信息传播得更远，远非旧时鼓声、烽火传播的距离所能比拟。但是在人类发明纸以前，文字的书写和记载是非常不便的。当时只能将文字刻写在龟甲、兽骨、竹简、金石、木版、锦帛之类的物品上。大约在公元前2世纪，中国人发明了造纸术。公元105年，中国的蔡伦造出了一批良纸。公元7世纪以后，中国发明的造纸术逐渐传到日本、阿拉伯、欧洲等地。纸的发明使人们可以更为方便地记载和传递信息，这对继承人类文化遗产、促进社会发展起了重要的作用，并引起了教育方式的一次重大变革。

2. 印刷媒体的出现和应用

从文字到印刷经历了几千年。在印刷术发明以前，文字的传播主要靠手抄。手抄书费时费力，又易出错，效率很低。公元6世纪，中国人发明了雕版印刷术。公元1041年～1048年间，中国的毕昇又发明了活字印刷术。公元1456年，德国人古腾堡受中国活字的影响，发明了效率更高的铸字方法，用金属活字印刷书籍。由此，书籍成为人类的一种重要传播手段。

印刷媒体的出现，使得信息可以大量复制、储存并广泛传播。教科书使得大规模公共教育成为可能。17世纪产生了班级授课制，各种类型的学校相继开办，引起了教育的又一次重大变革。

（三）电子传播媒体阶段

19世纪末至20世纪，是科学技术迅速发展的年代，其中尤以电子科学技术的发展更为突出。人们把以电子技术新成果为主发展起来的各种新传播媒体称为电子传播媒体。例如，幻灯、投影、电影、唱片、广播、电视录像、计算机、网络，等等。电子传播媒体的发展大大增进了人类的传播能力和传播效率。

1. 电报、电话的出现和应用

1844年，塞缪尔·莫尔斯发明了电报，首次把电报讯号从华盛顿传到巴尔的摩。1876年贝尔发明了电话。1895年马可尼和波波夫分别成功地使用无线电收发报。从此信息可以即时传播到远距离的地方。

2. 电影的出现和应用

1884年，英国的爱迪生（Edison）制成一种放映影片用的“活动电影视镜”，法国的卢米埃尔（Lumiére）兄弟对它进行了重大改进，于同年研制成功电影放映机。1885年12月卢米埃尔兄弟在巴黎第一次公映电影，开始了电影时代。初期的电影是无声的、黑白的，后发展为有声电影、彩色电影。1940年彩色电影开始普及。随着技术的发展，又先后出现了宽银幕立体声电影、立体电影、全景电影、环形电影等。由于电影具有生动、形象、感染力强又极易普及等优点，很快就被引入到教育系统。

3. 无线电广播的出现和应用

20世纪第一个10年发明了无线电，随后的20年间无线电台相继在世界各国建立。无线电广播很快成为世界上最为普遍的一种大众传播媒体。无线电广播的出现使得语言信息能即时、迅速传播到很远的地方。许多国家还开办了国际广播,跨越了国界。教育中利用无线电广播是从20年代开始的。例如,1924年英国广播公司开办了学校广播,1929年美国俄亥俄州成立了广播学校。通过广播向学生提供学校教室以外的学习经验和学习环境,大大丰富和扩充了学生的学习资源,同时也弥补了优秀教师的数量不足,为普遍改进教学提供了有利条件。随着学校广播的开办,又出现了成年人教育广播,如澳大利亚和新西兰函授教育广播等。

4. 电视、录像的出现和应用

电视时代始于1936年的法国和美国。由于广播电视的发展,世界上许多国家兴办了远距离教育。例如,英国于1971年建立了英国开放大学,它被认为是英国高等教育的一次成功的尝试,其影响已远远超出国门之外。开放大学现有大学本科、继续教育和研究生三个层次,使英国受高等教育的人数大大增加。它的创办改变了英国高等教育的状况。继英国开放大学之后,世界各国如斯里兰卡、巴基斯坦、联邦德国、西班牙、加拿大、委内瑞拉、韩国、泰国、日本等,相继建立了利用广播电视的远距离高等教育机构,高等教育的规模迅速得到扩大。

自从1954年出现了第一台能用于演播室的磁带录像机以来,录像技术有了很大发展。录像技术解决了图像信息的记录和重放问题,使大量优秀的教学电视节目得以保存、传播。许多高等学校的图书馆内都储存录像教学资料,师生随时可以借阅。

5. 电子计算机、卫星的出现和应用

世界上第一台计算机出现于1944年。计算机的产生和发展,使信息的利用和传播、加工和处理等技术进入了一个新时期,也就是人们常说的"信息时代"。计算机在许多国家已被引入教育、教学系统,而且发展很快。计算机在教学上的应用主要是:计算机辅助教学和计算机管理教学。随着计算机多媒体技术和网络技术的不断发展,它在教学信息传递中的应用能力不断提高,计算机已经成为广泛应用于教育、教学的媒体。

自1957年苏联发射第一颗人造地球卫星以来,全世界已经发射了许多卫星。这些卫星扩大了广播、电视的覆盖范围,为电话、电信提供了远距离线路,已成为工业、企业、经济、教育、娱乐的组成部分,正在直接或间接地影响着大多数人的生活。通信卫星技术为全球性的教育传播展示了广阔的前景,现在许多国家都利用卫星传送教育节目。中国自1986年起租用了国际通信卫星上的两个转发器,分别于1986年7月1日和1988年11月1日起开通两个专用教育电视频道,播送广播电视大学、师资培训、成人教育和职业技术培训等课程。

新的电子媒体虽然具有很多优势,但它却不能替代传统媒体。各种媒体各有其特点和功能，又有其局限性，在教学过程中应互相补充，取长补短。

（四）教学媒体的发展趋势

二战以后教学媒体的发展有几个主要趋势：

1. 媒体及其相关设备变得比较小而且比较有智慧。
2. 电子输送系统急剧增加。
3. 各种媒体信息的数字化和媒体的融合。
4. 媒体的交互功能更强。
5. “学习网络”的形成和发展。

随着科学技术的发展，会不断有更新、更先进的媒体出现，而较老的媒体也会因新技术的注入得到发展、完善。

三、教学媒体的理论研究

（一）戴尔的“经验之塔”理论

20 世纪 30 年代至 50 年代，大量视听媒体如广播、幻灯、电影、唱片、录音、电视等被引入教学领域，因此，关于媒体运用方法、教学效果等问题引起了广大教育工作者的关注。他们从教学实践的研究中总结了一系列视听教学的方法，并提出了相应的理论上的依据。其中，比较著名的和有影响的是戴尔提出的“经验之塔”理论。戴尔认为，人们学习知识，一是由自己直接经验获得，二是通过间接经验获得。当学习是由直接到间接、由具体到抽象时，获得知识和技能就比较容易。“经验之塔”把人们获得知识与能力的各种经验，按照它的抽象程度分为 3 大类 11 个层次。（最初为 10 个层次，1969 年修改为 11 个层次。）戴尔的“经验之塔”在第一章中已进行了阐述，这里就不再说明了。

（二）教学媒体的研究

各国学者对教学媒体进行了许多研究，主要是对比研究。教学媒体研究可分为四个层次：

（1）教学媒体在教学中是否有用？

（2）如何有效地设计教学媒体材料？

（3）在教学中如何更好地使用教学媒体？

（4）将教学媒体与教与学过程中的各因素结合起来，对教学媒体的使用进行综合研究。

一般来说，在将各类媒体应用到教学的过程中大致都经历了这四个层次的研究。在教学媒体研究过程中，人们得出了一些结论：

（1）媒体仅是教学的组成部分，不等于教育技术。

（2）运用媒体的方式方法在相当大的程度上决定学习的效果。

（3）没有一项研究证明某一种媒体永远优于另一种媒体，也不存在能解决一切教育难题的媒体。

(4) 根据媒体特征和学生特点。考虑教学的需要，经过仔细选择或编制的媒体，对学生的学习有明显的帮助。

(5) 如果教师受过运用媒体的专门训练，媒体就可能得到更为有效的运用。

(6) 学校建立合乎要求的媒体中心，可以使媒体发挥更好的作用。

第二节　教学媒体概述

一、教学媒体的分类

随着科学技术的发展，教学媒体的种类越来越多，性能也越来越好。由于出发点不同，对媒体的分类也不同。以下仅举出几个分类的例子。

(一) 根据印刷与否分类

按印刷与否分类，可分为印刷媒体和非印刷媒体。

(1) 印刷媒体：指各种印刷资料，如教科书、图表、辞典、报纸、杂志以及其他印刷文字资料。

(2) 非印刷媒体：泛指各类非印刷的视听材料，如幻灯片、投影片、录音带、电影片、计算机软件等。它们又可以分为：

听觉型媒体：如广播、录音。

视觉型媒体：如幻灯、投影。

视听型媒体：如电影、电视。

相互作用型媒体：如程序教学机、计算机辅助教学课件。

(二) 根据信息传播过程中信息流动的相互性分类

根据信息传播过程中信息流动的相互性分类，可以分为单向传播媒体和双向传播媒体。

单向传播媒体：诸如大班讲课、电影、电视、书刊和演示等。信息都是由教师流向学生，没有相互性。当采用这类媒体时，学生几乎没有机会去影响或改变信息。如果使用恰当，这些媒体可以在尽可能短的时间内，对大量的学生传递大量的信息。

双向传播媒体：诸如讨论、游戏、个别辅导、角色扮演等。它们在传递信息方面，不像单向媒体那样有效，但它允许学生积极参与学习，影响信息的传播速度、内容及其再现。反过来教师又可以从学生那里获得有关学生理解和接受课程内容的反馈信息，利用这种信息改进教学。在双向传播媒体中，还包括程序教学、计算机辅助教学一类自学型媒体。

（三）根据教学媒体的制作技术分类

根据教学媒体的制作技术分类，可以把媒体分为基于印刷和视觉技术的媒体、基于视听技术的媒体、基于计算机技术的媒体和基于整合技术的媒体。

（四）根据教学媒体的教学应用分类

根据教学媒体在各种教学组织形式中的应用，也可大致将教学媒体分为集体教学中应用的教学媒体、小组教学中应用的教学媒体和个别化学习中应用的教学媒体。

此外，还可根据教学媒体在教学与学习活动中的功能，将教学媒体分为传递教学信息的媒体、实现交互的媒体、展示学习成果的媒体，等等。

如上所述，教学媒体分类的角度呈现多样化的特点，在实际应用中，要结合具体的目的，将一种或多种分类方法综合应用。

二、教学媒体的主要特征

1964 年，加拿大著名大众传播研究者麦克卢汉（M. Mcluhan）在《媒体通论：人体的延伸》一书中，论证人类在进入电子时代的同时，对媒体的性质、特点、作用和分类，提出了许多新的观念，其中一个重要的观念就是认为，媒体是人体的延伸。例如，印刷品是眼睛的延伸；话筒是嘴巴的延伸；收音机是耳朵的延伸；电子计算机是大脑的延伸。除此之外，教学媒体还有以下几个特性。

（一）工具性

各种教学媒体在教学中与人相比，处于从属的地位，是人们获得和传递信息的工具。教学媒体的应用要受使用者的操纵和控制。

（二）传播性

教学媒体可以将各种符号形态的信息传送到一定的距离，使信息在扩大了的范围内得以展现。传播性是媒体的重要属性。教学媒体的传播性包括传播速度、传播范围、传播能力等方面，只是不同教学媒体的传播性有所不同。

（三）表现性

表现性是指教学媒体表现事物的空间、时间和运动特征的能力。由于教学媒体重现信息的形式有所不同，其表现客观事物的时间、空间和运动特征等物理属性的能力也不同。

（四）固定性

教学媒体可以将信息记录和储存起来，在需要时再现。

（五）重复性

教学媒体的重复性是指教学媒体可以根据需要，在特定的时间、地点多次地被使用，而它所呈现的信息的质和量仍能保持稳定不变。各种媒体由于其自身特点不同，他们的重现力也不同。

（六）可控性

可控性是指媒体受使用者操纵控制的难易程度。

（七）参与性

参与性是指应用媒体教学时，学习者参与学习活动的机会。

对于各种教学媒体，可以从这几个基本特性来全面考察他们的共同点和差异，以获得对媒体的全面了解。

三、教学媒体的作用

使用精心设计制作的教学媒体软件在以教师为主的课堂教学、以学习者为主的个别化学习、远距离教育和特殊教育中扮演着不同的角色。但总的来看，教学媒体的作用表现在以下几个方面：

1. 使学习者接受的教学信息更为一致，有利于教学标准化。
2. 激发学习者的动机和兴趣，使教学活动更为有趣。
3. 提供感性材料，增加学习者的感知深度。
4. 设计良好的教学媒体材料能够提供有效的交互。
5. 设计制作良好的教学媒体材料有利于提高教学质量和教学效率。
6. 有利于实施个别化学习。
7. 将教学媒体与教学相整合，开展协作学习，促进学习者的“发现”、“探索”等学习活动。
8. 促进教师的作用发生变化。
9. 有利于开展特殊教育。

为了达到教学目标，提高学习效率和学习效果，为学生的学习创造一个更适宜的环境，必须在教学系统设计中进行教学媒体的选择与组织，了解各种教学媒体在教学中的作用是非常重要的。

四、教学媒体选择的基本要素

为了达到预期的教学目标，在丰富多彩、功能各异的教学媒体中选择哪一种或哪几种的组合才最为合适、最为有效呢？这是教学日常工作中的一项基本考虑，也是教学设计的策略要素之一。下面是选择教学媒体所要考虑的几个基本要素。

（一）依据教学目标

每门课程、每个单元、每节课都有一定的教学目标，比如要使学生知道某个概念，或理解某种原理，或掌握某项技能，等等。为达到不同的教学目标常常需要使用不同的媒体去传递教学信息。以外语教学为例，知道各种语法规则和能就某个题材进行会话是两种不同的教学目标。对于各种语法规则的学习，可以以教师的板书讲解为主，结合各种语法练习进行学习。练习就某个题材进行会话，可以借助于各种视听设备采用角色扮演的方法让学习者练习会话。另外，如果是要纠正学习者的读音，那么录音机就是一个非常好的媒体。

（二）依据教学内容

不同学科的教学内容性质不同，对教学媒体会提出不同的要求。如在语文课的散文教学中，可以借助于录像等视听媒体向学习者提供一定的情境，使学习者有亲临其境的感受，以加深他们对课文的理解和体会。又如数学的运算法则可以通过教师的严密推导来进行教学。而化学的物质结构可以借助于模型来加以理解。

（三）依据教学对象

不同年龄阶段的学习者对事物的接受能力不一样，选用教学媒体时必须顾及他们的年龄和心理特征。另外，在两种效果接近的媒体中进行选择时也可适当考虑学生的习惯和爱好。

（四）依据媒体特性

很好地选择教学媒体的前提条件就是要充分了解各种媒体的特性。只有充分了解各个媒体的优点和局限性，才能在使用中扬之长，避之短，要对它们进行综合应用。

（五）依据教学条件

教学中能否选用某种媒体，还要看当时当地的具体条件，其中包括资源状况、经济能力、使用环境、管理水平等因素。

（六）根据教师能力

教师对于各种教学媒体的偏好和熟悉情况不同。在教学中，为了更好地实施教学，教师应注意选择他们能熟练使用的教学媒体开展教学活动。对于那些他们不太熟悉的媒体，在使用中也要注意提前做好熟悉工作。

除了以上六个要素外，还要从整个教学过程出发，综合考虑教学组织形式、教学活动等要素，还要考虑教学媒体使用的成本效益。

在考虑上述因素的基础上，教师等也可借助于各种媒体选择模型来合理地选择所要运用的各种教学媒体，如问卷模式、流程图模式和矩阵式选择模式等。

第三节　常用教学媒体材料的编制

教学媒体材料是根据教学大纲所规定的教学目标和教学内容，针对一定的教学对象，运用文字、图表、图形、图像、动画和声音等多种形式，记录、存储、再现和传递教育信息的教学媒体。从学生学习的角度来看，他们所要应用的各种教学媒体材料常以综合性的学习材料或学习包的方式出现,其中包括学习指导书、电子资源、教学演示文稿、任务书和引导文等。这些教学媒体材料在设计和编制时,都遵守着共同的选题原则、一般编制过程和总体的编制要求。

一、教学媒体材料的选题原则

教学媒体材料是教学过程的一个重要组成部分。作为教材的教学媒体材料的开发与编制也必须置于由教师、学习者、教材等因素有机组成的教学过程这一系统中加以分析和研究。

任何一种教学媒体材料的选题必须通过教学设计来确定。要从优化的教学目标出发,按照目标的要求对教学内容特点、学习者特征和教师特点进行分析,在制定具体教学策略过程中要发挥各种媒体的特长,并根据实际环境和资源条件来选择和协调各种媒体在教学过程中的应用。在选题的时候,需从以下几个方面着重考虑:

(一)学习内容方面

与学习内容相关的目标是什么?该内容用语言表述是否存在困难?该内容是否适合直观表现?媒体的使用是否能够增大信息量?使用何种教学媒体能有助于达到教学目标?通过对这些问题的回答,初步确定是否需要制作教学媒体材料,以及可能需要的若干种教学媒体形式。

(二)教师方面

考察教师对媒体的熟悉程度,并从中加以选择。需要考虑教师是否确实需要使用某种媒体材料?是否能够熟练使用这种媒体设备?是否具有足够的材料?

(三)学习者方面

主要考察学习者对媒体材料的喜好程度。需要考虑学习者是否欢迎这种媒体材料?这种媒体材料是否符合学习者的认知和兴趣特点?媒体材料的使用是否有利于学习者的学习?

(四)教学媒体

考察各种教学媒体的特性以及他们在教学中的作用。

(五)实际环境和资源条件

实际教学环境中可用的媒体有哪些?他们的技术可靠性如何?使用环境是否理想?

对于相应的学习内容,已有的或能够租借或购买到的媒体材料有哪些?这些媒体材料是完全合用、部分合用还是完全不适用?

已有的、相关的教学媒体材料中,对于完全合用的,可以复制、租借或购置;对于部分合用的,可以进行修改,选编组合成合适的教学媒体材料;只有在没有相应的教学媒体材料或现有的教学媒体材料完全不适用的情况下，才最后确定为选题并准备编制。

在对上述五个方面进行综合考虑后，可以确定围绕某个学习内容制作相应的教学媒体材料。这里需注意的是，要围绕一个主题，将多种教学媒体形式结合起来使用，以达到最佳效果。

二、教学媒体材料的一般编制过程

图 6 - 1 说明了常用教学媒体材料的一般编制过程，它基本上也是系统方法的体现。

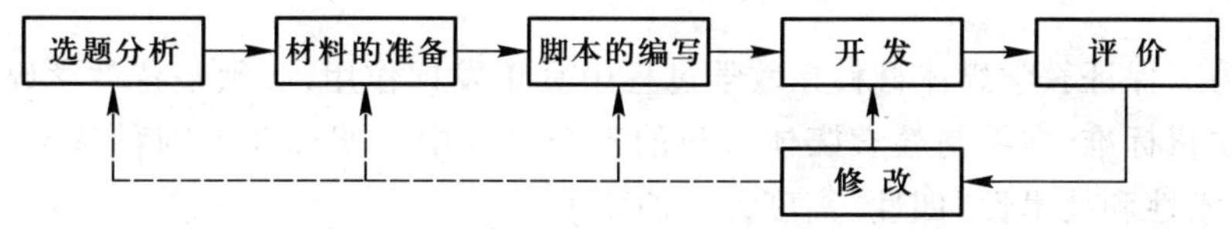

图 6 - 1　教学媒体材料编制的基本过程

（一）选题分析

在这一阶段要根据教学媒体材料编制的选题原则，在充分考虑使用对象、目标、内容、媒体特性、有利和制约因素等方面，从必要性、可行性等角度来确定选题，并组成相应的编制小组进行工作。编制小组的成员应尽可能包括学科专家或教师、媒体材料开发技术人员、教学设计人员以及媒体材料未来的使用对象等。选题要明确媒体形式以及该媒体材料所适用的使用对象、教学目标、教学内容等。

（二）材料的准备

材料的准备阶段要根据已确定的选题，为材料的设计和具体编制等工作准备好相关的材料，包括：具体教学内容的准备，设计、开发和评价阶段的一些理论资料和可供参考的样例的准备，等等。

（三）脚本的编写

本阶段要在明确的选题的指导下，根据媒体材料使用对象的特点、教学内容和目标、教学媒体特性等，在编制小组各方面人员的共同参与下，对媒体材料的功能、框架结构、具体表现形式等加以设计，并按一定格式编写出相应的脚本。在设计的同时，还应尽可能由技术人员根据设计的思路先制作出一个小的原型，在通过编制小组的讨论以及试用之后进行相应的修改。以确定好的原型来指导后续的设计、脚本编写以及具体开发等工作。

（四）开发

本阶段由技术人员根据原型和脚本进行媒体材料的具体开发。

（五）评价和修改

当媒体材料的开发工作完成后，需要通过编制小组自评、组织人员试用等方式，对媒体材料完成教学目标的完成情况以及媒体材料的技术特性等进行全面的评价，并根据评价的情况进行相应的修改。修改后的媒体材料才能作为成品投入使用。

需要说明的是，除了对开发好的媒体材料进行评价外，在编制的各个阶段都需要根据各阶段的任务对各阶段的具体工作和成果进行相应的评价和修改。评价和修改应贯穿于教学媒体材料编制的全过程。

三、教学媒体材料的编制要求

为了保证教学媒体材料在教学过程中真正发挥作用，必须坚持教学媒体材料的质量标准，在编制教学媒体材料的整个过程中要明确并贯彻科学性、教育性、艺术性和技术性“四性”高度统一的要求。

（一）科学性

教学媒体材料要向学生传授正确的思想观点、方法和科学的知识与技能，因此科学性是教学媒体材料的基础。科学性要求主要体现在教学媒体材料内容的科学性上。

（二）教育性

教育性是一切教学媒体材料的特性要求。教学媒体材料的教育性要求主要体现在它的教学目标的确定、内容的选择、材料的设计、教学活动的安排等要符合教育教学的基本规律和要求。

（三）艺术性

艺术性主要关注教学媒体材料能否通过声与像的艺术魅力来增加感染力，使教学内容赋有艺术气息，增加趣味性，引人入胜，以激发学生学习兴趣，提高教育、教学效果。

（四）技术性

技术性是对教学媒体材料编制的技术质量的具体要求。

总之，教学媒体材料的科学性、教育性、艺术性和技术性的要求是相辅相成、缺一不可的整体。应坚持教育性第一的原则，以教学效果作为检验教学媒体材料质量的主要标准；科学性是教育性的基础，又是通过教育性来反映的，二者均处于主导地位。艺术性和技术性是为教育性和科学性服务的，艺术性能更好地表现教育性和科学性，而技术性是教育性、科学性、艺术性能充分表现的技术保障，它们虽然处于从属地位，但是有着十分重要的作用，在编制教学媒体材料时是不可忽视的。

习题

1. 说明什么是教学媒体。
2. 说明什么是教学资源。
3. 简述媒体的主要特性和作用。
4. 阐释在教学中应如何选择合适的教学媒体。

教学活动建议

重点讲解教学媒体的概念、性质与作用、媒体选择的基本依据。并组织学生参观语言实验室、演播室等。尽可能安排一些实验，让学生操作各类电声媒体和光学投影媒体。此外，可组织学生对某项媒体的优缺点和适用范围进行分析和补充。

第七章

以视听媒体技术为基础的集体教学模式与方法

教学目标

通过本章的学习,学生应能做到:

1. 理解集体教学的基本含义。
2. 阐述以学校与教师为中心的教学系统的优缺点。
3. 说明集体教学方法的优缺点。
4. 了解集体教学中视听媒体选择的一般原则。

第一节 概述

集体教学主要指在传统的学校班级教学的基础上由于视听媒体技术的引入而形成的一种教学模式。这类教学系统的结构是以学校与教师为中心的结构,其基本要素之间的关系是以教师为主的集体教学方式。其他要素如教育目的、教学计划、教学大纲、经费、资源、环境等都由上级部门确定。学校和教师的工作基本是根据既定的教学目标和学习者的特征来设计学习目标和评价标准,安排教学活动,研究和采用适当的方法,选择使用和开发视听媒体,设计、选择和应用相应的学习环境。其教学过程主要是教师以视听媒体作为辅助手段或传播手段把教学内容有效地传递给学生,并通过相应的评价方法来检验学生的学习结果是否达到预期的目标,从而使学生通过各门功课的考试而获得成绩和证书。这种教学模式有的学者称为视听传播教学,它的基本特征:一是这类教学系统的结构是以学校与教师为中心的集体教学结构;二是以视听媒体作为辅助手段或传播手段来进行教学的视听传播方法;三是教学过程设计的理论基础是传播理论、行为主义的学习理论以及认知的信息加工理论,它强调对教学系统的设计和视听信息的设计。这是教育技术的主要实践领域之一（由于信息技术的发展，由视听技术所编制成的教学媒体逐步地由信息技术来生成，但在集体教学中的功能仍是辅助手段，故这一节的标题仍用“以视听媒体技术为基础”）。

一、基础结构

图 7－1 所示为用在教育和训练上的传统的教师与学校为中心结构的图解。

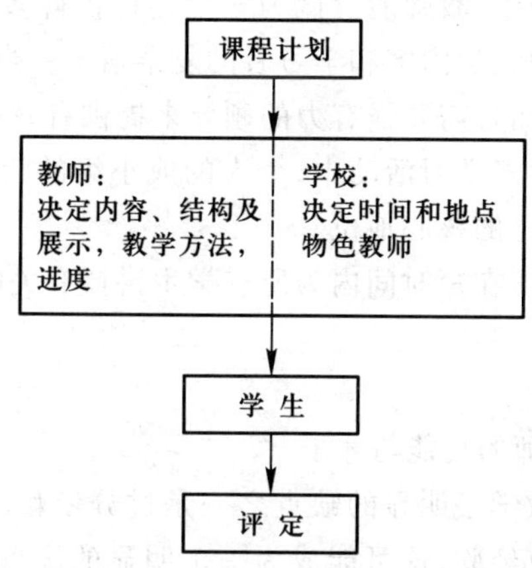

图 7－1 以教师与学校为中心的基础结构

在这样的一种系统中，有关一门课程如何组织和教学的所有决定，实际上是由设置课程的学校或由指定任课的教师做出的。学校决定何时何地讲课以及每个学期要持续多长，学校还决定由哪一位（或几位）教师来负责实际教课。

有关应如何解释和实施教学大纲的要求，则是由教师根据所包括的具体内容及其处理时的复杂程度来做出的。而关于教材的结构、顺序，以及关于采用的教学方法和教学进度的一些决定也要由教师确定。

在上述这些决定之中，学生的发言权较小，主要是教师将学生的特征和教学方案相结合，而学生必须努力使自己的学习方式适应学校所制定的课程计划和适应教师所做出的教学决定。最后，学习最终成绩一般是通过某种考试来给出的，有时是外部指定的考试进行评价。至于这方面到底做得怎样，个别学生还是无权过问，这样的结构有它的优点也有它的缺点。

二、优缺点

（一）优点

1. 便于行政管理

很多优点是同以教师与学校为中心的结构结合在一起的，这是因为这个结构代表着传统的教学与训练方法而形成的系统。无论是中小学、大学和一些训练机构一般都适合通过这种系统来进行管理,管理上的方便是一个非常重要的原因。大多数教育和训练机构在运用这一传统方面都有几十年的经验,而且无论是学生或是教师和行政管理人员对它都已经非常习惯。

以教师与学校为中心的系统另一个重要优点是,它使学校能比较有效地利用其设备与器材资源(根据时间表的安排)以及合理有效地利用教师人才。

2. 适合于缺乏经验的学习者

在这一类型的系统中,教师能尝试为学生们提供许多不同的学习环境和教学方法以适应所涉及的教学内容和学习者的复杂情况。当教学对象是一些年幼或缺乏经验的学习者,而且需要强有力的领导来提供有效的学习机会时,这一优点显得特别适合。在很多学习活动中,个人的或小组的活动可能占相当大的比例,但教师一定保持自己的核心地位。

此外,集体授课能够在短时间内为所有学生讲授有关的学习内容,能够获得较高的教学效率。

(二)缺点

1. 过分依赖于教师的技能与才干

以教师为中心的教学最明显的缺点之一是过分依赖于教师的技能与才干。如果教师既有才能又有经验,这可能成为一个明显的优点。但如果情况不是这样,对学生来说也可能产生一些严重问题。由教师控制的内容其中包括熟悉教学大纲、组织教学内容、选择教学方法、规定所涉及范围、控制教学的进度,以及做出补充教材和辅导工作的决定。在这些环节中每一个环节都可能产生问题,而在很多情况下,一个教师却只凭他的个人经验和直觉来进行指导。

2. 不能实施因材施教

这是因为教师组织教学内容,通常是在理论与实践经验结合以及与同事们一起磋商的基础上进行的。即使是一个小班,所采用的教学策略未必适合所有的学生的不同的知识水平和不同的学习方式。而对于大班来说,很明显问题就更大。对于一个教师来说,要用不同方法来讲授同一教材,以配合学生们不同的个别技能和学习方式的需要,是一种不切合实际的想法。

在教师所采取的进度方面,也会出现一些类似的问题。因为一个班(尤其是大班)的学生在对已学过内容的掌握程度上和学习新教材的速度上,可能相当悬殊,而教师所支配的进度只能适合班上一部分学生的情况,即使他设法使进度与大多数中等能力的学生相适应,但对于学习慢的人来说(他可能能力很高)肯定是太快了,而对于那些高材生来说也许就太慢了,这些人很容易变得厌烦起来。

不能因材施教,不利于发展学生个性,这是集体授课的最大弊端。

3. 不适合完成技能和态度方面的教育目标

以教师为中心的系统存在的另一个缺点是,不适合完成那些技能和态度方面的教育目标。在中小学范围内虽然有充分发挥种种教学方法的机会,但中小学教师经常把自己局限于他们自己感到舒适以及用得已经习惯的那些方法上。高等教育范围内的教师们通常就更局限于他们自己的方法上,在这一教育范围内的教学实践中集中讲课方法总是处于支配地位,难以全面顾及到各个学生技能的提高和态度的养成。

4. 不利于实施巩固教学环节

巩固教学是一项留给教师的任务。心理学方面的研究已完全证实,关于某一问题所能够记起的多少与教学的巩固或强化次数的多少有很大关系。一个有经验的优秀教师肯定是要力求将适当数量的巩固纳入教学计划中去。但是,其他教师可能不是有意地让学生来做这项工作,以致忽略了“巩固”这方面的工作。

此外,教师总是要把各节课内容排成时间表来适应标准时间——1 学时(如 45 分钟)。但是已经证实,无论是教师还是学生,他们的注意力强度都将随着时间推移而迅速下降。一次连续讲课所用的最恰当的时间约为 20 ~ 30 分钟之间,大大低于标准长度。一位优秀教师会设法来阻止这一注意力减退的倾向。例如,在讲课中不时地穿插一些讨论内容,或变换采用的教学方法等。这一点现在也被大多数老师所重视。

三、课堂多媒体教学传播模式

在学校课堂教学中,教师利用多种媒体进行教学活动,这种教育传播过程的模式基本上是一种以教师为中心的、信息流通是闭环的结构模式(图 7 – 2)。

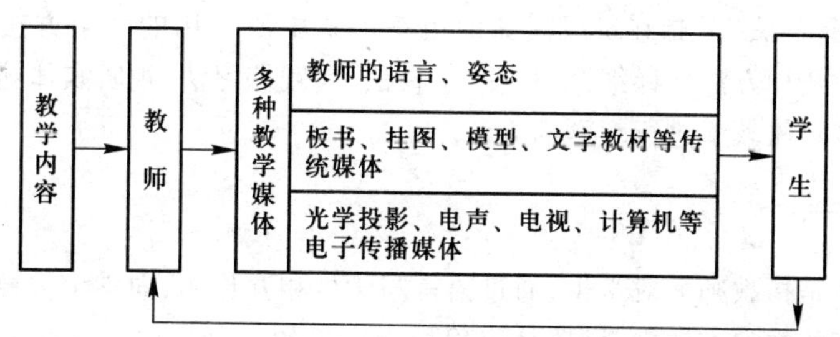

图 7 – 2 课堂多媒体教学传播模式

在课堂多媒体教学传播模式中,教师分析教学内容,确定具体的教学目标;教师根据教学内容的性质和教学对象的知识水平去选定与编制所需的多种教学媒体,选择所需的教学环境,并把多种媒体和教学环境进行有机组合形成最佳的课堂教学结构;在施教活动中,还得根据学生接收情况的反馈信息去调整教学内容和所运用的教学媒体。整个过程体现了一种以教师为中心的教学活动。因此,教师的水平、教师的教学准备、教师的教学技能与技巧,将对教学传播效果有重大影响。

在课堂多媒体教学模式中,教师运用多种媒体传授教学内容,能获得良好的教育传播效果。

教师能面对面直接运用自己的语言与姿态作为教学媒体去传递教育信息,尽量缩短了信息传送的通道,使学生有一种直接的亲近感,同时也使学生感受到在老师面前必须集中注意力去学习的压力。

教师除了用自身的语言与动作作为教学媒体外,还能直接采用板书、挂图、模型、标本等教具和演示实验等传统媒体去呈现教学内容,以及利用光学投影媒体、电视、电声媒体和计算机媒体把教学内容用形象生动的方式呈现出来,教师还可以把上述多种教学媒体作有机的组合去从不同角度、不同层次呈现与阐述教学内容,因而可以获得非常理想的教学效果。

在课堂多媒体教学传播活动中,由于是在教师与学生面对面的情况下进行,因此教师容易即时获得学生学习的反馈信息,从而调整教学内容、教学方法与运用的教学媒体,使之更能符合学生的学习程度,增强教学传播的效果。

课堂多媒体教学活动是当前学校课堂教学的主要教学形式,教师认真分析教学内容、选择教学媒体、设计好课堂教学结构是成功采用这一模式进行教学的关键。

第二节 几种主要的集体教学方法

"集体教学法"是指在班级授课的组织形式中所运用的教学方法。本节只对最常用的几种方法作详细介绍,即:讲授法、实践练习法、视听媒体辅助教学方法和运用多媒体教室进行教学的方法。

一、讲授法

讲授法是指教师面对学生,通过语言与学生相互作用,向学生传授知识的方法。在众多的教学方法中,讲授是应用最为广泛的一种方法。它在教学方法中起主导作用,其他教学方法都离不开讲授法。

(一)讲授法的优点

毫无疑问,讲授法在教育和训练方面之所以保持主要地位,原因之一就是它可取得很高的学生、教工比率。其次,讲授法有利于发挥教师在教学中的主导地位,能比较准确、科学、快速地把知识传授给学生,提高学生学习的效率和效果。再次,讲授法要比使用其他方法方便,而且,讲授法还容易为学生所接受。

（二）讲授法的缺点

讲授法还有让人担心的一面，这就是它的效果不可避免地要特别依赖于讲课人的水平和技能，而且还大大依赖于学生通过听讲来学习的能力。

（三）运用讲授法的要求

为了发挥讲授法在教学中的优势，避免其消极的作用，要求教师和教学设计者必须做到：

1. 把科学性、系统性与趣味性结合起来。即在保证教学内容的科学性、系统性的前提下，尽量使讲授的语言富有趣味性。

2. 在语言的运用上，注意启发性，调动学生积极思维。并不是说讲授法必定没有启发性，只是教师在运用这种方法时容易忽略启发性的教学思想。这就要求在利用这种方法时，注意语言的启发性，善于利用启发性问题，引导学生积极思维。

3. 要注意与其他方法、手段、媒体的配合。无论教师运用讲授法的语言趣味性、启发性多么高，它必定是一种单纯的语言（听觉）刺激，这种刺激长时间地作用于学生，容易引起听觉疲劳，即注意力下降，势必影响讲授的效果。另外，任何一种教学方法都不是万能的，都有其适用的条件。因此，教师应根据教学需要，选择不同的教学方法、手段和媒体，以便发挥教学的整体功能。

二、实践练习法

实践练习法就是指学生在教师的指导下，通过亲身的实践活动掌握教学内容，形成技能的一种教学方法。它在目前的以学校与教师为中心的教学系统中，是理论联系实践的一条主要途径。它包括两个主要的具体方法：① 实验法，是指学生在教师指导下，运用一定的仪器设备，进行独立试验的方法。这种方法主要用于验证某种理论，使学生加深对理论的理解，提高学生理论应用的水平。实验法主要是在专门的实验室中进行。② 实习法，是指在教师的组织和指导下，学生进行实际的操作，将书本知识运用于实际的方法。这种方法主要用于培养学生运用理论知识进行实践的能力，提高学生的动手操作能力和分析问题、解决问题的能力。这种活动一般在校外的生产实习基地（如工厂、农村、山区等）中进行。

（一）实践练习法的优点

1. 它可以强化学生对理论知识的理解，更加深刻、牢固地掌握所学知识。

2. 它是加强理论联系实际的一条主要途径，可以提高学生运用理论解决实际问题的能力。

3. 它可以提高学生动手操作的技能。

4. 它有利于发挥学生学习的主观能动性和创造性，因此受到学生的普遍欢迎。

（二）实践练习法的局限性

无论是实验法还是实习法，在时间、财力方面的耗费都很大，因此，它不是一种经济的教学方法。在时间上，以教师和学校为中心的教学系统，要求学生在有限的时间内掌握大量的系统知识。如果所有的知识都要以这种方法提供直接经验给学生，不仅是不可能的，而且是相当费时的。在财力上，这种方法往往需要大量的仪器设备、材料及场地，它不符合经济上的要求。

（三）运用实践练习法的基本要求

1. 对实践活动的内容、目标要精心设计和确定。学生的实践活动，无论是在校内还是在校外，主要是对书本知识的验证。教师应根据教学要求，选择实践的内容，并对实践的目标和程序精心设计。只有这样，才能避免实践的盲目性，达到预定的目标。

2. 教师要加强对实践活动的指导、检查和控制。这里所涉及的实践活动，其实质是一种学习过程。它需要教师适当的指导、检查和控制。

三、视听媒体辅助教学方法

在集体教学中使用的视听媒体包括幻灯、投影、录音、广播（无线电广播与电视广播）、电视、电影及录像、多媒体教室等。利用这些媒体作为辅助手段传播教学信息是集体教学中最基本的方法之一。在教学中既可以单独应用也可以组合应用。

（一）幻灯、投影、录音教学

幻灯、投影使用比较灵活方便，而且经济，是集体教学中广泛利用的媒体。它提供的是静态的文字及图像方面的视觉信息。在实施录音教学中，首先根据教学所要完成的教学目标来选择录音教材。一般来说录音教材更适用于“说”和“听”一类的语言训练活动，但它提供的仅是听觉方面的信息。

（二）广播教学

在教育和训练中利用无线电和电视广播已有很长的历史，世界各地的大量广播机构播送着专门为中小学和大学课堂使用而设计的各种节目。然而在大多数情况下，这些节目的作用都被局限在一般趣味、“任选的外加项目”或“辅助性”的教材上。仅仅是从60年代中期开始，一些广播节目才被用在第一线的教学上。这一发展最早是在英国由开放大学倡导的，从那时以来，教育广播被用作远程学习系统的一个关键部分。

严格地说，若从本章所对“集体教学”这一术语的解释来看，在与教室环境相对立的远程教学中，利用无线电及电视广播节目应列为“个别化学习”法，而不应是“集体教学”法，这样的一些节目是为个别化教学而设计的，一般来说同个别化教学的联系要比集中教学多些。因此，只有从这些节目同时能为众多的人所接受这种意义上说，它才算是“集体教学”方法。

1. 广播教学的优点

无线电及电视广播在教育中的优点，是它能给出高质量的教材，如果运用得当的话，还能有效地对所教的课程加以补充，从而使课程内容更加丰富多彩。

2. 广播教学的缺点

广播教学存在某些缺点，如容易造成使用不当，以及教师把对全班学生的控制权移交给广播等问题。再有一个缺点就是这些广播的时间安排是固定的，因此很难（或甚至不可能）配合课程时间表，或灵活安排收听时间。通常是利用录制节目的办法加以解决。

（三）电影及录像等视频教学

多年来，电影凭借本身的特点作为一种集体教学方法已被用于教育中，特别是在训练教学方面运用较多。随着录像机、VCD 和 DVD 等视频播放设备的应用，使得在教室内放映电影形式的教学节目更为方便，因而这方面的实际应用变得越发盛行起来，电影和录像等节目被用在教育及训练的各个方面。各种视频短片和剪辑还能穿插到讲课形式的教学中，以提供解说性的视觉刺激和各种各样的解决方法。

1. 视频教学的优点

首先，视频教学能有效地代替讲课用于教育及训练中。若教学内容具有高度的视觉效果，各种视频材料的用处就更为突出。如动画、慢转速拍摄以及特写镜头等多种技术均可用来产生良好的效果。

视频节目能为学生提供教室以外的生活印象，这是用其他方法不便于或者是不可能得到的。例如，电影及录像等各种视频可放映外国的社会政治等情况，用显微镜观察到的科学过程、复杂的工业流程，以及舞台演出，等等。

2. 视频教学的缺点

视频教学的最大缺点，就是在放映时间内教师实际上已放弃了他对全班学生的控制，失去了与学生面对面的交流。因此，只有采用视频教学达到的目标明显比其他一些较为常用的教学方法优越时，方应采用。

视频教学在实际应用时必须有适当硬件，否则什么也演不成。同时，一个节目的采用常常还和经费有关。视频节目的摄制、编辑或购买等都需要一定的经费，特别是当视频节目是用在商业或工业的训练方面，而不是用在某一教育情况下更是如此。

3. 运用电影、录像等视频教学的基本要求

首先，要掌握各种视频教学媒体的优、缺点。

其次，要根据教学的要求及教学内容的特点选用不同的展示方法。一是

演播法:这种方法是把教学内容以视频节目的形式一次性地完整演播给学生看,这种方法用在对学生进行政治思想教育或了解与教材内容的辅助材料方面。演播之前,教师要向学生讲清教育或教学目的,看完后,要及时总结或组织讨论以提高其效果。另一是插播法:这种方法是教师在课堂教学中根据教学内容的需要而插播一些片断,它多用于教学内容中不易用语言表达清楚或由于学生缺乏生活感受,或是对教学内容难以理解的部分,切忌插播的内容脱离主题。

(四)运用多媒体教室进行教学

多媒体教室由传统的电化教室发展而来,在教室中配备一台多媒体计算机及相应的信息呈现设备,构成一个多媒体信息播放系统,也可称为电子教室。它把多种媒体结合起来在教学中加以综合应用。目前,在中心设备多媒体计算机中还装有专门设计好的自动控制各种媒体开启、播放、屏幕升降的管理软件,教师只需触摸屏便可完成各种操作。

从多媒体教室的配置可以看出,多媒体教室的主要功能在于集成地管理、操作各种媒体设备(如计算机、电视、VCD、DVD、视频展示仪等),以方便教师的课堂演示和讲解。多媒体教学的缺点是成本较高,还要求教师具有能熟练使用各种设备的技能。

第三节　集体教学中常用视听媒体和选择原则

在集体教学中能利用包括硬件、软件在内的各种视听媒体。有些情况下,这些视听媒体是用来提高教学方法的效果(例如,利用直观教具来支持讲课),而在另一些情况下,则又成为教学方法本身的重要组成部分(例如,VCD 或 DVD 等视频播放或有线广播)。因此,视听媒体可以说它是一种工具,通过它可将某一信息传递给学习者。换句话说,媒体就是位于教师与学习者之间使两者产生关系的媒介体,如图 7-3 所示。有一点很重要:视听媒体由于本身具有适配性,在特定的教学或训练情况下使用时应进行仔细选择。

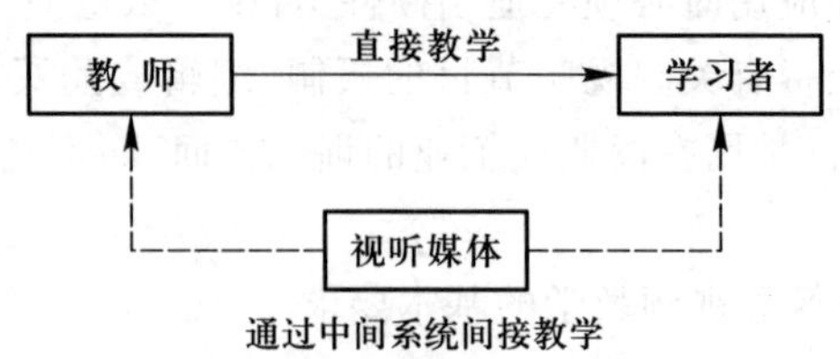

图 7-3　视听媒体在教学中的媒介作用

一、常用的视听媒体

在集体教学中常用的视听媒体有黑板、挂图、模型、幻灯机和幻灯片、投影器和投影片、录音机和录音带、无线电广播或有线广播、电影机和电影片、录像机和录像带、光盘和 VCD 或 DVD 等。

二、媒体选择的原则

媒体的选择是教师进行教学的一项重要的基本工作,这方面的内容在“教学设计”课程中还要详细地阐述。在第六章教学媒体概述中已经列出了媒体选择的基本依据,这里再重复一下。要说明的是,这些是教学媒体选择时要考虑的最基本的原则,在具体选择时,教师还需要以这些原则为基础,选择某种自己熟悉的媒体选择流程进行操作。

(一) 教学媒体的特性

要想在教学中正确地选择和应用适当的教学媒体,就必须对各个媒体的特性有一个充分的了解,这是作为一个教师在选择媒体时必须掌握的基本要求。只有在确切地把握教学媒体的特性的基础上才可能结合其他因素对媒体进行正确的选择和应用,才有可能取得较好的教学效果。

(二) 学习结果的类型

教学设计的学习需求分析、学习内容分析得出了教学目标和学习结果的类型,根据这个结果设计教学活动,是选择媒体的依据。这里指出的学习类型是应用加涅对学习类型的分类,即智力技能、言语信息、运动技能、态度和认知策略。

(三) 学习内容的特点

不同的学习内容在一定的教学目标的指导下会对教学媒体提出不同的要求。需要根据内容的形式、特点等选择具体的媒体。

(四) 教学活动

现代学习理论将几个不同的学习过程看作是发生在从最初刺激的接受到反应的产生的一个时序中,在这序列中有几个阶段,每个阶段包括不同的内部过程,支持每一个内部过程的不同的外部活动称为“教学活动”。因此,构成一节课的教学活动应该在选择媒体上作出计划,根据教学活动所需要的刺激类型而选择能呈现这类刺激的媒体。

(五) 学习者的特点

学习者的特点对选择的决策有重要意义。许多实践证明,媒体对不同类型的学习者可以产生不同的效果。所以应当识别适合于不同类型学习者的媒体。例如,阅读能力差的人通过口语而得的受益要多于书写文字;对学习能力强的人在自学时,各种印刷材料在学习进度方面提供了较大的灵活性。

（六）实际因素

在选择媒体时要考虑实际因素，诸如教师对各种媒体的偏好和熟悉情况，媒体制作及购置硬件的费用，以及是否具备必要的教学环境等。

习题

1. 说明集体教学系统的优缺点。
2. 在集体教学中选择视听媒体应考虑哪些因素？

教学活动建议

以讲解为主，着重阐述集体教学系统的优缺点，并使学生认识到这种模式是学校教育的基本形式。引导学生讨论如何正确运用视听媒体，以获得有效的教学。为了使学生加深对这一类教学系统的认识，可以给学生留一道习题，分析集体教学系统的优缺点。

第八章

以计算机技术为基础的个别化教学模式与方法

教 学 目 标

通过本章的学习,学生应能做到:

1. 阐释个别化教学的基本含义。
2. 说明个别化教学系统的三种形式的特点。
3. 阐明个别化教学的优缺点。
4. 阐明计算机在个别化教学中的应用。
5. 知道什么是多媒体技术。

第一节 概述

个别化教学指的是以学习者为中心,适合于满足个别学生需要的教学。为了满足学生的需要,可能要通过一种或多种专门的教学技术,这些技术包括允许学习者在通过一个教学序列时设定他们自己的学习步子;根据个人特点为每位学习者选择教学方法、媒体和材料;并允许选择每位学习者想要达到的目标。

个别化教学是在程序教学发展的基础上而逐渐形成的一个教育技术的实践领域。迪维斯(I. Davies)把程序学习的发展进行了归纳,如表 8 - 1 所示。

表 8 - 1 迪维斯归纳的程序学习演变状况表

1960 年	1962 年	1964 年	1966 年
小步子	作业分析	作业分析	系统分析
外显反应	行为目标	行为目标	作业分析

续表

1960 年	1962 年	1964 年	1966 年
即时反馈	小步子	教材分析	对照分析
自定步调	逻辑顺序性	程序方框图	行为目标
直线式	实际反应	小步子	教材的结构化
或分支式	即时反馈	积极反应	（通过分析与综合）
书本或机器	自定步调	个人速度	最优的教授策略
有效性	直线式	或小组速度	依据下列因素控制的相互作用
	或分支式	作为信息传递	(1) 可能消化的步调
	或学习行为式	问题的揭示	(2) 适当的刺激内容
	有效性	有效性	(3) 关联反应形式的强化作为信息、传输问题的提示，最优的器具配置
			有效性评价
			设备与实施

由表中可以看出，在程序学习的最初阶段，主要讨论程序学习的进行方式。进一步发展开始重视作业分析、学习行为目标的分析以及教材的逻辑顺序性的研究。再往后，开始考虑整个教学过程中更为复杂的因素，从而设计最优的教授策略，并在实施过程后能够做出评价，程序设计更加适合逻辑性。到了 20 世纪 60 年代末，系统科学和方法也运用到了程序设计中。至此借助程序学习可以非常确切、全面地探讨教学的全过程，程序教学中重视分析学习目标与学习结果的关系等，为后来的教育技术的重要内容——教学设计奠定了思想基础。引入程序学习以后，学习的个别化成了教学设计者和教育技术领域的开发人员所关注的中心。

为了实现这种程序教学的思想，人们设计了各种各样的教学机器。但是，到了 20 世纪 60 年代末，由于技术水平跟不上去，且对于复杂的教学内容难以解决，程序教学处于低潮。到了 70 年代，随着具有高度性能的电子计算机技术的迅速发展，程序教学方法广泛用于计算机辅助教学，计算机成了实现程序教学思想的最高级的程序教学机。这种教学系统通过课件的最优化设计而实现个别化学习，从而提高教学效率和质量。

第二节　个别化教学系统的基本结构和形式

一、个人自主利用媒体自学的教学传播模式(图 8－1)

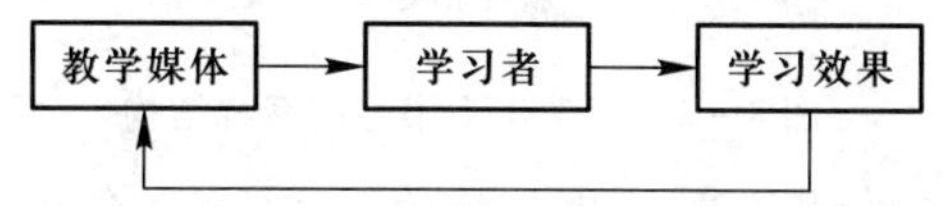

图 8－1　个人自主利用媒体自学的教学传播模式

该模式是学生自主利用教学媒体学习的一种方式,学生无需教师作为中介就能直接向多种教学媒体学习。这时,控制学习过程的主体在学生一方,是一种以受教育者为中心的教育传播结构模式。学生的学习有高度的独立性与主动性。教师的工作主要体现在间接为学生编制教学媒体,或者通过教学媒体的程序设计来间接控制教学过程。

实现这一教学模式,目前有两种教学方式。

一是学生按需要确定学习的目标,充分利用学校和社会上的各种学习材料,选定合适的教材进行自学。这种学习,要求学生有较高的独立性与主动性,但他们能充分享受到学习的欢乐。现代科技的发展,与文字教材配套的视听及电子资源越来越多,计算机及互联网的应用为这种学习方式的实施提供了充分的条件,使自主利用媒体学习成为一种很有发展前途与生命力的教学模式。

二是学生利用教师事先编制好的程序教材,按编制的控制程序去进行学习。计算机辅助教学就是这一模式的典型代表。这类学习能通过教师编制好的程序间接接受教师的指导,同时能按学生的接受程度,提供最有效的内容去进行有效的学习,因此,有相当好的学习效果。这种学习模式的实施,同样要求程序教材质量要高,同时要有数量较多的程序教材和学习资源可供学生选择使用。

利用媒体自主学习的模式将成为一种重要的教学传播模式,教育也将产生一次新的飞跃与革命。

二、基本结构和三种形式

作为以学生为中心的教学系统的基本结构,可用图 8－2 来表示。不过并不是图中的所有因素在每一情况下全都适用,在这样一种结构中,最重要的是要考虑学生的需求,系统的所有组成部分要适合于帮助学生尽可能有效地达到他个人的学习目标。

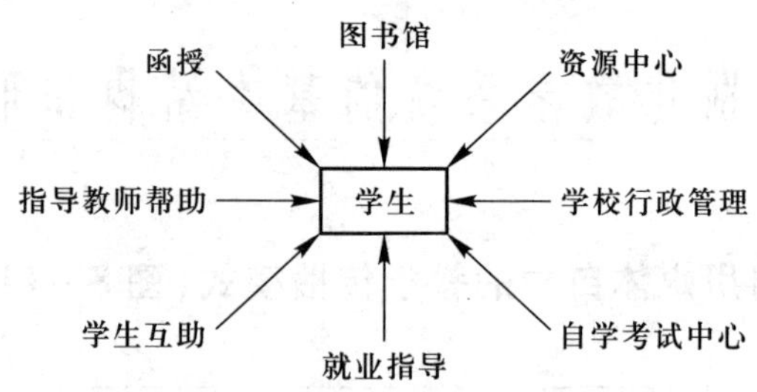

图 8-2 以学生为中心的系统结构

在以学生为中心的情况下,学生与他的主办学校之间的关系多有不同,但我们至少能区分出三种基本的教学形式,即:以学校为基础的系统、当地系统以及远距离学习系统。

(一) 以学校为基础的系统

学生在某一特定的学校学习,而学校提供学习设备和教师帮助,学生可按照自己的需要如时间与进度到校学习。

(二) 当地系统

主办学校的目的是为学生提供一些通常与函授课程有关的设备和学习条件。这样的系统是特别针对当地那些因个人情况难于或不可能适应正规教育系统的学生。学生不必按固定的时间来学校学习。而且不论在校内或是校外都可以利用各种个别化学习设备。如同以学校为基础的系统一样,学习设备可以以一个开放使用的环境提供给学习者。弹性学习就是这类系统中的一个范例。这一情况在国外正在日益普及,特别是在高等教育领域内。在我国基本上不采用这种形式。

(三) 远距离学习系统

在这里,大多数学习是远离主办学校进行的,向学生提供的学习教材是通过广播电视大学或网络教育机构或通过当地某一机构来完成的。在一定的地区范围内至少要分配一定的指导教师,以便能辅导学生。这种辅导可根据学生与教师的相隔距离以及学生的具体情况来采取面授指导、电话个别指导、函授或网络交流等不同方式。教师所起的作用在任何以学生为中心的策略中都是极其重要的,尤其是在学生努力适应一种新的学习方式的早期阶段。学生在学习中的一些共同的问题可以由指导教师组织小组讨论得到解决。

最初的远距离学习采取的是函授课程的形式,今天在远距离学习形式中它仍占有一席之地。在这样的课程中,学习材料几乎完全是课文材料,提供给学生的是有结构的课程单元,可指导学生的学习活动并制定作业,学生一般可定期收到关于他们的成绩的反馈,在允许他们进行下一个单元之前,要求必须达到一定的学习标准。

最近几年来，出现了多媒体远距离学习系统。这一形式是由英国开放大学开创的，现已发展到世界很多地方。这种系统能将印刷学习材料、计算机辅助学习包、练习用自行装配的成套元件、模型、书籍以及其他课文材料等结合起来。这些教材的使用，加上指导教师的支持（当地的及远程的）、学生“自助”小组的学习活动，能使学生达到规定的教育目标。我国现在兴起的网络教学、电视教学属于这种系统。

在任何以学生为中心的系统中，主办学校在行政管理方面必须适合于该系统的顺利运转。包括要安排对学生的学习进行记录与检查，分配学习资料，布置课外作业，收集教师反馈，掌握经费，支持与培训全体教学人员进行教材制作，对学生进行帮助，以及管理宣传材料。此外，学校应尽可能提供职业指导。

三、个别化教学的优点与缺点

（一）优点

1. 由于学习的速度是自定的，学生就用不着匆忙通过那些自己感到有困难的课程部分，或是在容易掌握的部分上花费较多时间，而是完全由学生自己控制学习进度。

2. 有明确的教学目标。通常，个别化教学组织者提供的课程单元附有一套行为目标，这样可明确指出在每个单元结束时希望学生能做些什么，而且学生和指导教师也都确切地知道必须取得什么成绩。这样的目标还可以帮助学生参加以后的测验和考试。

3. 在大多数个别化的学习单元中，把各种不同的媒体结合起来使用，因而能使不同媒体的特点得到充分发挥，这样有助于学生不是单纯地去读、去听、或看。为个别化学习而制作的很多学习材料是交互性的，这种交互作用能促进学习，并使注意力保持集中。

4. 能根据学生的实际情况和需要选择合适的学习方法。教学单元本身是以学生为中心而设计的，在很多情况下可以有若干个方法来处理相同的课程教材。最理想的学习是学生能从许多方案中选出最适合自己的需要、兴趣和学习风格的方法；这些单元可以制作成很多组件，学生从中选出最适当的组件以达到要求的目标。学生能根据内容选择自己学习的顺序；同样，学生们还可以根据自己的个人需要和进度，从许多可任选的学习材料中进行选择。

5. 对于大多数以学生为中心的学习策略来说，指导教师的帮助和指导一般更能切合一些个人的实际。通常，学习能力较弱的学生要比能力较强或更有主见的学生有机会受到指导教师更多的注意。这样的方法还附带产生一种最为有效的效果，这就是学生们可以学着去独自进行有效的学习，而不是接受像在传统的系统中常出现的那种填鸭式教学。指导教师所起的作用之一，就是帮助那些不熟悉这种学习方式的学生们进行调整,以便从系统中获得最大的益处。

6. 依靠指导教师与学生之间的这种密切关系,以及每个单元的测试成绩,不论是指导教师还是学生都能得到对学生学习成绩的定期反馈,这也会给学生带来一些鼓励和动力。

7. 从更广的基础上来看,以学生为中心的学习系统,能为那些不能到校学习的人,提供更多的教育和训练机会。这一点特别适合那些有固定工作的人,以及那些因个人情况难于或不可能经常按时上课的人们。这样,在高等教育和成人教育方面就发现了一个全新的潜在学生市场,这一市场的开发对某些教育、培训以及专业更新的课程开发具有广阔的发展前景。在不断发展的社会教育中还能起着极其重要的作用。

(二) 缺点

1. 在传统的教学中,学生的作用比较被动,但以学生为中心的学习就大大依赖于学生的主动作用,而学生的责任心和学习动力必须非常强。因此,对于年纪较小或缺乏经验的学习者来说,可能就不如年纪大些的和比较成熟的学习者适合使用。后者具有明确的奋斗目标,而且在进入一个以学生为中心的系统时他们知道自己必须刻苦学习。

2. 就适应个别化学习的教材的准备来说,可能存在不少困难。为了拿出好的学习材料,教师需要学会一些新的技能,而且还必须花费大量的时间,才能有效地完成这一任务。对于这一任务的困难绝不应估计过低。同时,就像以学校为中心的教学要依靠优秀的教师一样,以学生为中心的教学非常依靠良好的教材。

3. 在以学生为中心的学习系统中,教师除了负责制作学习材料之外还有另一项新的任务,他将不再是信息的主要传送者,而是担负一项更具有支持性的指导任务。对于某些教师来说,有效地履行这一职能可能有困难,需要组织一些在职学习,以便培训教师能有效地完成这一新任务。

4. 适合以学生为中心的学习这一策略的课程范围和类型相当有限。这一方法大多是用在一些要求掌握基本“核心”知识的入门课程上,主要是用在一些具有强有力的真实内容和结构的学科,如理、工和医学,以及某些短期的训练课程,也有些是以文科为基础的课程。而在具有实践性很强的学习内容的一些学科中,要将适当的实验室工作、实际演示以及与一些技能有关的工作纳入个别化自学的课程中,学生的学习将是极其困难的。此外,以学生为中心的方法还不适合于大量采用小组讨论的学习方式。

5. 以学生为中心的课程在很多方面必须取得主办学校行政管理系统的支持,如:基金的安排,课程日常工作,使用一些专门设备(图书馆设备、极端机设备、实验室等)以及提供适当的考试方法,而大多数的学校提供了这样的支持。

第三节 个别化教学中采用的媒体

从上述三种形式的个别化学习方法中可以看出，自学教材在学习过程中起着教师的作用，而真正的教师通常是起着管理和指导的作用。如图 8－3 所示。

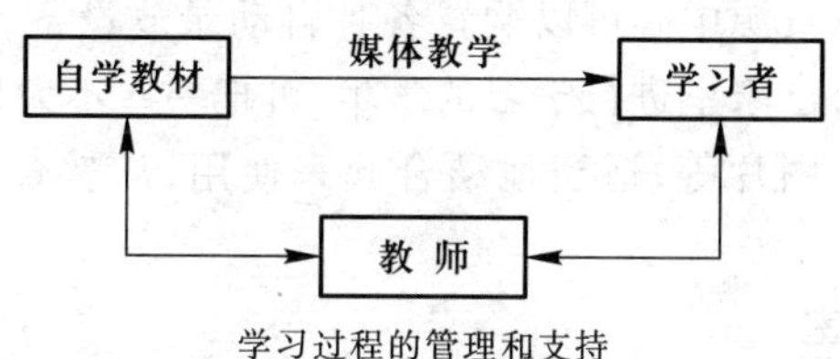

图 8－3 教材在个别化学习中所起的第一线教师作用

个别化学习中所使用的材料分为三大类：文字教材、视听材料和计算机辅助教学材料。在实际学习过程中往往是将这三类媒体结合起来使用，以达到一定的教学目标。

一、文字教材

（一）书籍

在自学情况下，主要采用教科书。一般来说通过适当的学习指导，可以提高教科书的作用，提高自学的效果。这种学习指导包括讲解、辅导、补充笔记和指定作业，指出其他书中适当章节内容。教科书还可以结合一些特制的视听教材一起使用。

（二）有结构的笔记

在自学的情况下，有时采用教科书无论就其深度还是从它对内容的处理来说可能都不太适合学生的需要。采取由教学人员制作的有结构的笔记发给学生，就能克服这一缺点。

（三）课文程序教材

程序教材是将教学内容细分成相对独立的部分并精心安排其顺序，使学生按照这程序学习，并通过程序中安排的自我检查、修正等来不断巩固学习知识。程序学习教材经常是和视听教材或计算机辅助教材结合起来使用，以便有助于维持学生的学习兴趣。

二、视听材料

（一）视听学习程序

虽然文字教材在大多数个别化学习系统中仍占有一个重要位置，但目前很多自学学习包正在利用许多的视听媒体来提高学习效果。这样的学习包包括录音带、录像带、胶卷式幻灯片、投影片、模型和练习用成套元件，以及普通的印刷材料。学习包中的媒体是根据设计学习包时所规定的那些要学习的目标而决定的。

视听学习程序包括适当的学生活动和个别指导。这样的教材能用来达到认知方面的、运动技能方面的或情感方面的教学目标。

学校图书馆以及资源中心可以购置各种自动录放设备，配合上述各种形式的软件的使用。在自己家里进行学习的学生，可把一些不太贵的设备，如盒式单放机、简单的幻灯片、图片等，适当地结合起来使用，从教育的观点来说是很有效的。

（二）语言实验室

最初使用这种设备是为了外语教学，但现在语言实验室也用来为其他一些学科提供录音节目。一般的语言实验室能使每一个学生收听母带的录音，并把自己的反应录制下来然后再放出来听。教师能对任何一个学生进行监听，并能直接和个别学生以及和任何大小的小组进行对话，检查每个学生的学习进展情况，并能识别出哪个学生需要进行练习。所以，语言实验室也可用在学校环境中分小组的个别化学习上。

（三）广播电视媒体

广播教材可以通过无线电及电视媒体很容易地来到个别学习者身边。利用有关硬件就能接受全国或地区的广播网播送的节目。同时，还能利用适当的录制设备将播送的节目录制在磁带上，在学习者方便的时间使用。

在信息技术领域，利用具有适当附加装置的电视机也可实施个别化学习。在这样的系统中，使用者通过一个小型键盘就能与电视屏幕上出现的信息进行对话，而且还能使学习程序与使用者的需求相适应。这一领域内的发展正在飞速前进。

三、计算机辅助教学系统

（一）计算机辅助教学软件

计算机辅助教学软件是为进行教学活动而设计的计算机软件，通常称为课件。它包括帮助教师和学生使用的程序学习课本，专门设计的有关学科的教学单元（如物理、数学等方面内容），用于控制和进行教学活动的程序，以及帮助开发维护和程序的文档资料。按教学活动方式课件分为操作与练习型课件、指导型课件、咨询或对话型课件、模拟型课件、游戏型课件和问题求解型课件等。

（二）计算机辅助教学系统

计算机辅助教学软件和硬件共同构成了计算机辅助教学系统。计算机辅助教学系统的硬件一般可分为两类:一类是大型机为主与若干个终端构成的系统,学习者是通过终端使用存储在计算机内存及外存中的各种课件。另一类是以几十台微机建立集中的 CAI 教室,这种微型机教室多采用两种配置方式,即单机方式和网络方式。单机方式是学习者使用一台计算机,用 CAI 课件进行学习;网络方式是将教室中的各台微机用通信线连接起来,构成局部网络,这样可以实现硬件和软件的资料共享。

(三)交互式视频显示系统

交互式视频显示系统是利用两个教学媒体——录像机和计算机,将教学程序(通过计算机)同良好的声像(通过录像机)融合在一起。这一系统在提供高质量的学习教材以适应个人的需要方面存在着巨大的潜力。

当前,关于交互式视频显示系统正在进行着大量研制工作,新的发展方向很可能是微计算机与视盘放像机相结合。这是因为利用视盘系统来选择一个节目的特定片段或画面要容易得多,不必像录像机那样要进带或退带。

(四)智能计算机辅助教学系统

智能计算机辅助教学(ICAI)是计算机辅助教学(CAI)的新发展,是把人工智能技术应用于计算机和个别化教学系统的开发,并结合教育学和心理学关于教学与学习的理论来构造的。这能提高教学系统的科学性、灵活性和个别化程度,在因材施教方面比计算机辅助教学(CAI)更进一步,为计算机在教育中的应用提供了更大的发展潜力。

第四节　计算机在教育中的应用

计算机最初引入到教育领域时主要局限于教授简单的程序语言和编程,随后逐渐用于辅助教学。在教育中,计算机有两种主要的应用方式:计算机辅助教学(CAI)与计算机管理教学(CMI)。此外,计算机可以作为计算机科学和计算机文化课程的主要内容和教学目标;同时它也是教学中进行复杂计算、数据处理、文字处理和材料展示的有效工具。

自 20 世纪 70 年代中期以来,由于计算机技术和应用水平的迅速发展,人们意识到计算机在社会生活各个方面的重要性,计算机文化的重要性被人们普遍接受。计算机文化指的是理解与使用计算机系统的能力,是现代社会中人的基本能力之一,已成为基础教育的一个重要组成部分。

一、计算机作为计算工具

作为计算的工具是计算机在教育中最早的应用,而且有一些时期还是唯一的作用。数字计算机最适合于这种使用,因为在几秒钟之内就能实现以往需要成千上万个人时才能完成的计算。随着计算机的性能的增强,它在这个作用中的功效得到了稳定持续的增长,现在它已成为各个科学领域中必不可少的一种研究工具。

二、计算机作为教学目标

继计算机最初用于学术研究方面之后,人们开始利用计算机来教关于计算机和程序编制课程,而现在计算机科学和计算机文化正逐步成为学校教育的必修课程。计算机科学课程主要教授关于计算机和程序编制的内容。计算机文化课程主要包括知识、技能和态度三方面的教学目标。知识目标包括计算机有关概念、术语的理解,计算机结构及各组成部分的识别,各种计算机应用的了解以及分析与计算机应用相关的社会问题;技能目标包括计算机键盘操作,以及如何利用字处理、电子表格、信息检索、桌面印刷系统等;态度目标主要集中于在工作、生活中将计算机作为一个有价值的信息工具。

三、计算机作为教学工具

在教育教学活动中计算机可以作为强大的工具使用,充分发挥其信息处理、多媒体材料制作工具、展示工具、交流工具和信息资源等作用。计算机对于教师和学习者来说,都是很有价值的工具。

教师和学习者可以利用已出版的光盘、磁盘或通过计算机网络获得所需的各种信息,并利用各种处理工具对信息进行加工处理。

教师可将计算机作为备课工具,利用各种软件来制作讲义、笔记、投影片以及多媒体教学材料等,把文字、图形、图像、声音、视频、动画等整合为一体。设计良好的教学材料会有助于学习者更好地理解教学内容。学习者还可利用计算机写作业、准备多媒体论文。

计算机还可以与动态液晶投影仪等设备相连接作为教学材料和学习成果的展示工具。

教育领域中计算机网络的迅猛发展,能够促进教师和学习者以及学习者之间的交流,并为他们提供丰富的网络信息资源。

四、计算机辅助教学

计算机在个别化学习系统中能起着各种各样的作用,其中包括第一线教学、评定、管理资源,以及保存管理档案。

在个别化的计算机辅助教学(CAI)情况下,一个学生可以使用与一台大的主计算机连接的一个计算机终端,或是使用一台自带屏幕或视频显示装置微计算机。不管利用任何硬件,计算机在所有的计算机辅助教学(CAI)系统中起着两个基本的作用,即个别指导型作用或是实验室型作用(不过有时两者结合起来使用)。

在个别指导型中,学生可直接与计算机对话,计算机则是靠给它编的程序对学生的反馈作出反应。这基本上是分支程序学习的一种被复杂化了的类型。

在实验室型中,计算机主要是一个学习资源而不是一台教学机。计算机可用来模拟实验室情况,能模拟实验、提供基本数据、安排问题解答练习等。例如,一个学生能研究物理系统的数学模型,以及观察在他自己所能控制的各种不同条件下的特性参数变化情况。

通常应用计算机辅助教学最有效的模式包括操练与练习、辅导、游戏、模拟、发现和问题求解等。计算机辅助教学课件经常综合运用其中几种模式。

五、计算机管理教学

在教育中利用计算机还有另外一个方面,即起到行政管理作用。它可以帮助做行政事务,设计课程表,对教与学的过程进行控制和管理等。例如进行测试评分、记分与分析等工作,设计媒体材料、教学方法和教学活动,以及保存学生的有关信息等具体工作。这种功能称为计算机管理教学(CMI)。在这其中计算机是起着支持和监督的作用,可减轻教师和训练人员所担负的各种冗长乏味或耗费时间的管理任务,从而让他们能把更多的时间用在教学上和满足个别学生们的特殊需要上。因此,在进行顺利的计算机辅助管理环境中,在教师、学习者以及计算机之间有一个平衡的合作关系。

在计算机辅助管理中,计算机主要是起办事员的作用,虽然可以证明它在效率和成本效果方面超过任何担当办事员的人的能力。计算机辅助管理通常有五种作用:第一,能对以评定为目的测验进行改进、评分和分析。第二,在对每个学生和课程结构预先了解的基础上能向每个学生提供个别指导,引导或劝告他通过一套有组织的课程材料或信息段,进行路线最佳选择。第三,计算机能用来存储和不断更新那些关于测试成绩和课程进度的记录。第四,根据所积累的记录还能就学生整体的进度以及课程总的效果等向个别学生、课程指导教师和课程规划人员提出报告。第五,课程的开发与管理随着教育的价值观的变化,宏观和微观劳务市场的及教育的人才市场的分析,越来越受到人们的重视,因此学校的管理系统中增添了新的内容即劳务市场的及教育的人才市场的分析,计算机用来记录整理劳务市场和职业就业的需求。

六、作为数据库使用

计算机不仅是一种以高速度和高精度进行复杂计算的机器,它对信息的存储以及便于随时检索的能力同样也很重要。事实上,这后一特点已导致了计算机在现代社会中一项最重要的应用,即数据库。

巨大的计算机化的信息库与普通的参考文献馆和数据库系统不同之处在于它拥有的信息是进行电子存储的,并且可以不论相隔多远的任何地方都能通过那些利用电话线与中央计算机相连接的遥控计算机终端来得到它。这样的计算机化的数据库的发展不仅彻底改革了世界的图书馆系统,而且对教育尤其是高等教育正在产生极大的影响。例如,需要进行一定范围检索的学生,不必用手工检索,只要与适当的文献数据库连接(它常常位于世界的另侧),就能获得实际上已经写成的与主题有关的论文、文章或书的文摘。

七、计算机教育应用的优点和局限性

计算机在教育中的应用具有许多优点。它能为教育带来丰富的教学信息,有利于激发学习者的学习兴趣和动机,有利于学习者开展个别化自主学习,能使学习者以交互式学习方式进行学习,能增进学习的效率与有效性,并能训练学习者的逻辑思维能力,等等。但计算机教育应用同时也具有费用较高,教学软件的质量和兼容性难以保证,软件开发费用高,计算机辅助教学达成的教学目标比较有限,以计算机为基础的教学中学习者缺乏社会性的相互作用等局限性。

八、影响计算机教育应用的一些因素

影响计算机教育应用的因素很多,主要有技术因素、与软件有关的因素、态度因素以及其他教育因素。

与技术因素有关的是计算机的获得程度、使用者对计算机的熟悉程度以及计算机软件的兼容性问题。与软件有关的因素主要是高质量的教学软件的制作成本高,以及教学软件的质量参差不齐,使得适用的教学软件的数量有限,也影响了计算机在教育中的应用。教师、学习者、教育管理人员、教学辅助人员以及家长等对于计算机及其在教育中的应用的态度必然会对计算机在教育系统中的应用所达到的程度具有相当影响。教育系统中其他因素以及与该系统相作用的各种环境因素也会影响计算机在教育系统中的实际应用程度。

第五节　新发展的技术在计算机教学中的应用

随着计算机技术及其相关技术的发展,尤其是多媒体技术、网络通信技术的巨大发展,使得以计算机为中心的信息存储、处理与传输能力有了很大的提高,从而给计算机教育、教育方式和思想观念带来了很大的改变。

一、多媒体技术

多媒体的含义,原本是指为教学和传递信息将两种或两种以上的媒体组合起来所形成的媒体系统,或者是利用计算机控制多种媒体的展示。

我们这里讨论的多媒体的另一含义是多媒体计算机技术。即以计算机为核心,对数据、文字、声音、音乐、图形、图像、视频、动画等媒体信息进行综合处理的一种技术。以此形成的系统称为多媒体系统。与普通计算机系统相比,多媒体系统以较高处理声音和图像信号的能力,高质量显示图形、视频和音频信号的能力以及高级的交互能力而见长。正因为其强大的综合处理信息的能力,多媒体已被称为信息处理技术史上的第四次革命。(第一次是印刷技术的出现,第二次是无线电和电视的出现,第三次是计算机的出现。)其系统构成可由图 8-4 简示。

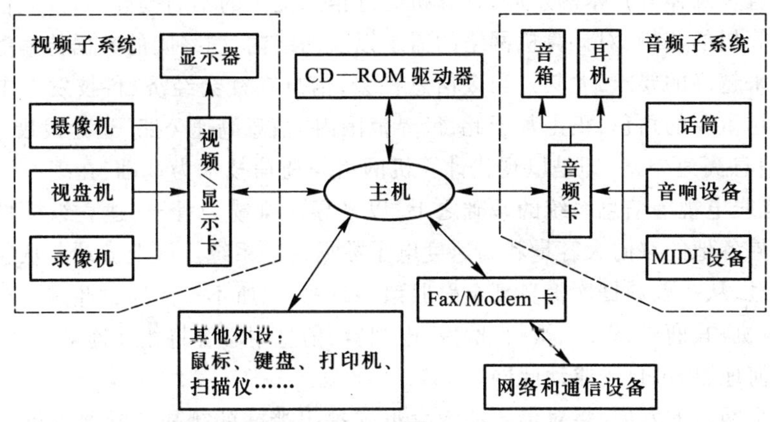

图 8-4 多媒体计算机(MPC)的系统结构图

作为一种媒体,多媒体计算机技术具有集成性和交互的实时性特点。从这两个特征可以看出,图形、图像视频处理技术、声音(音频)处理技术、数据的压缩与解压缩技术、触摸屏技术、虚拟现实技术等已成为多媒体技术的主要技术特征。与之相关,处于操作系统与应用系统之间、作为多媒体应用系统开发与应用基础的多媒体软件平台、多媒体创作工具也成为多媒体技术的主要特征。同时,由于多媒体技术过程的巨大数据量,CD-ROM(只读光盘)、MO(磁光盘)、大容量磁盘等系统也成了多媒体系统的主要特征之一。

由于多媒体系统能够处理和展示多种信息形式,能使同一内容的信息以不同的形式同时予以处理、展示,从不同侧面来揭示同一客体或概念、原理、过程,能够最有效地吻合人类认知、思维的过程和特征。它将给组织(学校、企业、职业培训中心等)、个人的教学、学习过程与组织形式带来全新的概念。尤其是虚拟现实技术的发展，对于模拟实际过程、境地产生了深刻的影响。这种技术极大地推动了诸如星际、核爆炸等知识的学习及战斗机驾驶等领域的发展。

二、网络与通信技术

计算机网络（局域网和远程网）是当今世界上最为活跃的技术因素之一。网络的发展给教育教学的实践和理论也带来了巨大的机遇和挑战。

计算机网络是指相互连接的自主系统的集合。其中，“相互连接”是指计算机之间有实际的信道存在，能够交换信息；“自主”是指每个计算机本身无需外界的支配和控制就能独立运行；“系统”是指一个或组成单一整体的多个自主的计算机，它是一个能够实现信息处理和传输的整体。按照这个定义，两台能够互相通信的计算机就构成了一个网络，而终端和主机构成的系统就不是计算机网络，因为终端不能独立自主地运行。

随着多媒体等技术的发展，计算机处理信息能力的不断提高，以及人们不断的对计算机的依赖，对计算机网络的需求以及网络内、网络间的数据传输能力提出了越来越高的要求，尤其是当今信息社会，信息在社会经济、科技发展中扮演着越来越重要的角色，正是基于此，世界范围内“信息高速公路”迅速发展。

“信息高速公路”即是以现代计算机网络与通信技术为基础，在现有计算机网络、有线电视等信息系统的基础之上，以光导纤维缆为骨干，建立纵横贯通全国及世界各地的双向大容量和高速度电子数据传递系统。网上流动着从音频到视频讯号，从一般数据库信息到金融股票信息等，无所不有。通过此网，家庭、企业、政府机构、商店、车站、银行、医院、电视台、信息中心等将相互连接，人们无论在何处何地，均可自主驱动此网。

这个网络的发展，将对传统的教育形式提出严峻的挑战。学习者可以借此享用最好的学校、教师、课程、图书馆而无须考虑时间、地点、财力等的限制，并且可以根据自己的学习需求即时调用任何信息资源和学习资源，尤其是学习的速度、风格、内容等均可以自由控制。同时也可获得指导教师、专家即时的指导与评价。这对以学校为中心、教师为中心、教室为中心、教材为中心等的传统教学模式提出挑战，教学组织形式将由此发生重大变化，教育、学习的概念将不再拘泥于传统的学校、课堂、教材模式，学校、教室的围墙会越来越小，或者说越来越大，终身教育、自娱教育将成为教育、教学概念的主体。

基于这种网络通信基础，在职业培训领域出现了一种全新概念的培训思想和培训方式，即“及时提供信息系统”，这一发展的中心是智能支持系统的迅速发展和普及。这种方式是通过计算机网络和软件工具，工人可以在工作时间和工作地点及时地获得知识和技能；公司职员可借此随时获悉公司的发展战略、竞争情况分析、培训手册及一系列具体问题处理等的文件信息。这种方式使工人或公司职员边干边学，而不必脱离工作岗位到特定的学校或培训中心进行培训，从而避免以往培训所带来的昂贵代价，而且可以极大地提高培训效率和工作效率。

习题

1. 阐述个别化教学的含义。
2. 什么是多媒体技术？

教学活动建议

以讲解为主，组织讨论个别化教学系统的三种基本形式及其优缺点。

第九章

以过程技术为基础的小组学习模式与方法

教学目标

通过本章的学习,学生应能做到:

1. 说明什么是过程技术。
2. 说明小组学习模式的两个基本结构的特点。
3. 阐明小组学习模式的优缺点。
4. 说明各种小组学习方法的特点。

第一节 过程技术简介

过程技术指的是一些引导学习者主动投入学习并且能够适应学习者个别差异的教与学的模式与方法。

这里所说的技术,不是那些如电视、计算机、卫星电视等之类的媒体技术,它们也被称为“硬技术”;而是指思考问题的过程和方式的“软技术”。例如程序教学、合作学习、游戏和模拟等。过程技术的应用必须有经过仔细设计的框架来提供教与学的整体系统,必须经过应用和测试证明它的应用是成功的,必须具有有效的结构以便在教学中重复使用,因此有效性和可靠性是系统应用的关键因素。所以过程技术就是经过仔细设计的,具有可靠性的,能促进有效学习的,学习者主动参与的教与学的模式与方法。过程技术提供人际和人机间交互的教学构架,要求学习者直接主动参与学习,克服传统教学模式中的被动学习的缺点;采用变换的步调和刺激学习者的兴趣的方法来克服厌倦;诱发学生的行为反应并提供反馈、强化;同时过程技术也在很大程度上提供了个别化教学的手段,其中有一些就是为个别学习者设计的,允许他们按自己的特定步调学习,还有一些是为小组学习设计的,也能为需要额外辅导和联系的学习者提供帮助。过程技术的最大优势就在于它们提供了教师对教学过程进行开发时的框架,这些框架的运用促进了教学中的交互作用以及主动的联系和反馈。

过程技术具有受到多种学习理论支持的某些特点。因为每一种理论都有它的长处和局限性,并且有相互重复之处。无论是行为主义理论,还是认知理论、建构主义理论或社会心理理论,它们都从一定角度揭示了学习过程的规律,它们都有着不同的侧重点。因此在以过程技术为基础的小组教学模式的设计中,对这些理论的运用采用的是一种折中的、包容的、整合的态度,对它们分析、比较、选择,然后用于适当的,相应的教学情境中去。过程技术所具有的受到多种学习理论支持的某些特点包括:

1. 丰富的实践机会

当学生积极去完成有意义的任务时、与教学材料相互作用时,就产生了有效的教学。而且新学的东西需要不止一次地使用来进行巩固,实践能够促进新的知识、技能或态度的再认速度和应用能力,特别是在不同背景下的实践。

2. 重视强化或反馈

反馈使学习者知道思路是否正确。学生得到反馈有多种形式,可以由学习者自己从行为结构中获得(例如对骑车或打球的感觉);可以通过印刷媒体的方式得到(例如看习题答案或查询到有关知识);也可以是计算机的电子信息形式反馈(例如在选择了某个多项选择题后计算机给予肯定信息);也可以来自其他人(例如提出某个问题的解决方案后,教师的评价或其他小组通信的意见)。其中人际的反馈常常是最有效的。

3. 重视个别差异

学习者在个性、能力、知识水平等各方面因素都存在差异,有效的方法应允许学习者以不同的速度、使用不同的材料、甚至参与不同的教学活动来取得进步。

在这里所讨论到的过程技术都在计算机普遍用于教育领域之前就出现和发展了,它们的应用可以不依靠于计算机。因此这一章节中讨论的过程技术的应用,都不涉及计算机技术。然而,目前每一种过程技术都有以计算机和网络为基础的实现形式,计算机促进了过程技术的应用。

第二节　小组学习模式与方法的一般特点

小组学习方法在教育或训练中是否恰当,常常是通过对教学的目的和目标的严格分析而进行评定的。如果在所期望的结果中包括发展那些诸如口头传播技能、人际关系技能、解决问题技能、作出决定技能、缜密思考技能以及良好的态度性格,那么对于为实现这些目标的教学来说,小组学习方法就要比前面介绍过的各种不同集体教学方法和个别化学习方法更为合适。

一、小组学习的基本结构

通常,由于小组学习方法的目的在于激励有效的小组讨论,从而达到教学目标。显然,每一具体情况都需要利用一个大小适当的小组。小组的大小取决于许多因素,其中包括小组练习的目的和性质,但是一般地说,如果小组相当于一个有效的工具能促进小组相互影响以及发展小组技能的话,一个小组应当约不超过 10 个人,最理想的是 4 到 6 个人。

德里克(Derek Rowntree)在他撰写的“课程开发中的教育技术”(1982)一书中指出了在两种稍有不同的小组情况下的“小组动力”,其方式如图 9－1 所示。

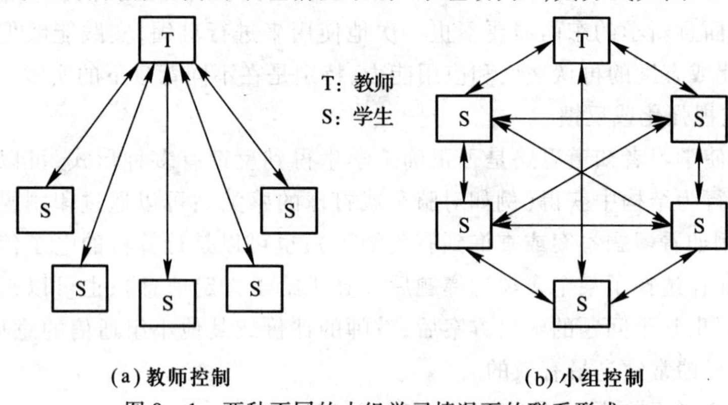

图 9－1　两种不同的小组学习情况下的联系形式

在(a)的情况下,教师或个别指导教师控制着讨论,其基本形式是教师与不同的单个学生之间依次进行对话,这是稍微有点限制的联系形式,常在一种个别指导类型的小组环境中进行。在(b)的情况下,可以看出这是多渠道的联系形式,是在一个小组控制的讨论或座谈中进行,参加的学生可以自由地相互影响,从而使一些意见能在学生小组内集中起来。事实上,在这样的小组环境中,只要讨论的推进方向正确,甚至不一定需要教师再积极地参加讨论。

不过教师在小组学习情况下所起的作用也非常重要,而且要求教师应具有的一些技能和适应能力对于某些人来说可能还难以达到。在这里要求教师在计划和组织学习经验方面必须表现出良好的组织才能。教师的作用可以相当于小组的领导者(掌握讨论的大方向),小组的促进人物(在小组内推进自我表达和相互影响),中立主席(控制着讨论进程,但不做实质性帮助),顾问(需要时可提供帮助与信息)或仅仅就是观察员,这要视所采用的小组方法的形式,内容和结构,以及其特定的教育目的和目标而定。在某些小组练习中,教师所起的另一个作用是询问小组学习课的情况,这包括仔细检查参加者在小组学习课内所发生的事情,或将小组本身内部的变化过程所出现的问题都清理出来。很明显,这样的询问应与练习的主要教学目标密切相关。

小组学习活动的范围可从经过预先计划和高度组织的讨论一直到基本上属于自由或公开讨论。假若采用的是一种有结构的方式或由练习形式预先安排的方式进行组织,则小组的进程更多地受到教师的控制。如果采用的是一种自由的或不加指导的方法,则小组的进程就要更多地受到"学生的控制",因此,要预测学习结果也就困难得多。在这两个极端之间有各种不同方式来利用小组的过程技术和方法。

二、小组学习方法的优点

小组学习方法作为一种教学手段对于很多类型的目标都极其有用。现将这些目标类型陈述如下。

(一) 较高的认知目标

列入布卢姆分类等级内那些认知技能(如包括分析和评价一定材料的那些认知技能)和加涅所提出的认知策略学习,常常由于采用某种小组讨论方法而获得有效的发展。在这种情况下,学生们能在一种比较开放的环境中讨论问题和交换意见。

小组学习方法还证实在问题解答课上也是有用的,学生们可以单独工作或是和教师互相配合,或是以合作小组的工作方式来处理某类项目。在这样的活动中,学生所学的课程内容常常是非常具体。但通过采用小组方法来促进发展作出决定的技能的一些练习,就不一定需要与内容十分相关。例如,很多管理训练课程采用一些练习,能使参加者通过活动来改善他们自己作出决定的能力,在这些活动中为得出决定所经历的那些过程,远比练习的实际内容重要得多。

(二) 创造性的思考技能

有些课程包含的目标涉及发展创造性思考技能(例如,看出问题内部新的相互关系的能力,或对指定的问题提出富于想象力的解决办法的能力),常常发现利用小组方法对这些课程极为有效。如有些问题,需要进行多方面的思考,一些意见在小组内可能要来回地反复进行说明和评论,结果,个别的一些小组成员就能从其他一些人的意见中以及讨论和相互影响中得到益处。

(三) 交流的技能

很多小组学习方法是发展口头交流、非口头交流以及书面交流等技能(或对这些技能的重要性建立一种认识)的理想工具。

有些学生由于不能连贯而清晰地表达自己而经常受到批评。小组学习方法就特别适合帮助他们来克服这些不足之处，而且近年来为了这一目的已经设计了不少练习。学生们在这些练习所提供的环境中能发展口头交流技能（如提出理由并为之辩护），同时通过这些发展起来的技能，学生们能普遍建立起自己的信心。要想取得巨大的和持久的进步，最好是能有事先安排好的一系列这样的练习。

一些小组方法的利用是以讨论会的形式对一些文章、实验报告、工作任务和项目报告等的书面作业进行讨论。这样讨论的目的可能有两个方面，第一是为了小组的共同利益来讨论书面作业的内容；第二是根据例如可表达的结构、顺序来讨论书面作业。在很多情况下，对后者的公开讨论很可能会大大激励和促进改善将来的工作。

小组练习可能会帮助参加者们增进对非口头交流重要性的了解，培养在这一常被忽视的领域内的有用技能。为此可以通过教师、小组成员、独立的观察员对小组活动进行观察，或利用录像磁带录下来，然后进行分析和讨论。这样的方法能用于各种各样的学习目的，譬如，向学生介绍非口头交流的特征，或帮助受训的管理人员来认识和提高在接见或会议等场合中起到重要作用的种种非口头技能。

（四）人际关系技能

为了在一个小组或社会环境中有效地进行工作所需要的各种各样的技能，在利用小组学习方法中可得到锻炼和发展。很多实例说明，学生们在离开中学或大学的校园走上工作岗位时就要求他们同其他人紧密合作。对于某些人来说，这可能是包括领导、行政管理和委派代表方面的一些技能；对其他一些人来说，这可能要包括与群众打交道所需要的社会技能。此外，小组方法还是将理论运用于实践的理想方法，采用许许多多的模拟和活动将会有助于小组来发展这种人际关系的技能。

（五）理想的态度性格

研究证明，以讲解为基础的方法和个别化方法在发展态度（情感的）的领域内并不特别有效。要想转变态度必须做到：学生要积极参与，接受不同于自己的那些看法的影响，同时，教师的支配作用应当比在大多数学习情况下要小些。换句话说，学生的相互影响是取得这种态度转变的关键。

小组方法在这一领域内所能起到重要作用是不言而喻的。因为这样的一些方法能够提供一种自由讨论的环境，不仅能破除偏见与误解，而且还能增强对任何给定情况所包含的一系列因素的了解。利用小组方法来增强对领导和群众代表、管理者和被管理者之间的感情交流，可能是一个范例。

在有意义的和恰当的学习经验范围内，小组活动是发展和完善个人的认识与情感的一个极为有力的手段。

三、小组学习方法的缺点

小组学习也有缺点,现将其中较为重要的几种分析如下。

(一) 小组方面的困难

采用小组学习和练习存在很多组织方面的问题。事实上不少问题经常使小组学习和练习难以适应正常的教学活动——特别是当练习很长或需要大量参加者、额外教学人员、专用设备等时,这一点就更为突出。具体讲,很多游戏、模拟与事例研究之类的练习就更是如此。此外,这样的练习常常要求参加者们出席一些汇报或询问情况的会议或完成一些准备工作,从而使情况变的更加复杂。最后,由于情况复杂,而不得不站在主观的基础上去评定学习成绩或评价小组学习练习的效果,这也是本方法可能存在的问题之一。

(二) 态度问题

所有的小组学习方法的一个潜在的缺点是要求参加者们积极合作方能成功。然而,有些情况下这一合作可能不会来临。例如,学生们不愿参加,因为他们觉得这会浪费时间或他们怕参加;不愿承担小组学习要求的那种非常实际的个人义务,因为他们觉得自己还不具备那些必要的技能,也不想在自己的同学面前“显露自己”。

这些与态度有关的问题未必都局限在学生身上。正如已经指出的那样,通过一个小组学习练习可能要对所涉及的人员委以重任,往往要求他们担当很多为他们所不熟悉和可能与他们的工作所应限定的概念也不一致的角色。这对于很多年长的和传统习惯较深的教师来说尤其是这样。止由于如此,结果他们很少用或根本不用小组学习方法。

第三节　对各种小组学习方法的评论

在具体的教学或训练情况下采用小组方法的形式取决于多种因素,其中包括预计达到的目标、练习与其他教学方法的关系,学生的成熟度,以及教师的个性与经验等。下面谈到的一些方法绝不是说可构成在小组情况下所能采用的那些方法的一个详尽无遗的明细表。但是随着具体环境的不同这些因素的变化可能相当大,因而在有些方法当中可能出现很大程度的交叉重叠。

一、有控制的讨论

这一方法具有强有力的控制学习讨论方向的功能。所以这种方法常常被用在相当大的小组中,而且可在一个从讲解为基础的教学时间结束之后用来获得某种程度的学生的反馈，另外也常用在教师通过提问使班级逐步向期望的目标发展。具体的说，这一方法具有强有力的控制学习讨论方向的功能。

学生们可能会觉得提些问题或补充点意见要比在讲课型的学习情况下自由些，尽管如此，教师仍然牢稳地位于系统的中心，由于这一原因，一般采用有控制的讨论来强化课程的基本主题。

二、非正式小型座谈会

非正式的小型座谈会常穿插到讲课或较大的小组练习中，以激发讨论和提供反馈。在这一方法中，将学生划分成较小的两人到四人的小组，用较短的时间(通常不超过 5 分钟)来讨论教师提出来的某个问题。然后每个小组再将所讨论的内容向整个大组汇报，或者和另外的小组合作来共同作出结论，以及对他们的推断进行讨论。在正式的课堂情况下，非正式的小组座谈可能是积极地占用学生时间的一个极其有用的手段。处于消极地坐着听的正常心理过程要被迫(暂时的)经受一场积极参与的变化。而且这一方法也能用来培养创造性的思考。

三、个别指导

在小组的个别指导中，需要研究的主题或需要解决的问题由教师来选择，如何组织这段时间通常也是由教师来决定。但是在个别指导中要出现什么情况，这在很大程度上是取决于小组中个别学生的成绩和关系。

个别指导是在知识、应用、分析与评价方面可提供时间的有用工具。最常见的是个别指导利用某个题目的基本正式内容并以加涅的智力技能或从认知策略的学习分类来展开的。个别指导也可用来发展诸如在问题解答和评价方面的技能。

在很多情况下，学生在个别指导下所完成的工作是一篇文章、一个项目或是回答一系列问题。在这样的个别指导情况下，教师可以利用学生们的劳动成果把焦点集中在共同的(以及个别的)困难方面，也可利用这一段时间比较概括地来讨论一下文章写作或问题解答等技能。

这种以主题为基础的个别指导有一个较大的缺点，就是教师常常有一种变得高于一切的倾向，而且在某些情况下也把个别指导当成一种“小型讲课”。一旦产生了这种情况，则发展上述问题解答和评价等种种技能的机会很可能就要丧失掉。

四、习米纳尔

习米纳尔方法包括各式各样的一般性小组讨论学习方法。实际上，对于工作在不同学科领域和具有不同的教育和训练水平的人们来说,这一术语具有很不相同的内涵。

习米纳尔的一个普通方法是,以一篇文章或是将小组里面一个学生准备好的讲话作为基础,小组对介绍的内容及作为根据的设想和主要的结论进行讨论。在这里教师的支配作用要比在个别指导下低些,但小组成员的相互影响却十分重要。

习米纳尔不一定要有一个提示来作为讨论的焦点,因为在自由小组讨论的基础上同样能很好地开展对一个具体问题的讨论。此外,根据教师教学的目的和风格的不同,他本人参与这一过程的情况可能变化也相当大。

习米纳尔的一个有趣的变形是“鱼缸”方法,就是让一部分小组成员围成一个圆圈坐着进行讨论,而剩下的小组成员则作为不参加讨论的观察员坐在外围。然后将这两部分人员合并在一起讨论所发生的事情,并对两种评定交换意见。这样的一种方法对于突出小组动力和交流的作用是有效的。

为习米纳尔方法方面所发展起来的很多方法中还有一种叫做“急中生智法”。这一方法要求小组成员把针对教师提出的某个问题的系列答案记下来或提出来,例如“假设你被放逐到一个荒岛上,绝对必不可少的的东西你认为是什么?”一开始,只是搜集建议并不做评论。此后,整个小组就要对各种不同的建议进行评价,并且根据随后的讨论将这些建议进行修改或舍弃不用。“急中生智法”用处很大,不仅能激发讨论,而且由于一开始就积极地把每个参加者调动起来还能在习米纳尔开始时就起到“破冰船”的作用。一旦冰层破开,小组的讨论或许就会越加自由活跃,而吸引进来的学生人数也将会大大超过其他的情况。

五、合作项目

项目的合作方法可能是发展协作和人际关系的技能的一种很有价值的手段。这样,在前面讨论过的个别化学习项目的一些优点就能在一个有组织的小组支持下得到巩固。不过每个小组成员必须尽到自己的本分,否则整个小组的效率可能就会受到严重影响。涉及两门以上学科的项目尤其适合采用这样一种合作方法,因为它使那些具有不同学科范围经历的人们能把他们各种不同的技能合并起来以求达到一个共同的目的。

六、游戏、模拟和交互的事例研究

游戏、模拟和交互的事例研究,作为一种小组学习方法近二十年来已经取得了引人注目的成绩。最初,这样的一些练习多限制在军事部门和一些商业管理训练部门内,但今天事实上已经扩展至教育的各个方面,广泛用于很多学科领域,为实现各种教育目标而进行的教学中。

在这里不管以何种深度来进行讨论,这些方法的应用范围都显得过分宽广,读者若感兴趣的话,可参考已出版的有关这一主题的各种书籍。

(一)各种不同类型的练习

在教育或训练方面,游戏是包含竞争并具有整套规则的一种练习。这一术语涉及非常大量的练习——从简单的纸牌和棋盘游戏一直到大规模的管理游戏和复杂的各种比赛,无所不包。在一个小组的学习情况下玩游戏时,参加者们可以单独地或是与别人合作,运用他们自己的技能与知识来互相争夺以求战胜对方。

模拟是关于对某种情况的若干方面的一种正在进行的再现的练习,在很多情况下,这种练习是要让一个小组的成员们参加角色表演,而组内的每个成员扮演的角色要不同于其他人,譬如演一位律师、工会代表或自然资源保护论者。

交互的事例则是这样一些练习:其中小组成员必须对一个过程、情况、事件、文件等进行一次深入的研究,以调查其专门特征,这些特征可能局限在被调查的特殊情况上或者也可能是它所属的一大批或某一类的一般特征。在医学或法律的训练方面所进行的对一些具体情况的小组讨论就是一些很明显的例子,不过,事例研究方法也能用在其他各种领域。

在游戏、模拟和事例研究方面还有各种类型的“混合”练习。例如,模拟游戏除具有一个比赛性的组成部分外还包含一种模拟情况,比较成功的一个范例就是《古代战争》。至于其他变型,可能包括利用玩游戏的实际过程来作为对它本身的事例研究(例如在研究概率理论时)或是不在真实情况基础上而是根据模拟的情况建立的一种事例研究。

(二)游戏、模拟以及事例研究的一些优点

关于游戏、模拟以及交互的事例研究为何在小组学习情况下有用,理由即优点介绍如下。

1. 所说的这些方法可构成一个高度灵活而且多用的媒介,借此能达到各种不同的教育目的或目标。在一个小组情况下,这些方法可用来获取智力技能、认知策略或态度类型的学习成果。尽管这些方法在用来讲授某一学科的基本知识时并不见得要比任何其他方法更为有效,但在讲授与分析、综合和评价等有关的高层次的认知目标时,还有在为了达到各种各样的感情、态度的目标时,就显出它的特别价值来。因此,可采用这些方法来作为对一些较为传统的教学方法的补充和支持,同时,还可以用于巩固目的,或用来说明用途或关系。

2. 利用与真实情况相对的模拟情景作为小组联系的基础可使情景和学习经验能适合小组的需要,而不是要求的情景所强加的约束下来设计联系。很少碰到一种真实生活情景能具有事例研究类型练习的设计者所希望出现的所有特点,但一种模拟的情景就能具备所有的这些内在特点。此外,真实生活情景用来作为某一教育或训练小组练习的基础也常常显得过于复杂,而利用模拟所实现的简化,可将错综复杂的情况降低到容易处理的程度。

3. 设计得很好的游戏、模拟以及交互的事例研究能获得学习的积极迁移。就是说能使参加者产生一种能力,可将在练习过程中得到的技能用到其他情况中去。事实上,如果没有这样的学习迁移就很难证实利用这些类型的练习是正确的。

4. 在很多情况下,游戏、模拟和事例研究方面的练习能成为一种工具,借此学生能利用和发展他们的主动精神和创造性思考的能力。如今教育系统非常强调培养和发展学生的思维能力,所说的这种练习的这一特点将会越来越重要。

5. 这一类型的很多练习除了与其内容有关的效果外,还有助于培养各种技能(如做出决定,交际和人际关系的技能)和一些理想的态度性格(如愿意听取别人的观点,能从不同的途径去思考问题)。事实上很多人认为正是在这些方面,游戏、模拟和事例研究能为教育做出它最有价值的贡献。已发现,设计出的那些小组内要求学习者之间高度相互配合的练习在这一点上特别有效。

6. 在涉及比赛的情况下,这能强烈地激发参加者专心致志于练习的工作。比赛可以是公开的(划分的一些小组或个人之间互相的公开比赛),或者是隐蔽的(划分的一些小组或个人必须完成一些平行的活动并向整个大组汇报他们取得的结果)。

7. 这方面的很多练习具有不止一种学科的基础,这能帮助参加者从另外一些广泛有关的领域进入练习或研究。有些练习要求学生明确表达出价值判断(例如权衡相对于社会成本的经济利益),或从很多不同的观点来研究一些问题,从这一点来看这些练习就特别重要。

8. 多学科练习还有另外一个优点,这就是它能提供一种环境,使具有不同学科专长的参加者必须有效地进行合作才能达到共同的目的。这一类型的人际关系技能在学生未来的生活中极为重要,而这种练习可构成一个教育和训练的特定方式。多学科模拟和模拟游戏可能成为中小学或大学教育机构获取这方面实践经验的一种手段和途径。

9. 游戏、模拟、事例研究有一个多方面进行观察的优点,学生受到的激发和相互影响的程度一般都较高。大多数参加者都感到这一方法极为有趣,而将这些方法用到能力较低的学生身上尤为有益。

(三) 游戏和模拟的一些缺点

游戏和模拟除了和其他一些小组学习方法一样都存在着组织上的以及与态度有关的各种缺点外(见前面所述——小组学习的缺点),还有它特有的两个主要缺点。

1. 这样的一些练习经常有利用不当的危险。例如,把他们当做“娱乐”或

"消磨时间的东西",而不是用于某些专门的教育目的。此外,学生们可能把某些"教育游戏"纯粹当做游戏来玩,没有把"教育"和"游戏"完全结合起来,而得不到任何教育利益。

2. 如果游戏或模拟要在一定的教育活动中进行实际的应用时,这就要求教育者考虑的不仅仅是能获得理想的教育结果,而且还必须考虑如何利用这些方法同全体学生进行适当配合。换句话说,就是必须把教学活动或教育活动调节到一个适当的范围。然而要找到一种能同教师所考虑到的目的完全适合的练习就太稀罕了,因此,必须进行一定量的修改或调整,甚至要从头开始再设计一套全新的练习。

(四)教师的作用

教师在游戏、模拟和事例研究类型的大多数练习中主要起组织的作用。但练习中间的一些实际活动基本上是处于学生的控制之下,所以,练习要预先组织到什么程度之间(同时还有学生自由程度)可能变化相当大。

在参加者完成练习之后对他们进行检查和组织讨论,也是教师最重要的作用之一。检查的形式将取决于有关练习的性质与用处,一般来说应包括下列四点:

1. 检查练习的实际情况,并讨论学生提出来的任何重点。

2. 讨论练习与所根据的内容之间的关系(例如,讨论模拟情况下的真实性程度)。

3. 讨论练习中间出现的小组过程。

4. 讨论提出的任何主要问题。

就角色扮演,或是关于社会、政治、经济或环境方面内容的一些练习来说,检查讨论就特别重要。

七、微型教学

微型教学是将重放录像法用于教师培训的一个范例。在微型教学中,注意力是集中在专门的教学技能上,受训的教师要在一个小组学生中(通常为4至7人)对这些技能进行短时间(5分钟至20分钟)实习,这一段时间的活动录在录像带上,然后再放给受训的教师看(一般有评价人员和其他受训人员同时在场),以获得即时反馈,并对其所表现的各个方面进行讨论评价。

最后产生的小组反馈(评价人员的意见和在场学生所做的观察)能帮助实习教师来分析自己的完成情况,使他能重新组织课程再教第二组的学生。同时,此后还紧接着重放录像,能再进一步进行分析、评价,以便发现需要做进一步改进的地方。利用这一"教和重新教"的循环办法,就使实习教师有机会把他从重放录像和从其他小组以及其他反馈中所学到的东西运用到实践中去。

微型教学用来分析完成情况的这一重放录像方法，现在除了教学实践外，在很多技能训练方面也被采用。

八、互助小组

互助小组是学生们在没有教师在场的情况下自愿地聚集在一起通过同学教同学过程来讨论共同的问题，交流思想和进行相互帮助。

在很多情况下这种互助小组是自发形成的，教师或校方的某些鼓励也可能提供了触发作用。显然，学生们参加这样的小组在帮助有学习有困难的学生克服困难上具有特别的价值。在很多远距离学习课程中，成立互助小组受到了积极的鼓励，而且在这样的环境中有助于弥补独立学习的相互隔离和开展互助学习。

九、程序教学

有关程序教学方面的内容在第一章中已作了说明，这里不再重复。

习题

1. 简述小组学习的优缺点。
2. 评述各种小组学习的方法。

教学活动建议

以讲解为主，组织讨论小组教学各种形式的特点。

第十章

以网络技术、通信技术为基础的远程教学模式与方法

教学目标

通过本章的学习,学生应能做到:

1. 说明什么是远程教育。
2. 说明远程教学模式的特征。
3. 阐释远程教育的四个发展阶段。
4. 阐述网络教学的优缺点。
5. 说明实施网络教学需要解决的几个基本问题。
6. 列举远程教育中采用的媒体技术。

第一节 概述

1999年2月24日,教育部推出了“面向21世纪教育振兴行动计划”,这是一部中国教育的跨世纪发展蓝图,全面描绘了中国教育的远景。其中就远程教育的发展进行了详细规划,提出实施“现代远程教育工程”,形成开放式教育网络,构建终身学习体系。这将会促进中国远程教育的不断发展。

远程教育一般是指包括以下特性的教育形式:学习者与教师在地点上的分离;实施有组织的教学项目;应用远程传播媒体系统;有双向交流的渠道。

远程教学既是集体教学也是个别化教学的一种形式。它的特点与优缺点基本上也与它们相同。随着科学技术的发展特别是通信技术、计算机技术、网络技术的发展,其传播系统和方式已由原来的函授、广播电视发展为借助电信通信系统、卫星广播系统和国际互联网(Internet)系统的远程教育系统。它的技术的支

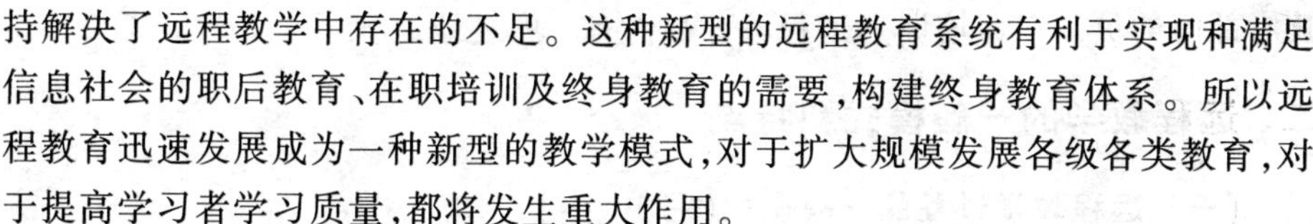

持解决了远程教学中存在的不足。这种新型的远程教育系统有利于实现和满足信息社会的职后教育、在职培训及终身教育的需要,构建终身教育体系。所以远程教育迅速发展成为一种新型的教学模式,对于扩大规模发展各级各类教育,对于提高学习者学习质量,都将发生重大作用。

一、远程教育的发展阶段

远程教育的发展按照使用的技术手段的不同可以分为三个阶段:

1. 函授式教学阶段

指利用邮政系统传递文字教学材料,学生与教师分离化,异地学习,学生以自学为主,有条件的地方配以当地教师的不定期辅导。这种方式传播手段虽然不先进,但在多数不发达国家或地区依然使用。

2. 视听媒体阶段

指利用广播、电视等大众传播媒体播送制作好的视听教育节目,学习者在异地实时接收节目。这种教学模式普及面广,凡普及广播、电视的地方均可采用,且学习者的费用低。缺点是交互性差,学习者不能按自己的需要选择时间,此外视听媒体教学材料的制作成本较高。

3. 现代远程教育阶段

指利用卫星电视、电信和计算机三大网络资源开展的远程教育,是在数字信号环境下进行的。优点是具有交互性,真正实现超越时空,教学资源丰富,开放灵活,以学生为主。但这类远程教育形式需要较高水平的硬件环境。网络教学的支持工具,更需要网络教学课程开发的理论和具体的课程开发方法的指导实施。这种发展阶段的划分,较明确地把网络教学定位为使用计算机网络、电信网络和卫星网络新技术为基础的最新一代的远程教学形式,但不是新一代远程教育的全部。任何一种新的一代远程教学都不能排斥上几代使用的技术手段和形式,而是将各种手段、各种形式结合使用。

印刷媒体是远程教育中最早采用的媒体形式而且至今还在继续发挥作用,许多年来,各地的人们通过邮政系统邮寄的印刷媒体和信件参与远程指导下的学习,学习者可以阅读印刷材料、做作业以及接受远程教师的反馈和指导。目前各种传播技术的应用和发展使得远程传播系统经常综合利用多种媒体形式而不是单纯的一种媒体形式,教学信息的传送常常采用广播电视、有线电缆、卫星电视、印刷媒体、电话、计算机网络等各种形式传播,学生和教师的相互作用也会通过邮件、电话、会议系统、计算机网络等多种形式进行。现代媒体技术的应用促进了远程教学的发展,可以在地点分离的情况下提供实时和非实时的声音和视觉图像的教学信息,可以提供迅速而丰富的师生之间和学生之间的相互作用。无论在正规教育(如中学、小学、高校等)还是在非正规教育领域(如公司、企业、政府部门的员工在职培训),远程教育都占有一席之地。

二、远程教学的一般模式和特点

(一) 远程教学过程的一般模式(图 10－1)

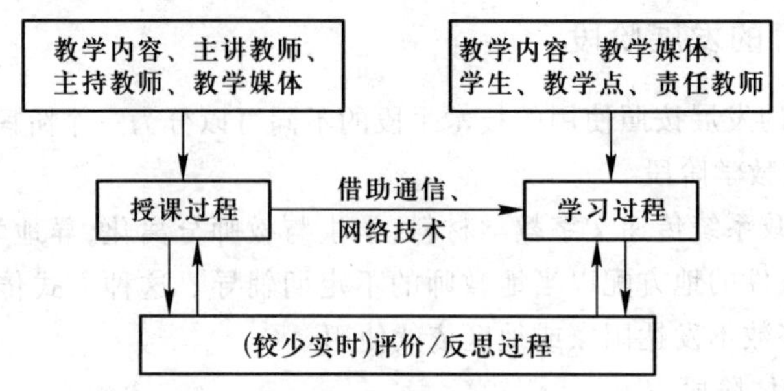

图 10－1　远程教学过程的一般模式

由图 10－1 可以看出,远程教学系统由授课过程、学习过程和评价/反思过程这三种活动交织在一起构成整个系统。在这个系统中,教学内容、教师、学生、教学媒体、教学环境是主要变量。

(二) 远程教学的特点

1. 在远距离教学系统中教师与学生处于分离状态的异地进行教与学是它的基本特征。

2. 利用各种媒体技术来传递教学内容。

3. 在教师和学生之间有某种形式的双向通信联系措施。

4. 学生和辅导教师之间有可能实现不定期的会面或在教室实施少量的集体授课。

5. 有一个完整的组织机构(中央电大或某些高校)来设计课程计划,组织编写和发送教学材料,监督整个教学过程。

6. 很多情况下评价与反思过程是非实时的。

这个模式的特征明显,有利于终身学习的实现,有利于实施个别化教学。但也存在着缺点。由于教师与学生的分离化,使得师生之间的直接交流受到阻碍,因此寻找与开发一些高科技手段来弥补它的不足,如建设教学信息的网络系统、双向视频会议系统,开播“直接教室”、VBI 数据广播,开辟 BBS 等。特别是随着计算机技术、网络技术和通信技术的飞速发展,基于因特网、电信网和卫星网的网络教学已经在全球范围内形成一种新的远程教学模式。这种基于高科技手段的网络教学,有利于克服上述的不足,有利于发挥学生的主动性和积极性。它的出现,使远程教学跃上了一个新的台阶。

三、远程传播系统的功能

无论利用了什么种类的媒体技术，远程传播系统都必须实现以下功能：

（一）教学信息的展示

向学习者展示教学信息的方式有多种，例如教师的演讲和演示，印刷材料中的文字和插图，教学现场直播或提前已记录下的声音和图像（收音机、录音机、录像机、CD－ROM 等）以及计算机网络上传送的学习材料。

（二）师生相互作用

当学习者主动参与对材料的学习和处理并能及时得到反馈时，学习最为有效，因此师生相互作用是教学过程中不可缺少的环节。远程教育中的师生相互作用可以有多种形式，例如提问和回答，有反馈和强化的练习、讨论、测试、电话交谈、电子邮件往来等。

（三）学生之间的相互作用

两个学生之间或小组之间相互作用对许多教育目标的实现都很有效。相互作用方式包括小组讨论、小组活动（如角色扮演、游戏、完成项目等）、一对一辅导、合作学习等，可以创造面对面交流的机会，也可以通过电话、计算机网络来实现。

（四）学习资源的获得和共享

在知识经济和信息社会中，学习者将面对大量的、快速的信息传播，因此学习者必须学会如何学习，如何从信息中有效地获取有用知识，并培养运用知识的创新能力。远程教育可为各种学习者提供学习信息资源支持，例如印刷材料、视听材料、计算机光盘数据库、图书馆、资源中心、计算机网络终端等。

第二节　网络教学是远程教学发展的新阶段

一、互联网对教育教学的影响

在中国，互联网的发展才刚刚起步，它会给教育教学带来哪些影响，怎样才能最大限度地利用它来促进学习和教学等问题，成为当前教育、教学研究的热点。互联网的主要信息服务功能有：电子邮件系统、布告牌系统和新闻组、远程登录、文件传输和万维网服务。互联网对教育的影响主要表现在以下几方面：

（一）对教育内容提出新的要求

信息社会要求社会成员要有较强的信息搜集、处理、呈现、传递等能力，因此要求各级各类学校的教育中增加计算机等信息技术、信息观念与信息教育的课程，尤其要注重培养学生获取信息、处理信息的能力。我国已从小学二年级开始至初、高中阶段，开设信息技术相关课程。

（二）有助于尝试新的教育模式

在网络技术和通信技术的帮助下，教师和学习者可以尝试一些新的教育教学模式。如在远程教师指导下的自主学习，或与其他学习者合作就某个专题进行协作学习，等等。

（三）提供丰富的多媒体教学信息

互联网使学习者在多媒体交互式学习环境中学习，这种环境可以为学习者提供文字、图形、图像、动画、音频和视频等多种形式的丰富的教学信息，激发他们的学习动机和兴趣，加深他们的认识和体会。

（四）使真正的开放教育、终身教育、全民教育成为可能

互联网不受时空限制，网络教育可通过它扩展到全社会的每一个角落，甚至全世界，从而实现真正意义的开放学校和开放教育。另外，任何人不论他的身份、地位和种族等，都能平等地获得互联网中的信息，这体现了教育平等地向一切学习者开放和教育面向每一个人和人的一生。这有助于实现真正意义的全民教育、平等教育和终身教育。

二、网络教学的优点和局限性

从国内外的实践情况可以得出网络教学有许多独特的优越性：利于个别化学习，利于交互，跨越时空、容易进入，资源搜索、传递方便，多领域专家共享及交流，便于学习反馈、独立操作，模拟真实，易于更新课程，利于协作学习、网上评价等。同时也存在一些不如前几代媒体的地方，如环境要求，须有较高的技术支持系统，价格较高、不易掌握、不易保持，要求教师和学生都须具备一定的技术和操作水平等。

三、网络教学的级别与层次

（一）网络教学的级别

按照网络教学对网络的利用程度，一般划分为五个水平：

第一级，利用网络颁布管理信息，诸如课程大纲、教学安排、教师联系方法等。学生在学习期间会不定期地浏览网页。网页内容易于制作，几乎不需要日常维护，对空间和带宽要求不高。

第二级，网上发布课程补充信息，但主要课程还是在课堂上讲授，学生可以经常地从网页上浏览教师的讲课提纲、课后作业等。网页制作略需技巧，如用投影或 Powerpoint 形式，需要一定的空间。

第三级，网络上发布课程主要内容，学生如果不经常上网，会影响学习。如果网页采取新的媒体形式而不是简单的课本文字形式呈现内容，有助于打破传统的以教师为主导、以学生为主体的教学方法，但这样将要求教师具有一定的计算机技能。虽然还有面对面的课堂教学，在这一级水平上，要求学生有自学的能力和积极性。

第四级，自制网页，在该水平上，课程既可以面对面进行，也可以通过网络进行。学生能够自我创作内容是最理想的情况，但在缺乏方便工具的情况下，要求教师和学生都具有较强的计算机技能，还要会使用其他相关媒体工具，如 Internet 聊天室、公告板、双向录像机等。

第五级，网络的重复利用，完全不需要面对面的讲授，所有教学内容在线呈现，更多地体现以学生为中心的建构主义的教学理念。同时要求教师和学生都具有较强的计算机技能，并且了解相关的学习策略。

目前，在国外的网络教学中使用较多的是第一级和第二级，正在陆续进入第三级。这种对网络教学实际状况的划分方法，不大适用于我国。我国的网络教学对网络的利用大部分为单向、异步发布，网络呈现的教学内容非常重，甚至是全部内容。但从学生来说，他们参与和交互的程度是很低的。

（二）网络教学的教育层次

从国外的情况看，网上教育包括几个方面：专门针对基础教育方面的，专门针对师资培训方面的，专门针对高等教育方面的（包括成人教育、继续教育和部分职业教育），以及其他教育信息等。其中每一层次都涉及各门类学科和全套服务。网上高等教育主要是高层次学历教育和大学后继续教育，如研究生课程的学历教育和进修教育、第二学士学位教育和本科教育。大多数网站都是针对某一学历或某一层次提供所需要的各种课程，也有的网络专门针对某一学科领域，如专门针对军事教育的美国军事学院，专门针对商业教育的美国入门学院。教学形式主要是由个别化学习、小组协作学习、教师指导学习三种形式的结合。

网络教学所提供的各种服务功能有：选择入学、登记、入门与学习、考试等事项全都可以找到专门的站点，每个站点又都提供大量相关信息和帮助。

我国的网络教学还处于起步阶段，开始仅有几个院校开始试验，其教育层次基本上是研究生、本科、专科，专业较少。

四、实施网络教学需要解决的基本问题

网络教学要真正实现基于资源的自主学习、高交互性协作学习和自适应方式的教学模式，必须要解决几个基本的问题。

（一）技术支持系统

即使具备了高速宽带的网络条件，在实施中也是不够的。要使广大的教师和学习者参与进来，必须有一套网络教学和网上学习的技术支持工具，如网络教

学平台就是其中的一种。一个完整的网络教学平台应该由四个子系统组成:网上课堂开发工具、网络教学支持系统、网络教学管理系统和教学资源管理系统,它们分别完成网上课程开发、教学实验、教学管理和教学资源管理的功能。网上课程开发工具主要具有无需学习编程、无需掌握 HTML 就可以开发出所需要的课程、发布课程内容的功能,这是通过设置课程内容模板来实现的。网络教学支持系统能够提供学生与学生之间、学生与教师之间方便快捷的通信,大多数系统都提供在线聊天、小组讨论,个别系统还可提供桌面视音频会议系统。网络教学系统还强调在线测试功能,能提供布置作业、自动评测等基本功能。教学管理系统能完成教学过程中比较基础性的支持功能,如学生注册、权限控制、教学传递、教学追踪等。教学资源管理系统则须做到为学生学习和教师教学提供课程资源的支持,系统还应该具备很强的素材检索和管理功能,另外,还应具备方便的素材上载功能。

(二)教学资源

要促使网络教学达到真正意义上的个别化学习,必须建立一个丰富的信息资源网,在这个网上所有的信息都可以记载、可查找。通过这个网络,教师和学习者都可以轻松地获得关于某一主题的详细资料,真正实现教育资源的共享。从国外网上教学的现状看,许多发达国家的网上教学在资源共享方面不但做到了人力资源的共享,而且也做到了信息资源的共享。其突出表现为网上教学的课程有强大的信息资源做后盾,每一个知识点或任务下都列出了相关的信息链接,有的给出了可供查询的网址信息。他们所以能够做到这样的程度,有赖于几十年的电子化教学历史、十几年的网络教学历史,有赖于多年的电子化、数字化资料的积累,有赖于应用宽带因特网的大量的准备工作。

在资源问题上,我国汉语教学资料的积累远不如英语国家教学资料的积累,虽然我国有关机构正在做把汉语教学资料数字化以供网上使用的工作,但迄今还没有网上汉语教学资源库可供实际应用。由于语言问题,我国的网络教学尚不能直接利用因特网上的浩瀚的英文资源库,这是我国发展网络教学的另一个困难。

(三)网络教学的研究

这是指网络教学中的课程开发、教学设计、课件开发的理论与实践的研究。

在网络教学中的课程开发主要是课程计划(教学计划)的开发。例如,实施某一个专业的人才培养需要有一个整体的计划,因为网络教学不能解决培养人的全部问题,人的培养涉及德、智、体、美的全面要求,在培养方案中有些环节不能在网络上解决,如一些实际操作性的技能、实习环节等。在课程方面,哪些在网上学,哪些在学校(或支持点)学习;在教学形式方面,是个别化学习、小组学习、教师指导或是讲授,都必须作一个全面的计划。这就涉及如何应用课程开发理论来指导设计开发。对于一门课程的教学设计,对于不同的学习任务(或类型)可以采用不同的学习理论的学习方法,对于同一种学习任务也可以采用不同学习理论的学习方法,因此在教学设计时,设计者应对任务、环境、学习者等进行分析,制定出适合的教学策略和学习方法。在课件开发方面,课件内容的结构应与班级面授有所不同,如怎样利用非线性结构组织链接,怎样做到比课堂教学具有更好的深度和广度,以适应各个层次的学习者的需要;怎样实现个别化、自适应学习;网上呈现的知识结构应该是层次、网状或枝状,框面如何设计等,都需要用新的设计方法来进行设计与开发。不然仍会落到把传统的课堂教学搬上网络的局面,不能发挥网络教学的优越性。因此对课程计划、教学过程和课件都需要进行理论与实践的探索与研究。

(四)师资培训

我国在计算机网络技术和网络教学方面存在着专家水平与普通教师水平的严重不平衡。在专家层次上不比国外落后,而在广大普通教师层面上,差异就很大了,普通教师不论在网络技术上还是在教育理念、教学设计水平上都比较低,因此对广大教师的技术与理论的培训就显得特别迫切。

总之,网络教学已经成为21世纪远程教学的热点,加速发展是客观的需要。网络教学是一种以学生为主体的学习模式,强调学生的自主性和创造力的培养,强调以资源为基础的学习,学生不再是被动的知识的接受者,教师也不再是单纯的知识灌输者,而是帮助学生建构知识的组织者、指导者、促进者。同时,网络教学具有师生分离、异步学习、强调反馈和交互等特点,是完全不同于传统教学的新的远程教学模式。我国目前的网上远程教育只是实现了基于人力资源的远程教育,采用方式基本上以视频广播为主,辅以视频会议,再加上 e - mail、电话等手段实现个人交流,对网络的利用大部分为单向、异步发布,且网络呈现的教学内容非常重,有时是全部内容。在开展网络教学的初期,采用这样的方法,省时、省力,准备阶段困难小,可以较快地实施网络教学,并可以解决优秀教师不足的问题。但是使用这种方式时,信息量的传输受到网络频宽的限制,使得被呈现的材料只能以文本形式为主,即使有少量动画、录像,画面也并不清晰,达不到教学效果。这种比较初级的网络教学并没有充分利用网上优势实现比较理想的网络教学。我国政府非常重视网络远程教育的发展,对现代化的网络教学制定了明确的长期目标和详细的中、短期目标。长期目标是:实现现代远程教育工程,形成开放教育网络,构建终身学习体系。以统筹规划、需求推动、扩大开放、提高质量为口号,建设基于现代通信和计算机技术的数字化、网络化、多媒体、交互式的现代远程教育体系。近三年的中、短期发展目标为:以中国教育和科研计算机网和卫星电视教育网为基础,初步建立起现代远程教育网络体系;建立一批不同类型的远程教育试点,使一些高校和有条件的中小学利用网络开展远程教育;开展教育软件的开发和信息资源建设，培育软件产业。我们坚信，在国家现代远程教育工程项目的推动下，在不久的将来，一个较高水平的远程网络教学一定会出现。

第三节　远程教育中采用的媒体技术

在远程教育中可以采用多种媒体技术，包括印刷材料和通信技术、无线电广播系统、电视传播系统、计算机网络技术、远程会议系统，以及多种技术的综合应用，等等。前几种媒体技术在前面章节中已经有所论述了，本节主要简单介绍一下远程会议系统。

远程会议系统的发展与应用已经有几十年的历史，20 世纪 90 年代以来，随着计算机技术、多媒体技术和网络技术的发展，提供实时的直接会话功能，与会者同时分享公共的听觉和视觉空间的会议系统得以快速发展，各种类型相继出现，种类繁多。在这里主要讨论以基于电话网的会议系统和计算机网络会议系统。

一、基于电话网的会议系统

（一）电话会议系统（音频远距离会议系统）

电话会议系统是指通过电话线或卫星传输向与会者提供分享的听觉空间，将不同地点的人们连接起来，使与会各方通过声音信号进行双向交谈。这一系统在学校可以有一些应用，例如邀请远程专家与课堂里的学生进行讨论。

电话会议系统成本较低，而且还能节省会议参与者的时间和交通费用；电话网的普及使召开电话会议容易操作使用；系统具有交互性，所有参与者之间都可以互相交流信息。系统的最大缺点是没有视觉图像信息，而且学习者如果缺乏利用电话进行交流的技术就会收获较小而不愿使用。

（二）音频图形会议系统

音频图形会议系统是在电话会议系统上增加了文字、图表、图形和静止图像的传送，可以用电子图形板、传真机或慢扫描等其他设备去获取图形图像，并通过电话线传输。系统可使与会者进行语言、文字、图表、静止图像的交流。

（三）视频会议系统

视频会议系统是利用视频压缩技术把活动视频信息加入到会议中，通过电话线传输，与会者不仅可以听到声音，还可通过监视器看到文字、图表、静止图像和其他会议现场的活动图像。

二、基于计算机的会议系统

利用计算机互联网和网络会议软件可以举行网络会议。基于计算机的会议系统可分为数据会议、多媒体会议和虚拟会议系统。

(一) 数据会议系统

与会者可以利用计算机和窄带网络进行数据信息(常常是文字信息等数据)的交换。

(二) 多媒体会议系统

多媒体会议是利用音频、视频和各种多媒体数据来交换与会者的思想。它是视频会议系统与计算机网络结合的产物。它利用计算机网络进行音频、视频的数字化信号传送,并通过计算机屏幕呈现信息。参加网络会议的人们通过电话线或 ISDN 线可以听到彼此的声音、看到彼此的形象、在共同的屏幕书写板上写字、传输各种文件、共享应用程序,拥有多媒体集成的共享空间。目前这种多媒体会议系统发展非常迅速,应用范围越来越广泛。

(三) 虚拟会议系统

虚拟会议系统是会议系统的高级形式,是多媒体会议系统与虚拟现实技术的结合。在虚拟会议环境中,所有与会者的图像经过合成,统一出现在一个虚拟会场中,保持会议室环境下各个与会者的视觉特征,就好像所有与会者同处一个会议室开会一样。

多媒体会议系统与虚拟会议系统能够突破空间限制,使身在异处的不同与会者聚集在一起,将其应用于教学上,可以克服传统课堂教学与非可视化网络远程教学之不足。见表 10－1 中对三者的比较。

表 10－1　课堂教学与非可视化远程教学、多媒体会议系统之比较

	优点	缺点
课堂教学	师生面对面的交流 学生之间的交流 小组间合作学习	学生人数有限 时空限制 难于个别化、个性化
非可视化远程教学	单向传播为主,可进行异步双向交流 时空不限 小组合作学习	师生间、学生间见不着,影响交流 交流是异步的 对网络硬件有要求
多媒体会议系统 虚拟会议系统	师生间、学生间双向、实时同步的、可视化信息交流 空间不限	时间限制 对网络硬件要求高

(原表出自乌美娜.现代教育技术.沈阳:辽宁大学出版社,1999.237)

习题

1. 说明远程教育的特点。
2. 说明远程教育基本模式的特点。
3. 远程教育的发展经历了哪四个阶段？

教学活动建议

讨论远程教育的特点。

学生分小组收集关于我国远程教育发展的资料，然后进行班级讨论或就此写一篇论文。

组织学生分小组收集一些远程教育中应用的新的媒体技术的情况，并收集一些远程教育成功的案例，并进行讨论。

第十一章

教育技术学的研究方法

教 学 目 标

通过本章的学习,学生应能做到:

1. 对教育开发研究的系统方法有一个基本的了解。
2. 说明应用系统方法的步骤。
3. 对形成性研究方法有一个基本了解。

第一节 教育技术学研究方法的形成与构成

教育技术学是教育学科中技术学层次方法论性质的分支学科,它的研究方法的形成是在教育技术的发展中由三种解决教育教学问题的思想和方法(基于“经验之塔”理论的视听教学的思想与方法、基于程序教学理论的个别化教学方法和基于设计与改进原则的实验方法)在实践中不断整合,特别是在系统科学的思维方式和行为方式的指导下而形成的具有技术学特点的研究方法。它不是描述性理论与方法,而是在哲学研究方法的指导下,基于教育研究一般方法而形成的开发性(或行动性)研究方法。对实践的适用性是衡量它的基本标准。

从研究、实践和学科层次来看,教育技术学的理论研究与实践有这样几个目的。

(1) 发现存在的问题,以及寻找可行的解决问题的方法、方案;

(2) 针对教学活动的需求,根据学习内容、学习者特征选择或建构学习模型,研究、开发相应的教学系统;

(3) 为提高教学系统的效益,开发教育资源,或开发与社会发展相适应的教育系统;

(4) 为教育、教学活动提供相应的教育资源的支持。

然而,这些问题是一些极为复杂的问题。如何从大量复杂的现象中找出本质性问题,如何把这些问题分解成许多能找到令人满意的解决方法的子问题,是教育技术学研究中一个关键性的问题。从理论上看,解决的方法不仅仅依赖于对教育、教学过程的理解,而且也依赖于新的观念和研究方法。

要有效地研究解决教育、教学问题,首先我们就必须把问题分化,在分化复杂问题的过程中把握事物内在的要素、环节等之间的内在的规律性,深入对各要素、环节之间关系的认识;其次将各要素、环节的关系,规律性内在的本质特征加以有机的、合理的、辩证的整合,在广泛联系的基础上形成对事物总体的本质特征的认识,并得出从整体上解决问题的方案。

美国教育传播与技术协会(AECT)在1977年年度教育传播与技术学术会议上提交的学科分析报告中认为:新的观念——系统方法在教育的技术学层次中的应用,对于具体的研究和解决教育、教学的问题带来了新的思路。这就是对于复杂的教育、教学问题的解决,人们可以通过像工程中使用的系统方法一样,广泛采用定义系统和子系统的方法来定义问题和解决问题范围。如此对待问题,那么一个极为复杂的问题就完全可以分解成几个或许多相关的、能找到令人满意答案的局部问题,并在实践中不断丰富、深入而形成了分析与综合、归纳与演绎相结合的系统思维方式和科学的实践程序——教育开发的系统方法。

这种新的解决问题的系统方法的产生,受到来自教育理论和实践两个方面发展的影响。

(1) 教育理论的发展和实践深化的影响。教育技术学中的教育规划开发与设计、课程开发、教学开发、教学设计、媒体及教育资源开发、教学评价技术、教育信息处理技术、教育管理技术等理论的发展,形成了总体教育理论中的一个新层次:技术学层次。这个层次的理论同教育哲学、教育科学层次的研究相互关联又相互独立。它继承以往一切教育理论研究和教育、教学实践成果,把一切有助于解决教育、教学问题的方法、理论和思想有效地组织在教育技术学的理论与实践中,而形成特有的指导思想、思维方式和实践方式。同时作为技术学层次的理论,同教育哲学、科学层次的理论又相互区别,它主要研究解决教育、教学问题的分析和设计的理论、具体操作过程、操作的方法及方法论,其关键是在解决教育、教学问题的过程中如何操作,如何才能使解决问题的过程更具有效率和效益。在总体的教育理论的层次上讲,这种教育的技术学层次的研究、开发实践的展开,为教育的哲学、教育的科学层次的研究提供了具体的材料。

(2) 教育技术学的研究方法在发展过程中受到了来自系统科学方法、方法论发展的影响。典型地体现在现代技术所带来的新的思想、观念对教育的技术学层次研究与实践的影响。这种影响既包括系统论、控制论和信息论的影响,也包括耗散结构、协同论以及超循环理论的影响。系统方法的术语在教育技术的研究和实践中广泛使用,就体现了这种影响。所以,一方面教育技术学的研究与实践,既体现了现代科学、工程技术学发展的影响,同时也为这些科学理论的发展提供了解决教育、教学问题方面实践的材料与经验。

第二节　教育开发研究的系统方法

教育研究中的技术学层次处理问题的方法——系统方法,是教育研究技术学层次处理问题的核心,是教育技术理论体系中一个不可分割的部分。作为技术学层次的研究方法,同系统工程的方法类似,它本身包括六个部分,而创造性地解决问题是这个方法的核心思想。它的原则、方法、步骤等内容将在下面介绍。

一、系统方法的定义

要弄清什么是系统方法,我们必须对系统和系统方法的内涵加以界定。系统,是研究各个学科所共同使用的一个基本概念,也是界定系统方法的一个起始点。

(一) 系统的概念

恩格斯说过:“一个伟大的基本思想即认为世界不是一成不变的事物的集合体,而是过程的集合体,……”①。集合体的概念就是系统。系统中各个组成部分相互作用和整体的发展变化就是过程。系统论的创始人贝特朗菲(L. Bertalanfy)认为“系统是处于一定联系中的与环境发生关系的各组成成分的总和”。② 我国著名科学家钱学森把极为复杂的研究对象称之为系统,即由相互作用和相互依赖的若干组成部分结合成具有特定功能的有机整体,而且,这个系统本身又是它们从属的更大系统的组成部分。

尽管从不同的角度可以对系统做不同的理解和给出不同的定义,但是一般认为由两个以上的因素组合而成具有一定结构的整体就可以看做是系统。更确切地讲,系统是由相互联系、相互制约的若干组成部分结合在一起,并且具有特定功能的有机整体。这些组成部分通常称之为子系统,而这子系统本身又可以看做它从属的那个更大系统的组成部分。

(二) 系统方法的定义

系统工程是三论学科群中的一门应用技术,它的突出特点是提出了一整套

---

① 马克思恩格斯选集(第四卷)[M].北京:人民出版社,1972:239~240

② 贝特朗菲.一般系统论[J].自然科学哲学问题丛刊.1979 年合订本.

分析与处理人工系统的方法。钱学森指出："系统工程是组织管理系统的规划、研究、设计、制造、试验和使用的科学方法。"① 亦可以称为系统工程方法。它以生产建设、科学研究以及其他社会实践、社会活动的科学组织管理方法为主要内容。所以系统工程方法是各类人工系统组织管理技术的总称。它的特点是"把定量化的系统思考方法应用于组织管理的工程实践，寻求实践效果的优化。"②

因此把系统工程方法应用于教育、教学问题的研究和实践中称为教育技术的系统方法，有的书上称为教育开发的系统方法或系统方法。所以教育开发的系统方法是为了更好地达到教育、教学的目标，而对系统的构成要素、教与学过程的模型、教育与教学环境、教育与教学资源及控制机构的分析与设计、开发与评价、实施与管理的技术。

因此，结合教育技术学层次的研究和实践，我们可以把教育技术的系统方法理解为：一种在系统科学的思维方式与实践方式指导下产生的，分析、解决具体教育、教学实践活动的指导思想、实践方法和方法论。

二、系统方法的框架

在具体使用"系统方法"的过程中，"系统方法"包括以下五个基本的步骤，加上"修订"环节而构成六个部分。

1. 分析确定问题，确认需求和目标；
2. 选择和设计问题解决的方案；
3. 选择解决问题的策略和工具；
4. 实施问题解决的方案（包括对选择的策略和工具的管理）；
5. 鉴定实施的有效性；
6. 必要时修改前面的任何一个步骤，以确保教育系统的有效性。

值得注意的是，这种步骤与步骤之间的关系并非是线性的。步骤与步骤、过程与过程之间相互作用，而创造性与启发性的思想是这一方法的灵魂和重要特征。这个方法用框图描述，如图 11-1。

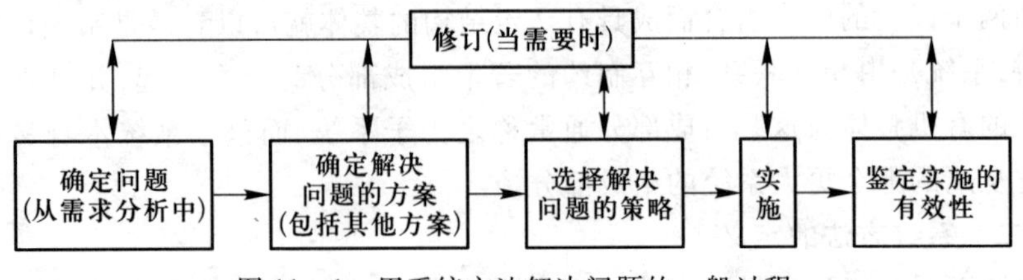

图 11-1　用系统方法解决问题的一般过程

① 钱学森，许国志，王寿云．组织管理的技术——系统工程．文汇报，1978-9-29

② 王寿云．系统工程名词浅释[M]．北京：科学出版社，1982：6．

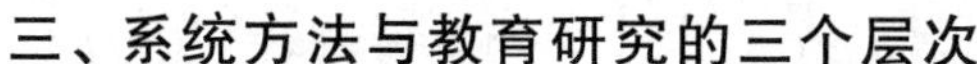

三、系统方法与教育研究的三个层次

系统方法可以有效地使用在具体研究问题的过程中,也可以用在研究计划的研究过程之中。确切地说,教育的技术学研究同教育科学、教育哲学研究的区别在于以下三个方面。

一是问题研究的层次差异,它们分别为哲学层次、科学层次和技术学层次。二是研究目的的差异,哲学层次的研究在于探讨教育理论,研究总体规律;科学层次的研究重点在于研究教育活动的内在关系、规律;而教育技术学层次的研究重点在于探讨如何解决具体的教育、教学问题。三是方法的不同,哲学层次的研究重在思辨;科学层次重在调查、经验和实验;技术学层次重在系统的构造与开发、实践、实验和经验。

系统方法可以广泛地用在教育研究的三个层次之中。然而,不同的研究层次应用系统方法的目的是不同的,这种目的的区别带来了系统方法应用模式的区别。在教育科学和哲学层次的研究中,对系统方法的运用主要是为了全面地、普遍联系地辩证地把握问题,从大量的事实中抽象概括出事物内部的必然性的关系、规律和联系;而在技术学层次的应用中,系统方法主要用于具体的解决教育、教学问题,即研究如何解决问题的方法。从这种意义上看,在教育哲学和教育科学层次的研究中,系统方法主要是针对系统科学思想的发展带来的对研究思想、方法、观念方面的影响,在一定的程度上我们可以把其称之为系统科学思想的影响,而不是人们通常讲的“系统方法”。在教育技术学研究的方法论和思想体系中,教育技术学研究的“系统方法”是特指我们在上面系统方法定义中讲的方法——解决具体的教育、教学问题的方法论。

第三节　系统方法的逻辑

一、系统方法三维结构

教育技术的系统方法作为新兴的教育技术层次的思想和观念,它的一个突出的特点是提出了一整套的分析与处理教育、教学以及相应的一些实践活动的思想和方法,对于不同的教育、教学问题,可以找到一套具有共同性的思路、方法或程序。这种方法的结构可以通过一个三维模式的空间来加以描述(如图11－2所示),这就是通常所说的系统方法的三维结构。

维度一:逻辑维。在系统方法解决教育、教学问题的过程中,解决问题的逻辑都是从分析存在的问题、确定解决问题的需求开始的,经过任务目标分析、系

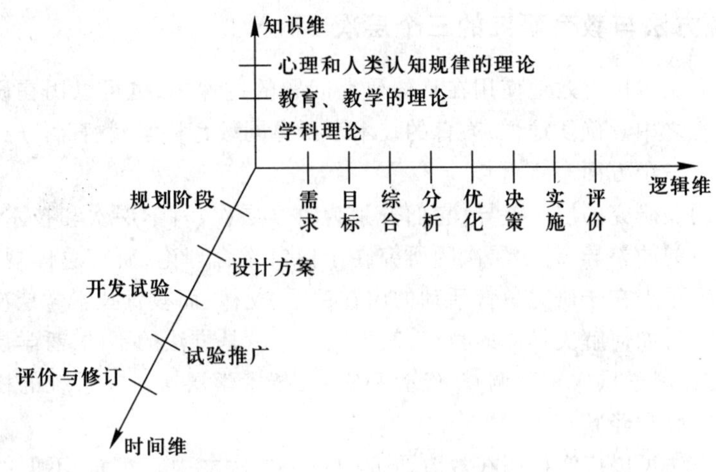

图 11-2　系统方法的三维结构

统综合、系统分析、优化、决策、实施和评价几个阶段。

维度二：时间维。作为解决问题的共同性，在解决问题的进程中时间上的共性体现为解决问题的阶段性的统一，具体为规划阶段、设计方案、开发、实验、试验、推广和更新。

维度三：知识维。在解决问题的过程中，具体所使用的知识因具体的问题和问题背景不同而发生差异。比如，在如何提高中学物理课的教学效率问题上，知识维的内容涉及物理学的学科知识、教学方法、教学技能、学生认知的发展和态度情感形成的心理过程等。

二、应用系统方法的步骤

在教育的技术学层次的研究与开发中，应该怎样应用系统方法呢？在作出说明之前，我们再次强调需求分析的问题。需求分析即确定存在的问题，是教育的技术学层次研究的基础。一般来说，这种分析的过程就是确定所要研究的问题。进一步讲，就是要分析现状与所期望状态之间的差异。从教育、教学的实践来看，问题的产生都离不开以下两个方面。

1. 教育、教学系统内部各要素、环节之间矛盾的对立与统一。比如，教学效率问题，典型地体现在以下三个方面：一是教师方面的问题；二是学习者方面的问题；三是教材、环境以及相互作用方面的问题。提高教学效率必须从这三方面来考虑。可以说存在的问题中，有可能是教师的教学技能、知识水平、教学风格、对教学的调控技术等（或者其中的某一因素），也可能现状与期望的差异是问题存在的关键，但也不可能排除其他两方面的原因。在具体的问题确定之前必须要对这三个方面的可能性加以全面的系统分析，才能准确地确定问题与需求。

2. 教育、教学系统同社会环境、社会政治、经济、文化和科学技术发展之间矛盾的对立与统一。比如,在课程开发问题中,这一矛盾就典型地体现在以下两个方面:一是对教育活动的质量需求分析;另一个是参加教育活动的受教育的人数分析。这两个分析的结果是课程开发活动的价值指南、价值尺度。

应用系统方法的具体步骤如下:

第一步,从需求分析中确定问题。

通常需求分析都是对现状和希望的结果之间的差异分析。这种分析应使用严格的可理解的术语,以便不同的研究人员与开发人员之间的沟通与协作。需求分析提供两方面的情况:第一是对于教育、教学活动内部状况的描述,通常应当以严格的可以相互交流沟通的术语来进行描述;第二是对教育、教学系统与其外部矛盾的对立的描述,当然为了交流与协作,所使用术语的标准也是极为严格的。

可以说,应用系统方法都是从需求分析评定开始的,评定分析需求是一个极为重要的过程,在没有根据需求确定问题以前,任何方法显然都是无目的的,即使是有效的,也仅仅是一种偶然的巧合。所以一般应用系统方法的第一个步骤通常称之为:根据需求分析,鉴定存在的问题的过程。

第二步,确定解决问题的方案和可替换的解决方案。

在需求分析过程中已确定了所要解决的问题,并且也提供了所有的对于解决问题的需求。比如,在课程开发的研究中,这些总体的需求称之为“任务目标或行为要求”。通过对问题的现状和产出之间的比较,系统的设计者就能发现发展的方向,以及如何陈述所要达到的目标。从而提出可能解决问题的几个方案。

第三步,从多种可能的解决方案中选择问题解决的策略。

这一步骤在系统方法中是关于“怎样去做”的一个步骤。在这一步骤里,要选择完成目标的工具和方法。通常选择方法和工具的标准是“费用—效果”的比值。从效益的角度上看,我们总是想以最小的花费来取得最大的经济效益,总是设想用最小的研究代价去获得最高的推广效率。

第四步,实施问题解决的策略。

这一步骤是对产出的计划和选择的解决问题的方法与策略具体地加以实施。上面系统分析中提到的方法和手段将被采纳、应用或者修正。为了确保研究顺利进行,为此必须构造一个管理的子系统。这个系统开始进行之后,可以管理各种复杂的事物和处理各种在研究计划执行中产生的信息。比如,在课程开发研究中的复杂的日常事务、人事、设备、学习者、微观劳务市场,以及对于完成所要求的职能的其他一些因素的管理。通常在这里应使用管理的网络技术。

第五步，确定实施的效率。

在实施的过程中收集的信息包括两部分：① 过程信息；② 系统的产出信息。把这些信息同在需求分析评定和在系统分析中所得到的各种详尽的需求信息相比较，采用相应的评价技术进行定性定量分析，那么，现实的系统同所要求的理想化的系统之间的差异便一目了然。这就为下一步考虑修正给出了诊断性的信息。

第六步，如果有必要，对系统加以修正。

根据实施过程中的具体的执行信息，所构造的问题解决系统的执行情况便可以很快地反映到研究者那里。如果有必要的话，许多步骤可以加以修订，构建的解决体系可能需要再设计。这种系统方法的自我修正的特征，保障了应付问题的有效性。我们看到研究的过程是一个永无完结的过程，它必须不断地评价和修正。以下两点在这个过程中是至关重要的：① 它是否有能力满足适应各种需求、出现的问题，以及能否对各种要求和实际的问题作出相应的反应；② 是否能连续的同原问题和解决问题的要求相适应。因此，我们一方面要注意研究过程本身的内在运行机制；另一方面还要不断地研究和分析各种问题的变化情况。

三、操作模型的构建

构造操作过程模型的方法指的是在教育开发研究的系统方法的指导下开发出的一个实际操作的一个过程的流程，亦可以称为操作过程的模型。

系统方法是开发研究，是分析、解决实际问题的指导思想和一般的操作过程的步骤，如分析需求，找出主要因素，建立目标，等等。但针对一个具体的实际问题，它所要分析和处理的因素是不同的。因此必须针对具体问题按照系统方法的一般原则与步骤构建一个操作性的过程模型来付诸实施。这一工作主要是在系统方法步骤中的前三个步骤中（如图 11－3）。

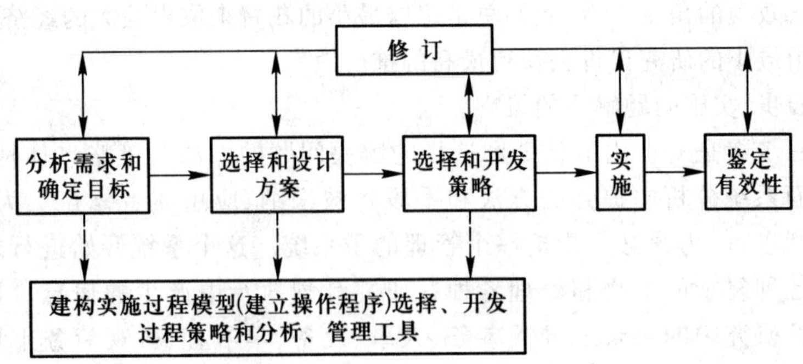

图 11－3 系统方法操作过程模型

建构一个可操作的工作过程的模型是这一方法的灵魂和重要特征,它的创造性亦主要体现在这里。这个模型实质上包含两个主要部分,一是构建模型,二是开发工具。为了清楚起见,以教育技术专业课程体系开发模型为例,把建构模型过程进一步叙述于下列的各个步骤中:

第一步:首先要制定基本指导思想和从需求分析到最后形成所确定目标之间应该经过几个主要的结构要素(或阶段)才能达到。

如教育技术专业课程体系从需求分析到最后形成所确定的目标(建立课程计划)之间需要经过几个主要结构要素(如图 11-4)。

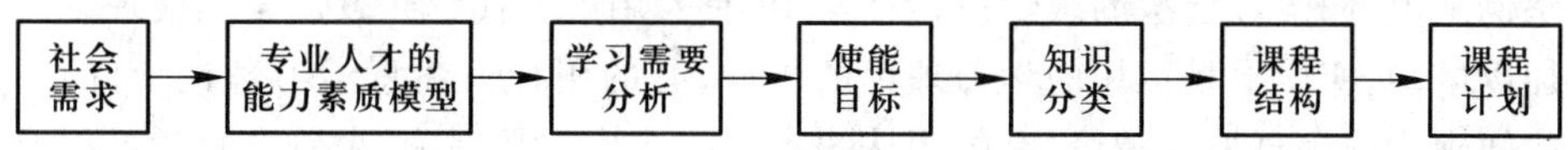

图 11-4 主要结构要素

第二步:对重要结构中的每一阶段的特点进一步分析有哪些主要因素影响这些结构要素。

如社会需求分析中,对课程体系来说其基本影响的要素是课程价值尺度的研究,所以这个价值尺度研究须从三个方面着手,即:① 社会职业、职业标准和社会职业的发展和它的社会职业标准所产生的影响;② 专业和专业的发展;③ 学科及学科的发展,以及这三者之间的相互关系。

第三步:对于每一步骤的具体执行都要选择和开发完成该结构要素的目标所需要的工具和方法,以及选择所采用工具和方法的标准。一般来说这个标准是费用、效果的比值。

例如在"专业人才的能力素质模型"的结构要素的解决需要研究设计职业中基本活动的能力项量表,及采用因子分析统计方法才能较好地得出能力素质模型。

以上所讨论的有关模型建构的方法与步骤是按照系统方法分析、解决问题过程中的关键环节,所构建的模型是否适合所需解决的问题,或者说模型的科学性与可靠性和可行性等是否完善这完全有赖于研究者的理论背景,科技的掌握程度以及经验等,而创造性能力尤其重要。同时在分析、解决问题的过程中,及建构模型的过程中,所需要的理论背景是多种的,有教育、心理等方面的理论,有学科知识的理论,有各种的分析、统计的数学工具及计算机技能的掌握。因此在完成任务的过程中需要各方面的专家、学者、实际的一线工作者的合作才能完成。所以在教育技术领域中的实践和研究常常需要由相关的专业人才组成小组,共同来完成有关课题。

对于同一课题如果由不同层次和背景的人来承担,其建构的模型和选择或开发的工具方法将是不同的,这主要是由于教育技术学的学科性质——技术学层次、方法论性质的教育分支学科所决定的。因为技术学层次方法论性质的学科所提出的分析、研究的方法是一个一般性的方法和操作程序。由于实践应用者的背景、经验和创造性的区别,他所采用的基本理论、分析方法、数据处理手段都会有所不同。因为教育技术学研究对象可以是属于不同层次的问题,如微观层次的教学设计,及其宏观层次的课程开发。而他的知识体系和研究方法则是具有框架性的特点,需要实践者、研究者创造性地运用。根据教育技术学的理论所开发出的原理,如教学设计理论、课程开发理论都具有明显的个案性质的操作性理论,是针对某一特定条件下的特定问题的理论,不可能适用于所有的问题。举例来说,如微观层次的教学设计理论中,有人用第一代、第二代、第三代理论来加以区别,实质上是运用的学习理论的不同,有的用行为注意学习理论,有的用认知理论的信息加工理论,有的用认知理论的建构主义理论,来研究教学过程或学习过程。至于运用哪一种理论作为建构模型的依据,要视学习者特征及学科知识的特点及内容的性质来选择,并不能说哪一种理论适合于所有的教学、教育过程。所以说,各种教学设计理论都具有个案的性质,是针对某一范围中的某一种或某几种的具体问题的。因此,我们通过对教育技术学的研究方法的阐述可以更深入地来认识教育技术学的性质与特点——它是技术学层次方法论性质的学科,是操作性理论的指导和依据。

总之,“系统方法”是分析和解决问题的总体性的思想方法和框架性步骤。作为研究和研究计划开发的系统方法,除系统分析技术和系统综合技术之外,还包括需求评定的技术、策略的选择技术和研究成果的评价、研究过程的管理技术、实施调控技术……这些分析、设计、评价、管理、调控等实际操作技术,属于系统方法中的子技术,在实际的解决问题的过程中,还须在系统方法的整体性框架步骤中需根据实际情境建构、选择和开发新的理论模型和分析、操作技术。这是教育技术实践创造性应用和系统方法的核心所在。

第四节 教育开发系统方法的应用案例

案例:教育技术专业课程开发模型的构建与专业课程体系的研究

基于对课程开发的认识,在教育技术(电化教育)专业课程体系的研究过程中,我们在教育开发系统方法的指导下构建了一个适用于应用技术学类专业的课程开发模型(macro level),这个模型可以用于正规学校的技术类专业。

一、模型构造的基本指导思想

对于这一模型，我们是根据课程理论的研究和一些课程开发模型的实践经验，提出应用技术专业课程开发模型的一些基本的原则和规定。

1. 课程设计应当根据社会对人才的当前以及长远的需求，这种对人才的当前及长远需求包括以下两个方面：社会对人才的能力素质的要求；社会对人才任职方向的需求和对人才数量的需求。

2. 课程设计应在体现社会对人才需求的同时体现学科的特点、结构和学科的发展，充分体现学科的特色，这对保证课程体系在学科发展中的相对稳定性是极为重要的。

3. 课程设计、开发中，应充分考虑到学习者的发展，以及学习者的知识、技能、能力和态度、情感的养成及迁移，考虑到课程对学生未来走向社会以后自适应能力的发展。

4. 课程设计、开发的过程中，必须保证课程体系的开放性、全面性：全面的、开放性的课程体系是促进学生自适应能力和保证学生未来发展的关键；同时，全面的、开放性的课程体系也是使课程体系在迅速发展变化的社会需求中保持相对的稳定和保持其相对稳定的社会价值的关键性因素。

二、模型

基于以上的想法，在教育技术（电化教育）专业课程体系的研究和开发中，我们提出了如下的适用于正规学校应用技术类专业的课程开发模型。这个模型主要强调对课程体系的价值标准的研究。提出了课程的价值标准在课程开发的宏观研究中的一些基本规定，以及价值标准在课程体系的目的、课程的框架结构、课程计划、各分科课程的目标和课程环境设计中的转换和应用。

模型如图 11－5 所示（实践部分是本文的内容）。

（一）社会需求研究

即课程的价值尺度研究。在这个课程开发的宏观模型中，社会需求分析包括以下三个方面：① 社会职业、职业标准和社会职业的发展，以及这种发展对社会职业标准所产生的影响；② 专业和专业的发展，专业标准同职业标准之间的关系，专业标准变化同社会职业发展、专业发展的关系；③ 学科及学科的发展，及其与专业、专业标准、职业和职业标准的关系。

（二）专业人才的能力素质分析

这个分析主要是从社会上现实专业人才的职业基本活动中，利用能力素质的分析方法以及多元统计理论的模型构造理论，在学科研究和发展、专业领域和发展、职业领域及发展等的基础上，提出专业人才的标准，即能力素质标准。

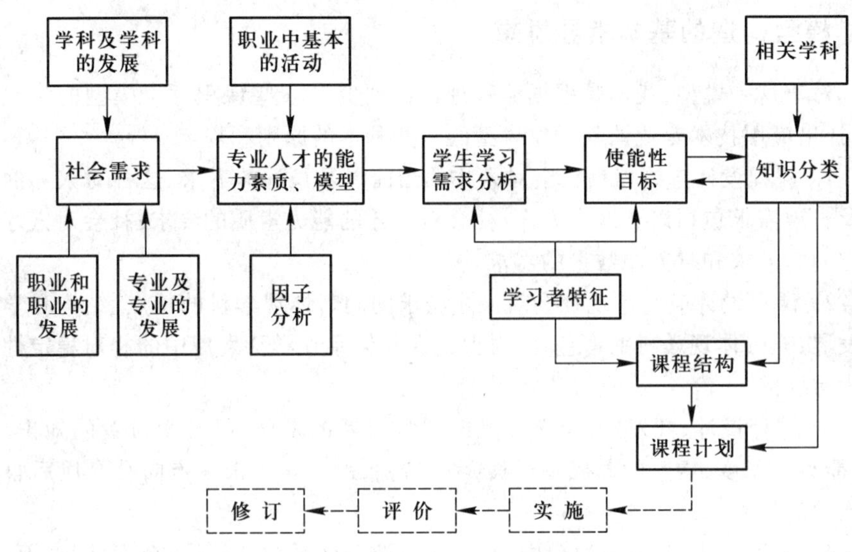

图 11-5　课程开发模型

(三) 学习需求分析

主要包括学习者的现实状态分析,内容包括认知水平、现有的技能、知识水平、情感的发展以及态度等;以及同达到这种人才能力素质标准的差异分析,主要内容包括认知水平、现有的技能、情感的发展以及态度等。(具体的变量略。)

(四) 使能性目标分析

主要分析学习者通过学习要达到的能力素质标准的过渡性目标,这个分析是学习需求分析的继续。在这个分析中,对学习过程的理解以及对学科的认识和理解是分析是否有效的关键性因素。所有的分析包括三个方面:任务分析、内容分析和活动分析。

(五) 知识分类

主要是把使能性分析中所涉及的各个类型目标的知识类型以及学科类型或领域类型加以标定,寻找使能性目标的知识点和知识的组织体,为形成课程的体系结构和课程的组织策略的决策作必要性的准备。值得强调的是,知识分类和使能性目标分析之间是紧密相关的,这两个分析过程应当在整个课程的开发中反复地考虑。另外,在这个过程中领域专家以及相关学科专家的参与是使研究更有效的一个重要因素和前提条件。

(六) 课程结构的研究

首先对知识分类结果进行组合,反复地考虑组合的合理性,相关学科专家及学科专家的意见在课程的组合过程中是十分重要的。同时,在这一过程中,学习者的特征、社会需求、专业人才的能力素质标准、学习需求以及使能性目标也是要反复考虑的重要内容。其次,才是对这种组合的结构加以考察和确认。在这个过程中,学习者的特征、学习过程以及可能的结构策略的研究是极为重要的,研究的重点应放在什么样的课程结构才能有效地促进学习、促进目标的实现和课程效率的提高。已有的经验的总结、利用,以及一些验证性的说明性实验是必要的。

(七)课程计划的设计

1. 对课程体系结构中各课程之间的顺序结构加以进一步的落实,在落实的过程中应当再反复地考虑课程体系结构的合理性。在这一项工作中,专家评议以及以往的经验有着极为重要的作用。

2. 各课程目标的具体化。目标的具体化应当根据以下几个方面的信息:① 社会需求分析,② 专业人才的能力素质标准分析,③ 学习需求,④ 使能性目标分析,⑤ 知识分类分析的结果。

3. 对课程课时数及各学期课时的平衡的考虑,各课程课时量的考虑应当根据教学目标实现的难易程度和学习者可能具有的学习效率来加以确定。在这个过程中,已有的教学经验以及一些验证性的实验是说明问题的关键。

4. 对各课程教学活动方式的总体的设计。学习者的特征、目标的类型、教师及课程已有的资源条件,应当反复地在课程的教学活动方式的制定中加以考虑。

5. 课程体系和课程评价标准的确立。在这个标准的制定过程中,不可忽视的是对社会需求和专业人才能力素质模型转化为学生学习需求分析过程及其结果的合理与否,这是要加以反复考虑的内容。课程评价标准主要是根据各课程分担的教学目标来制定的,实现教学目标的效率的高低就是课程评价的标准。应当注意,在课程评价中应当包括两部分内容:学生学习评价和教学费用——效益评价。

三、教育技术专业课程体系研究的流程

根据上述开发模型,在教育技术专业课程体系的研究过程中,首先成立了以学科、领域专家、教育行政管理人员、相关学科专家和课程开发研究人员所组成的教育技术专业课程设计、开发研究课题组。课题的研究得到了原国家教委有关领导部门和北京师范大学有关领导部门的支持。所有的研究可以分为以下几个阶段。

1. 在社会需求分析阶段中,① 对教育技术学学科的发展作了分析,探讨了教育技术学的研究和实践领域及其发展,探讨了教育技术学的理论体系和理论体系的发展;② 对教育技术(电化教育)专业及专业发展的内在因素、发展的机制、发展的模式等,作了分析研究;③ 对教育技术(电化教育)作了职业分析,分

析了职业的发展、发展的机制，并对职业发展所带来的对专业化人才的需求作了分析。(略)

2. 在专业的能力素质分析和专业人才的能力素质模型的研究中，首先用个案研究的方法对职业领域的基本活动作了分析，在参照了日本教育技术学会1983年的分析、美国教育传播与技术学会1978年的分析的基础上，确定了98项用于描述教育技术专业人员工作活动的变量；应用结构化系统抽样技术对全国从事教育技术(电化教育)的人员进行了抽样，着重研究了现在或者未来教育技术专业人才的能力素质问题，对所得的数据应用多元统计中模型构造理论中多因素分析的方法，进行了模型的构建(正交因子分析、协交因子分析)。(略)

3. 在对学习者特征分析的基础上，根据社会需求和教育技术专业人才的能力素质模型对专业化人才的能力素质的要求，分析了学生现状和要完成、达到教育技术专业人才的能力素质标准之间的差距——专业学生学习的需求。(略)

4. 使能性目标分析是对学习需求的进一步细化，在使能性目标的分析过程中，详尽地陈述了完成学习需求即达到人才标准的过程。(略)

5. 知识分类是把各使能性目标按教育技术理论及相关学科或者领域进行分类的过程，它是各分科课程目标确定的依据。(略)

6. 在知识分类的基础之上，提出了关于教育技术专业总体的课程框架。(略)

7. 最后在课程结构、知识分类、使能性目标以及学生学习需求的基础上，从提高课程效率来反复考虑课程的组织策略，在具体的每门课程的基础上继续将使能性目标细化，构成了每门课程的目标体系，提出了教育技术专业的专业课程计划。(略)

四、几点说明

(一) 上面案例的内容是北京师范大学现代教育技术研究所《教育技术专业课程设计、开发研究》项目成果的一部分。课题的来源是原国家教委师范司、电教司的委托研究项目。课题组主要研究人员是尹俊华、赵为华和乌美娜等。

课题组经过三年多的研究和探索，在分析研究了技术性层次的课程理论与方法的基础上，摸索出一套适合高等教育改革中专业课程体系开发的理论、分析技术和技术模型。这个模型吸收了国外专业课程模型的一些有借鉴价值的内容，着重强调社会需求对专业人员的能力素质标准及发展的微观分析；按照课程设计、开发的模型进行实践，进而提出了教育技术(电化教育)专业的培养目标、教育技术专业人员的能力素质；设计了教育技术专业的课程体系、框架结构以及专业课程设置的基本方案。

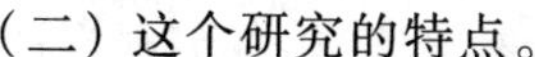

（二）这个研究的特点。

1. 在理论上，根据从课程开发的定义范畴、课程的价值尺度——社会需求、课程开发的实质、课程开发的系统方法和课程开发中课程的制约机制出发，探讨了课程开发的理论与方法。

（1）在人员的能力素质需求分析方面，突破了原有行为主义分析理论和方法，在信息加工、技能发展、知识建构方面，吸收了现代分析心理学研究成果。首次在国内使用多元分析理论中的因子分析技术，把多元统计分析技术应用于社会需求、能力素质标准分析，探索了一条新的专业人员在职业活动中的能力素质的标准和方法。

（2）在学习需求、使能性目标分析、知识分类、课程框架结构的构建等方面，强调知识、技能、情感和态度的整合，改变原有课程中专业课程体系与社会发展的脱节、孤立地强调知识、忽视发展，过分强调学科，造成专业内各学科难于协调的弊端。

2. 在实践方面，以教育技术（电化教育）专业为例，对教育技术本科专业课程体系的构成，应用了上述理论进行研究、开发，在实践中取得了以下成果。

（1）完成了教育技术学和教育技术的领域分析。

（2）完成了对教育技术专业人员的能力素质分析，提出了我国第一个关于专业人员的能力素质标准的模型。

（3）完成了对大学一年级学生的思维发展状态分析。

（4）根据能力素质标准完成了教育技术专业学生的学习需求分析，确定了四年中教育技术专业本科学生必须达到的能力素质标准。

（5）根据学生思维发展水平分析，以及学习需求、专业标准、学科发展和学科内在的规律，对学生完成学习需求的各个可能阶段结合现有教学情况进行分析研究，提出了一整套的完成学习需求的使能性教学目标（使学生完成、达到专业标准的各个阶段的教学目标）。

（6）对使能性目标分析的结果——使能目标进行了知识分类处理，以知识体系和技能之间的关系以及与情感价值观念的内在联系，来探索更好的课程的内在结构。并设计了一整套的教育技术专业的培养目标、课程体系、课程框架结构以及相应的评价课程的指标体系。

（三）这项研究得到了原国家教委电教司、师范司的重视，在原全国高等师范院校电化教育专业教材委员会成立大会上，与会专家给予了充分的肯定，并采纳了这个研究的成果，下发给二十几所高师电化教育专业。这个研究也受到北京地区、东北地区、华北地区等兄弟院校的重视和引用。本项研究获得 1993 年北京市高校教学研究成果一等奖。

总而言之，这次研究是我国首次研究和应用课程设计开发的理论和方法，开辟了一个新的课程研究领域，即研究和探索如何分析社会需求、如何根据社会需求——教育价值尺度来设计、组织、实施、评价课程的一整套方法。由社会专业标准及其发展和课程的价值尺度转换到学习需求，由学习需求和学习者发展的可能性到使能性目标，再由使能性目标同学科发展结合转换到专业标准的框架、结构和专业课程体系，这种研究思路和方法改变了传统课程体系是把学科结构直接搬迁为专业课程结构的方法和模式，这种转变有助于解决如何使专业课程体系同社会的本质需求相联系。这次研究不仅丰富了教育技术的范畴，而且扩展了课程理论的层次——技术学层次的课程理论；探索了一条在当前形势下高等教育的专业教育如何改革的路子和一套具体的解决问题的理论与可操作的方法。

第五节　形成性研究方法

教育技术学的形成性研究方法是形成和完善自身理论的研究方法（当然亦可用于教育领域的各个研究领域）。教育技术学中最核心的理论是教学设计理论，它随着教学的实践以及相关先进理论的影响，需要在发展中不断地去完善。教育技术学的形成性研究方法是一种创造和改进设计理论的方法。

形成性研究方法需要考虑的问题是：

- 什么方法使用起来较好？
- 什么方法使用起来不好？
- 可以对理论作出什么改善？

形成性研究方法的基本内容是：

1. 评价研究一般设计知识的三个标准；
2. 形成性研究方法的框架性步骤；
3. 形成性研究方法的三类方法性课题。

有关这方面的理论美国教育技术学者瑞格鲁斯（C. M. Reigeluth）在这方面做了大量的研究，以下主要是简要地引用他的形成性研究方法的基本理论和方法，作为教育技术学研究方法的构成内容。

一、评价研究一般设计知识的三个标准

在描述理论的研究中主要是要考虑其理论的正确性问题，而在设计性理论的研究中主要是要考虑它的适用性问题。它的价值标准体现在三个维度上。

1. 效果：指应用了这种设计性理论在给定条件下能达到目的的程度（或范围的广度）及可靠性问题。

2. 效益:它包括两个要素,即对效果的测定和对费用的测定。对于教学设计理论来说,我们需要考虑诸如人的时间、努力、能力需求,以及其他对资源的需求,例如资料、设备及其他教学设施的需求。总之是有关投入与产出等方面的因素。

3. 吸引力:这是一个对所有相关的人来共同享用这个设计成果的课题。对教学设计理论而言,它包括教师与学生,支持者,或者是官员和双亲。吸引力是一个与效果、效益不相关的指标。

二、形成性研究方法的框架性步骤

形成性研究是开发性研究(或行动研究),它主要是在教育、教学的实践中的现场的个案研究。根据这个特点,形成性研究方法的案例研究可以分为三类,而每一类又有两种情况,即分为"改进已有的理论"和"设计一个新的理论"两种情况(见表 11-1)。

表 11-1　形成性研究方法的种类

	已经存在的理论	一个新的理论
在设计的场合下	为改进已有的理论设计案例	为产生一个新的理论设计案例
自然应用过程的现场	已经有的理论在自然应用过程中的现场情况	新的理论在自然的应用过程的现场情况
自然应用过程之后的情况	已经有的理论在自然的应用过程之后的情况	新的理论在自然的应用过程之后的情况

(一) 设计一个情境来改进一个已经存在的理论的工作步骤(在设计的场合下)

1. 选择一个设计理论

在已有的理论中选择一个你需要改进的设计理论。

2. 设计一个与应用此理论相关的案例

首先选择一个应用该理论的情境作为案例。此案例可以是一个产品或一个过程,或两者兼而有之。这个案例中要避免出现两种缺点:一是出现不可靠因素;另一个是出现不需要因素。因为这涉及结构的有效性问题。这个设计可以由研究者或理论专家来完成,但必须有另外的一个或一些专家的评论来保证这个设计的可靠性。

3. 收集和分析针对这个实例的形成性数据

收集数据有三种方法:一是观察法,这可以证实设计理论中参数(因子)的出现和参与者与参数之间的关系。二是文献法,通过在文献中对参数和结果的报导,可以使你对理论的参数作出判断。三是访谈法,可以让你探索到参与者的反应和思想。

4. 修改这个实例

根据收集到的数据,修改已实施的实例。

5. 重复数据资料的收集和修改案例的循环过程

6. 对这个理论作试验性的修改

提出一个修改后的理论的草案,并作出理论上的概括。

(二)设计一个情境形成一个新理论,它的过程对照上面的步骤有一些修改(在设计的场合下)

(1)创造一个情境从而帮助产生设计理论;

(2)收集和分析针对这个情况(实例)的形成性数据;

(3)根据收集到的数据,修改已实施的实例;

(4)重复数据资料的收集和修改实例,必要时可循环此步骤;

(5)全面形成试验性理论。

(三)对于自然应用下的研究,无论是应用现场还是应用之后,过程亦不尽相同

(1)设计不同的情境(无论是已经有的理论还是新的理论);

(2)选择一个情境;

(3)收集并分析针对这个例子的形成性的数据资料;

(4)全面形成改进性理论或试验性理论(无论是已经有的理论还是新理论)。

三、形成性研究方法的三种方法性课题

形成性研究方法主要是通过设计案例在现场来实施,但案例研究在以往的评价中被认为缺乏严密性。这个问题可以归结为三个理论性课题,即:构成(结构)的合理性问题;完整的数据收集与分析程序问题;理论的概括问题。

(一)构成的合理性问题

合理性是一个与建立正确测量有关的概念,它是形成性研究感兴趣的一个问题。不同的情境会影响此方法的使用。正如在前面的步骤中所说,当出现不可靠因素和不需要的因素时,则构成的合理性就被削弱。

(二)合理的数据收集与分析程序问题

这个问题受两个因素的影响,即数据的完整性与可靠性问题。数据的完整性可以通过一些技术来加强,如提前准备参加者,减少突发性,重复鉴定优点和缺点等。

数据的可靠性，可以通过各种技术来加强，包括多边测量，证据的连锁，成员校验，研究者对假设的说明等。

（三）理论的概括问题

通过形成性研究所得到的结果需要概括为理论，可以通过两种途径来加强它的严密性，即通过情境重组和研究的重复来改进理论概括的科学性。

由于形成性研究方法提出来的时间还不长，而且不同的地区面临的实际研究状况也不同，所以需要教育技术工作者进一步实验研究，使这个方法逐步地完善起来。

习题

1. 阐述“系统方法”的定义。
2. 对应用系统方法的步骤作一介绍。

教学活动建议

通过讲解使学生对教育开发研究的系统方法的特点和应用系统方法的步骤有一个初步的了解。

主要参考书目

[1] 巴巴拉·西尔斯，丽塔·里奇. 教学技术：领域的定义和范畴[M]. 乌美娜，刘雍潜，等译. 北京：中央广播电视大学出版社，1999.

[2] 乌美娜. 现代教育技术[M]. 沈阳：辽宁大学出版社，1999.

[3] 罗伯特·加涅. 教育技术学基础[M]. 张杰夫，等译. 北京：教育科学出版社，1992.

[4] 尹俊华，赵为华，乌美娜. 教育技术学导论[M]. 北京：北京师范大学出版社，1992.

[5] 万嘉若，曹揆申. 现代教育技术学[M]. 北京：中国科学技术出版社，1991.

[6] 伊利. 教育技术领域、定义的表述[M]. 章伟民，译. 上海：外语电话教学，1986(4).

[7] 板元昂. 教育工艺学简述[M]. 钟启泉，译. 北京：人民教育出版社，1985.

[8] 章伟民. 国外教育技术观发展综述[J]. 电化教育研究，1985 年合订本.

[9] 周秉勋. 加拿大教育技术[M]. 上海：上海外语学院加拿大研究中心出版，1993.

[10] 萧树滋. 电化教育概论[M]. 北京：北京师范大学出版社，1988.

[11] 国家教委电化教育司，编译. 教学媒体与教学设计[M]. 北京：高等教育出版社，1990.

[12] 戴正南. 语言实验室教学概论[M]. 北京：国际文化出版公司，1994.

[13] 吴再扬. 中国电化教育简史[M]. 北京：高等教育出版社，1994.

[14] 萨特莱. 教育技术发展史简述[J]. 朱景学，译. 教育研究，1983(2).

[15] 罗伯特·加涅. 学习的条件[M]. 傅统先，陆有铨，译. 北京：人民教育出版社，1986.

[16] 乌美娜. 教学设计[M]. 北京：高等教育出版社，1994.

[17] 董奇. 心理与教育研究方法[M]. 广州：广东教育出版社，1991.

[18] 顾明远. 教育大辞典：第七卷[M]. 上海：上海教育出版社，1991.

[19] 张祖忻. 美国教育技术的理论及其演变[M]，上海：上海外语教育出版社，1994.

[20] 高利明. 教育技术学的 AECT 定义及启示[J]. 电化教育研究，1995(1).

[21] 陈琦，刘儒德. 当代教育心理学[M]. 北京：北京师范大学出版社，1997.

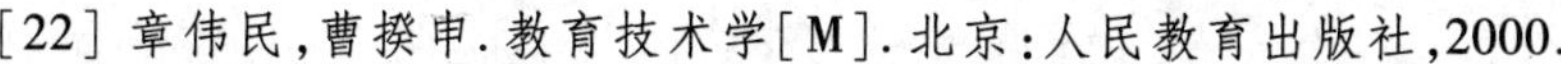

[22] 章伟民,曹揆申.教育技术学[M].北京:人民教育出版社,2000.

[23] 郝德永.课程研制方法论[M].北京:教育科学出版社,2000.

[24] 施良方.课程理论——课程的基础、原理与问题[M].北京:教育科学出版社,1996.

[25] 贝特朗菲.一般系统论[J].自然科学哲学问题丛刊:1979 年合订本.

[26] 钱学森,许国志,王寿云.组织管理的技术——系统工程[N].文汇报,1978 -9 -27.

[27] 王寿云,等.系统工程名词浅释[M].北京:科学出版社 1982.

[28] 王文槿.对网络教学及其平台的探索[D].[硕士学位论文].北京:北京师范大学信息科学学院,2000.

[29] R.M·加涅等著.教学设计原理(第五版)[M].王小明,等译.上海:华东师范大学出版社,2010.

[30] P.l·史密斯等著.教学设计(第三版)[M].庞维国,等译.上海:华东师范大学出版社,2008.

[31] W·迪克等著.系统化教学设计(第二版)[M].庞维国译.上海:华东师范大学出版社,2007.

[32] AECT,Task Force on Definition and Technology,The Definition of Educational Technology,1977.

[33] Minaruth Galey,William F. Grady,Guidelines For Certification of Media Specialists,AECT,1977.

[34] Fred Percival,Henry Ellington,A Handbook of Educational Technology. Kogan Page Ltd:1984.

[35] Robert Heinich,Michael Molenda,James D. Russell:Instructional Media and The New Technologies of Instruction,1982.

[36] Frederick Williams:The New Communications,1984.

[37] H. J. Sullivan,A. R. Lgoe,J. D. Klein,E. E. Jones,W. C. Savanye:Perspectives on the Future of Educational Technology,Educational Technology Research and Development ,Volume 41,Number 2,1993:97 ~110.

[38] A. Romiszowsk,Designing Instructional Systems,Kogan Page Ltd,1981.

[39] Robert A. Reiser. A History of Instructional Design and Technology:Part Ⅱ:A History of Instructional Design. Educational Technology Research and Development. Vol. 49,No. 2,2001.

中英文名词对照

（按汉语拼音音节顺序排列）

B

标准	criterion
标准参照测量	criterion – referenced measurement

C

材料评价（教学产品）	materials evaluation（instructional products）
差距	discrepancy
产品	product
常模参照测量	norm – referenced measurement
成本效益	cost – effectiveness
程序	program
程序教学	programmed instruction
程序教学法	programmed instruction method
程序教学运动	programmed instruction movement
程序课本	programmed textbook
程序模式	procedural models
程序设计	programming
初始能力	entry competency（entry behavior）
处方	specifications
处理	processiong
传播技能	communication skill
传播理论	communication theory
传播模式	communication model
传播效果	communicating effect
传送系统	delivery system
传送系统管理	delivery system management

刺激 - 反应	stimulus - response(S - R)

D

单元	uint
导听法	audio - tutorial method (AT)
电子绩效支持系统	electronic performance support system (EPSS)
电子媒体	electronic media
定量研究	quantitative research
定性研究	qualitative research
动机	motivation
动机设计	motivation design
多媒体	multimedia
多媒体技术	multi - media technology

F

发现法	discovery approach
反馈	feedback
反馈系统	feedback system
反射动作	reflex movements
反应	responding
反应发生器	respnse generator
非印刷媒体	non - print media
分析	analysis
分支程序	branching program

G

感觉记录器	sensory register
感受器	receptors
革新的推广	diffusion of innovations
个别化教学系统	individualized instructional system
个别化学习	individualized learning
工作记忆检索	retrieval to working memory
管理	management
归纳学习法	inductive learning
过程	process

H

宏观设计	macro - design

J

基于计算机的技术	computer - based technologies
集体教学	mass instruction
集体授课	presentation to group (a class)
绩效技术	performance technology
计算机辅助教学	computer assisted instruction (CAI)
计算机管理教学	computer managent instruction (CMI)
计算机教学系统	computer instructional system
技术	technology
建构主义	constructivesm
讲授法	expository method
教科书	textbook
教学	instruction
教学包	learning package
教学策略	instrcutional strategies
教学程序	instructional procedures
教学方法	instructional methods
教学活动事件	instructional events
教学机器	teaching machine
教学技术	instructional technology
教学开发	instructional development
教学理论	instructional theory
教学目标	instructional objectives
教学评价	instructional evaluation
教学设计	instructional design
教学系统	instructional system
教学系统设计	instructional system design
教学效果	instructional effect
教学资源	instructional resources
教学组织形式	patterns for teaching and learning
教育传播与技术协会	association for educational communications and

	technology (AECT)
教育方案评价	program evaluation
教育工艺学	educational technology
教育技术	education technology
教育技术学	educational technology
接受学习	receptive learning
经验之塔	cone of experience
静态视觉资料	static visuals
绝对评价	absolute evaluation

K

开发	development
课程	curriculum
课程开发	curriculum development
课件	courseware

L

理论	theory
利用	usage
联结学派	school of association
流程图	flow chart

M

锚定式教学	anchored instruction
媒体	media
媒体传播教学	media communication instruction
媒体技术	media technology
媒体应用	media utilization
模式,模型	model
目标导向教学	objectives - oriented instruction

N

内容分析	content analysis
(内在)学习条件	conditions of learning (internal)

P

评价	evaluation
评价研究	evaluation research
屏幕设计	screen design
普及	dissemination

Q

期望	expectancy
前端分析	front end analysis
强化	reinforcement
情境学习	situated learning

R

任务分析	task analysis
认知结构	cognitive structure
认知心理学	cognitive psychology
认知学派	school of cognition
软件	software

S

社会需求	social needs
设计	design
实践	practice
实施	implementation
使用	usage
视觉传播	visual communication
视觉教育	visual education
视觉语言	visual language
视觉文化	visual literacy
视听辅助工具	audiovisual aids
视听技术	audiovisual technologies
视听教育	audiovisual education

T

通达性教学	accessed instruction

W

(外在)学习条件	conditions of learning (external)
微观设计	micro – design
文本设计	text design
问题分析	problem analysis
无形技术	intangible technique

X

系统方法	systems approach
系统分析	systems analysis
系统化	systematic
系统技术	systems approach
系统论	systems theory
现行组织者	advance organizer
相对评价	relative evaluation
项目管理	project management
项目评价	progect evaluation
效果	effectiveness
效率	efficiency
写作	authoring
写作系统	authoring language
新行为主义	neobehaviorism
信息	message
信息管理	information management
信息加工理论	information processing theory
信息社会	information society
信息设计	message design
形成性评价	formative evaluation
行为	behavior
行为心理学	behavioral psychologytyh
需要评估	needs assessment

学习	learning
学习理论	learning theory
学习目标	learning objectives
学习条件	conditions of learning
学习需要	learning needs
学习需要分析	learning needs assessment
学习者分析	learner analysis
学习者特征	learner characteristics

Y

研究	research
印刷技术	print technologies
印刷媒体	printed media
硬件	hardware
有形技术	tangible technique
远距离教育	distance education
远距离学习	distance learning

Z

掌握学习(法)	mastery learning
整合技术	integrated technologies
整合学习系统	integrated learning system (ILS)
整体化设计	systemic design
政策与规章	polices and regulations
知识传播	knowledge diffusion
直观技术	intuitional technique
直线程序	linear program
职能	function
职业教育	vocational education
制度化	institutionalization
智力技能	intellectual skills
专家系统	expert system
资源	resources
资源管理	resource management
自定步调	self - made paces

综合	synthesis
总结性评价	summative evaluation
组织开发	organizational development (OD)
最优化	optimization
作业分析(工作分析)	task analysis

郑重声明